T0163917

Sabine Plaud est agrégée de philosophie et docteur en philosophie de l'Université Paris 1 Panthéon-Sorbonne.
Elle est l'auteur de plusieurs ouvrages et articles consacrés à Wittgenstein et à la philosophie analytique.

EXPRESSION ET COORDINATION

DE LEIBNIZ À WITTGENSTEIN

Lorsque Husserl, dans la *Krisis*, parle après Kant des « problèmes de la raison », il n'assigne pas seulement un certain horizon théorique à la philosophie : il stipule qu'une recherche consciente d'elle-même et pleinement inscrite dans notre temps doit néanmoins s'imposer un détour par l'étude d'une modernité dans laquelle ces problèmes sont apparus pour eux-mêmes. La philosophie de la connaissance, de même qu'une raison pratique assurée de ses tâches, requièrent la compréhension d'une histoire dans laquelle l'époque qui va de la fin de la Renaissance à la fin des Lumières joue un rôle essentiel. Plus qu'une période, cette époque définit au fond le site dans lequel ont été dégagés les problèmes s'imposant à l'exigence rationnelle.

Les ouvrages qui paraîtront dans la présente collection ne se limiteront pas aux thèmes que Husserl avait en vue ; pas davantage n'illustreront-ils la conception téléologique de l'histoire de la philosophie que la *Krisis* devait justifier. Mais ils porteront témoignage, lorsqu'il y aura lieu, de ce même fait théorique : dans un certain nombre de cas, l'invention conceptuelle des auteurs contemporains s'arme d'une référence essentielle à l'âge classique au sens large, qui sert la formulation, voire la prise de conscience des diverses dimensions des problèmes actuels.

Chaque volume comportera donc deux volets diversement articulés. D'une part, en se conformant aux méthodes rigoureuses de l'histoire de la philosophie, on suivra l'élaboration d'un concept, d'une notion ou d'un domaine qui reçoivent une nouvelle expression rationnelle à l'époque moderne. D'autre part, au lieu de suivre les transformations de ces savoirs au-delà de l'âge classique, on montrera comment des figures éminentes de la pensée contemporaine ont eu besoin de cette référence à l'âge classique pour donner corps à leurs propres contributions.

Ainsi verra-t-on *in concreto* à quel point l'invention philosophique est liée à un certain usage de l'histoire de la philosophie.

André Charrak

PROBLÈMES DE LA RAISON

Collection dirigée par André CHARRAK

Sabine PLAUD

EXPRESSION ET COORDINATION

DE LEIBNIZ À WITTGENSTEIN

PARIS

LIBRAIRIE PHILOSOPHIQUE J. VRIN

6 place de la Sorbonne, V^e^

2018

Imprimé en France
ISSN 2496-6649
ISBN 978-2-7116-2771-4
www.vrin.fr

INTRODUCTION

« On peut considérer notre langage comme une ville ancienne, comme un labyrinthe fait de ruelles et de petites places, de maisons anciennes et de maisons neuves, et d'autres que l'on a agrandies à différentes époques, le tout environné d'une multitude de nouveaux faubourgs avec leurs rues tracées de façon rectiligne et régulière, et bordées de maisons uniformes » [1] : c'est ainsi que Ludwig Wittgenstein, au début de ses *Recherches philosophiques*, rend compte de la complexité perspective de ce langage qui est le nôtre et que la suite de son ouvrage s'efforcera patiemment de cartographier. Cette ville aux multiples points de vue qu'est le langage n'évoque-t-elle pas le monde leibnizien, cette ville dont chaque substance exprime un aspect particulier, à sa façon ? Rappelons ce passage célèbre du *Discours de métaphysique* :

> De plus, toute substance est comme un monde entier et comme un miroir de Dieu ou bien de tout l'univers, qu'elle exprime chacune à sa façon, à peu près comme une même ville est diversement représentée selon les différentes situations de celui qui la regarde [2].

1. L. Wittgenstein, *Recherches philosophiques* (désormais : RP), trad. fr. F. Dastur, M. Elie, J.-L. Gautero, D. Janicaud, É. Rigal, Paris, Gallimard, 2004, § 18.

2. G. W. Leibniz, *Discours de métaphysique et correspondance avec Arnauld*, éd. Ch. Leduc, Paris, Vrin, 2016, § XI.

Leibniz fait donc appel à cette métaphore de la ville en perspective en vue de décrire le rapport expressif qui unit les substances les unes aux autres, garantissant par là la cohérence de l'univers dans son ensemble. L'objet de ce travail sera d'examiner le caractère opératoire qui peut s'attacher à cette notion leibnizienne d'expression lorsqu'il s'agit de penser certaines questions de théorie de la connaissance, d'épistémologie et de philosophie du langage qui se sont posées à la fin du XIXe siècle et au début du XXe siècle. En particulier, nous voudrions montrer que certains des schémas de réponse qui ont pu être proposés à l'époque moderne en vue de rendre compte de l'adéquation de nos représentations (perceptives, scientifiques, propositionnelles) à la réalité peuvent être lus comme des transfigurations, plus ou moins transformées, des usages de la notion leibnizienne d'expression.

Précisons qu'il ne s'agira pas ici d'une enquête philologique au sens strict, qui prétendrait découvrir des héritages directs ou une filiation attestée depuis Leibniz jusqu'aux auteurs qui nous intéresseront. Il s'agira, en revanche, d'une enquête généalogique au sens large, cherchant à retracer les évolutions, transpositions et métamorphoses d'un concept au cours des siècles. Il s'agira, surtout, d'une étude comparative, où l'on cherchera à éclairer la portée et l'efficacité de certaines solutions apportées à des problèmes théoriques à une époque moderne en les mettant en perspective avec l'opérativité propre à cette notion absolument centrale de la pensée classique qu'est la notion d'expression. En employant d'ores et déjà les concepts même dont nous étudierons le mode de fonctionnement, nous pourrions même affirmer qu'il s'agira d'étudier la façon dont les notions d'expression, de coordination ou d'*Abbildung* s'entrexpriment les unes les autres ; ou encore, pour employer le vocabulaire propre à la méthode de Claude Lévi-Strauss, notre but sera d'établir les parentés structurales qui existent entre le fonctionnement interprétatif des concepts respectifs d'expression et de coordination lorsqu'il s'agit d'expliquer la nature de la représentation propositionnelle, linguistique, scientifique ou métaphysique.

Que le concept d'expression occupe une place tout à fait cardinale dans la pensée de Leibniz, c'est là quelque chose qu'il n'est pas nécessaire de démontrer. Dans les textes leibniziens, ce concept désigne une relation de correspondance entre deux configurations présentant un rapport d'analogie constant de telle sorte qu'à tout changement en l'une répond un changement analogue en l'autre. On ne peut ici que citer ce passage très important issu de ce texte de 1678 qu'est *Quid sit idea?*, sur lequel nous aurons l'occasion de revenir et où Leibniz affirme qu'« [e]st dit *exprimer* une chose ce en quoi il y a des rapports qui répondent aux rapports de la chose à exprimer », de telle sorte qu'« à partir du seul examen des rapports de l'exprimant nous pouvons parvenir à la connaissance des propriétés correspondantes de la chose à exprimer »[1]. Dès lors, cette catégorie peut être employée tout d'abord pour rendre compte du rapport qu'entretiennent les différentes substances entre elles et

1. G. W. Leibniz, « Qu'est-ce qu'une idée ? », dans *Recherches générales sur l'analyse des notions et des vérités. 24 thèses métaphysiques et autres textes logiques et métaphysiques*, trad. fr. E. Cattin, L. Clauzade, F. de Buzon, M. Fichant, J.-B. Rauzy, F. Worms, Paris, P.U.F., 1998, p. 445-446.

avec l'univers dans son ensemble, comme cela apparaît par exemple dans la suite du § XI du *Discours de métaphysique* mentionné plus haut :

> On peut même dire que toute substance porte en quelque façon le caractère de la sagesse infinie et de la toute puissance de Dieu, et l'imite autant qu'elle en est susceptible. Car elle exprime quoique confusément tout ce qui arrive dans l'univers, passé, présent, ou avenir [...].

Dès lors, il n'est pas surprenant que cette même catégorie de l'expression puisse également être employée pour rendre compte du rapport cognitif qu'entretient l'âme aux choses, la pensée étant alors considérée comme une expression dans l'âme de l'ordre des phénomènes. C'est ainsi qu'au livre II des *Nouveaux essais sur l'entendement humain*, à la question de savoir s'il est vrai « que *l'idée est l'objet de la pensée* », Théophile répond qu'il « l'avoue, pourvu que vous ajoutiez que c'est un objet immédiat interne, et que cet objet est une expression de la nature ou des qualités des choses » [1].

Qui plus est, ce concept d'expression permet de comprendre non seulement le rapport cognitif qui existe entre l'âme humaine et les substances en dehors d'elle, mais plus singulièrement encore le rapport qu'elle entretient avec son corps à travers le principe de l'harmonie préétablie, résolvant ainsi le problème traditionnel de l'union entre ces deux substances. On peut à cet égard mentionner le § 78 de la *Monadologie* :

> Ces principes m'ont donné moyen d'expliquer naturellement l'union, ou bien la conformité de l'âme

1. G. W. Leibniz, *Nouveaux essais sur l'entendement humain*, éd. J. Brunschwig, Paris, Flammarion, 1990, Livre II, chap. I, p. 87.

> et du corps organique. L'âme suit ses propres lois, et le corps aussi les siennes, et ils se rencontrent en vertu de l'harmonie préétablie entre toutes les substances, puisqu'elles sont toutes des représentations d'un même Univers[1].

Enfin, le recours à la notion d'expression rend possible une caractérisation adéquate du rapport qu'entretiennent les différentes substances avec Dieu lui-même, comme cause universelle de toutes ces substances, à travers l'idée selon laquelle « toutes les substances singulières créées sont des expressions différentes du même univers et de la même cause universelle, savoir Dieu ; mais elles varient par la perfection de l'expression, comme des représentations scénographiques différentes de la même ville vue de différents points »[2]. Dans ces conditions, on ne s'étonnera pas du fait que Leibniz, dans une lettre à de Volder de 1703, présente justement cette notion d'expression l'idée séminale de sa doctrine dont découlent tous les aspects de sa métaphysique :

> Vous semblez fort perplexe quant à ma doctrine selon laquelle chaque corps exprime tous les autres, et selon laquelle chaque âme ou chaque Entéléchie exprime à la fois son propre corps et, à travers celui-ci, tous les autres. Mais si vous en mesurez bien la puissance, vous verrez que je n'ai rien dit qui ne suive de cette doctrine[3].

1. G. W. Leibniz, « *Monadologie* », dans *Principes de la nature et de la grâce, Monadologie et autres textes 1703-1716*, éd. Ch. Frémont, Paris, Flammarion, 1996.

2. G. W. Leibniz, « *Principes logico-métaphysiques* », dans *Recherches générales sur l'analyse des notions et des vérités. 24 thèses métaphysiques et autres textes logiques et métaphysiques*, *op. cit.*, p. 462.

3. Lettre de Leibniz à De Volder, juin 1703, dans *Correspondance Leibniz et De Volder*, éd. A.-L. Rey, Paris, Vrin, 2016.

Or il se trouve que plusieurs des usages que fait Leibniz de la catégorie de l'expression semblent connaître des analogues, *mutatis mutandis*, dans l'épistémologie et la philosophie du langage de langue allemande de la fin du XIXe siècle et du début du XXe siècle. En matière de théorie de la perception, tout d'abord, où l'on a parfois cherché à établir que nos séries perceptives, à défaut de ressembler aux séries phénoménales ou de les reproduire directement, nous permettent cependant de connaître ces dernières pour autant qu'elles en reproduisent l'ordre structurel et nomologique. C'est une telle approche qui est notamment proposée par le physicien et physiologiste Hermann von Helmholtz (1821-1894) qui, sur la base d'une théorie « sémiotique » des sensations comprises comme simples signes des qualités sensibles, élabore l'idée selon laquelle les séries constituées par ces signes constituent une restitution objective des séries réelles, et donc une assise suffisante pour notre connaissance de ces dernières. Citons dès à présent cet extrait de la conférence de 1878 intitulée « Les faits dans la perception » :

> Chaque loi naturelle déclare que de préconditions identiques sous un certain rapport, suivent toujours des effets identiques sous un certain rapport différent. Dans la mesure où ce qui est le même dans notre monde sensitif est signalé par les mêmes signes, il s'ensuit qu'à la loi naturelle s'offrant comme une suite des mêmes effets à partir des mêmes causes va correspondre une suite tout aussi régulière dans le domaine de nos sensations[1].

1. H. von Helmholtz, « Les faits dans la perception », trad. fr. Ch. Bouriau, *Philosophia scientiae*, 2003, 7, p. 56.

Helmholtz prend donc un point de départ qui, comme nous le verrons, semble de fait contraire à la pensée de Leibniz, à savoir l'idée d'un arbitraire du signe sensitif; sur cette base, il élabore néanmoins une conclusion qui, quant à elle, est tout à fait conforme à l'esprit de la doctrine leibnizienne de l'expression : celle selon laquelle la vie perceptive produit des restitutions structurelles et, pourrions-nous dire, « expressives » de la réalité phénoménale.

Mais la théorie de la perception n'est pas le seul domaine dans lequel le concept leibnizien d'expression semble trouver des analogues au tournant du siècle. On peut également se référer à la sphère proprement épistémologique, à la philosophie des sciences qui, dans le monde germanophone, a souvent pensé la tâche même des théories scientifiques comme un travail de restitution de la structure des choses, à travers la production de représentations qui soient « coordonnées » à la réalité. Ce point est particulièrement franc à travers le primat de la notion de modèle qui est par exemple prégnant dans la mécanique d'Heinrich Hertz (1857-1894) ou dans celle de Ludwig Boltzmann (1844-1906). Chez ces deux auteurs, on voit se manifester une volonté commune d'interpréter le travail des théories scientifiques et de la pensée en général comme une démarche de modélisation des phénomènes, dont il s'agit alors de produire une sorte de « modèle réduit » théorique reposant sur un processus fondamental de coordination [*Zuordnung*]. C'est ainsi que Hertz, dans son Introduction aux *Principes de la mécanique*, affirme que « [n]ous nous faisons des images intérieures ou des symboles des objets extérieurs », et que « nous les faisons de telle sorte que les conséquences nécessaires de ces images soient à leur tour les images à leur tour les images des conséquences nécessaires des objets représentés »[1], les images en question renvoyant notamment les modèles dynamiques étudiés à un stade ultérieur de ce même ouvrage. Or on constate que, dans ce cas également, c'est une notion analogue à la catégorie leibnizienne d'expression (à savoir le concept de modèle) qui est employée par la pensée germanophone du tournant du siècle en vue de comprendre la possibilité du rapport entre la pensée (scientifique) et la réalité phénoménale : à cette différence près que cette corrélation reçoit désormais le nom de « coordination ».

Mais il est encore un domaine dans lequel de telles stratégies explicatives trouvent un prolongement : celui de la philosophie du langage, où il s'agit d'expliquer la possibilité de la représentation de la réalité par les propositions du discours. On pense bien sûr à la théorie de la proposition introduite par le jeune Ludwig Wittgenstein dans son *Tractatus logico-philosophicus*, où il est affirmé que la proposition est « un modèle de la réalité telle que nous nous la figurons »[2], modèle où « [u]n nom est mis pour une chose, un autre pour une autre, et ils sont reliés entre eux, de telle sorte que le tout, comme un *tableau vivant*, figure un état de choses »[3]. Là encore, c'est donc véritablement la notion de coordination qui intervient pour rendre compte de la possibilité d'un accord entre représentation (langagière) et réalité, comme cela apparaît à la proposition 2.1514

1. H. Hertz, « Die Prinzipien der Mechanik in neuem Zusammenhange dargestellt », *Gesammelte Werke*, vol. III, Leipzig, Barth, 1894, introduction, p. 1. Nous aurons l'occasion de revenir sur ce texte au chap. II.

2. L. Wittgenstein, *Tractatus logico-philosophicus* (désormais : TLP), trad. fr. G.-G. Granger, Paris, Gallimard, 1993, 4.01.

3. *Ibid.*, 4.0311.

de l'ouvrage selon laquelle « [l]a relation représentative consiste dans les coordinations [*Zuordnungen*] des éléments de l'image et des choses ». Et là encore, cette notion de coordination peut être interprétée comme une métamorphose, à une époque contemporaine et dans le domaine de la philosophie du langage, de ce que Leibniz désignait à travers la notion d'expression.

Assurément, un tel rapprochement entre la pensée leibnizienne classique et une pensée plus moderne (voire contemporaine) pourrait sembler inattendu. Dans le cas de Wittgenstein, en particulier, il ne saurait être question de défendre la thèse d'un héritage direct de la pensée leibnizienne ; au contraire, on connaît la relative extériorité de Wittgenstein vis-à-vis de la tradition philosophique classique [1], ainsi que son notable désintérêt à l'égard de l'histoire de la philosophie, sa démarche privilégiant l'analyse et l'examen patient des « jeux » dont notre langage est constitué. Bien plus, on pourrait même attirer l'attention sur des différences de principe quant aux projets respectifs de Leibniz et Wittgenstein en philosophie. Ce sont en effet de telles incompatibilités que pense pouvoir pointer Yvon Belaval, lorsqu'il affirme que le philosophe autrichien, loin de prolonger les idées de Leibniz, a au contraire mis un terme (après y avoir un temps adhéré) au projet de formalisation de la philosophie proposé par ce dernier :

> S'il ne fallait pas renoncer, après les *Investigations* de Wittgenstein qui, d'abord, avait espéré prouver le

1. Rappelons pour le principe que Wittgenstein n'avait pas reçu de formation philosophique académique, puisqu'il avait suivi des études d'ingénieur en aéronautique. Son éducation philosophique fut accomplie sur le tard, au contact de penseurs comme Bertrand Russell notamment, et elle se limita à une période relativement moderne.

> contraire, à formaliser la philosophie, Leibniz serait, de tous les logiciens, celui qui nous aurait le mieux préparé [1].

Pourtant, Belaval lui-même, malgré ces réserves, ne manque pas de reconnaître l'existence de certains points de convergence entre Leibniz et Wittgenstein – ainsi qu'avec d'autres auteurs contemporains tels que Bertrand Russell, ou encore Alfred Whitehead, et cela au point de pouvoir les présenter, au sens large, comme des héritiers de la tradition leibnizienne [2]. C'est ainsi qu'à ses yeux, malgré une filiation souvent complexe et sinueuse entre Leibniz et les penseurs du tournant du siècle, il reste que c'est cette nouvelle tradition de pensée logico-mathématique qui, insuffle sa vie à un « nouveau Leibniz ». Citons cet extrait du texte que consacre Belaval à l'influence de Leibniz :

> Leibniz n'a créé ni Cournot, ni Bolzano, ni Russell ou Whitehead, ni Couturat, ni les circonstances qui ont contribué à former ces penseurs, mais ils ont su lire en lui, à leur manière, des textes, des essais, des fragments propres à exciter leurs réflexions sur leur logique, leur mathématique. Ainsi, au déclin du siècle dernier, un nouveau Leibniz apparaît dont l'œuvre se réactualise. Il est probable qu'aujourd'hui c'est la lumière de la linguistique qui permettra de lire sous un nouveau jour des pages jusqu'ici lues trop vite de notre philosophe [3].

1. Y. Belaval, *Études leibniziennes. De Leibniz à Hegel*, Paris, Gallimard, 1976, p. 21.

2. Cf. *ibid.*, p. 219-220.

3. Y. Belaval, « Questions sur l'influence de Leibniz », dans *Leibniz. De l'âge classique aux Lumières*, éd. M. Fichant, Paris, Beauchesne, 1995, p. 232.

Ce sont ces mêmes pistes que nous voudrions poursuivre dans les pages qui suivent : en montrant comment, au-delà de la simple filiation, les idées leibniziennes (et singulièrement l'idée d'expression) ont pu trouver de nouvelles applications dans la pensée moderne, en matière de théorie de la connaissance et de philosophie des sciences. Nous étendrons en outre à la pensée de Wittgenstein le corpus mentionné par dans la citation qui précède, extension qui permettra justement, selon nous, de confirmer l'intuition de Belaval selon laquelle il est probable que ce soit la linguistique (ou, dirions-nous, la philosophie du langage) qui doive aujourd'hui fournir une opérativité nouvelle à certaines des idées de Leibniz. Nous tenterons par là d'établir que les idées de Wittgenstein (ainsi que celles de ses prédécesseurs du tournant du siècle), loin de mettre un terme au programme leibnizien, ont au contraire, consciemment ou non, contribué à l'accomplir dans une sphère renouvelée.

Voilà pourquoi nous voudrions nous engager dans une étude qui sera moins une histoire des réceptions proprement dites qu'une enquête sur la vie des concepts en tant qu'ils peuvent, au cours des siècles, faire l'objet de déplacements, de réinvestissements, de relocalisations voire, dans certains cas, d'enrichissements, sinon du point de vue de leur contenu, du moins du point de vue de leurs applications. Ces métamorphoses de la notion d'expression telles que nous tenterons de les retracer témoigneront alors à nos yeux d'un destin des concepts dans la tradition philosophique de langue allemande, tradition qui a notamment été mise en lumière par Ernst

Cassirer[1]. C'est cette enquête historique et comparative (plutôt que généalogique au sens strict) que nous souhaitons poursuivre à présent en remontant bien plus amont, jusque dans la philosophie allemande classique, et cela en vue de mettre en évidence les transformations parfois involontaires (voire inconscientes) d'une notion comme celle d'expression jusque dans la philosophie du langage moderne et contemporaine.

Nous commencerons pour cela par étudier dans un premier chapitre la question des métamorphoses modernes de la notion leibnizienne d'expression en matière de théorie de la perception ; nous étudierons ainsi la pensée physiologique d'Hermann von Helmholtz, que nous tenterons de mettre en perspective avec le débat mené entre Leibniz et Descartes sur le caractère arbitraire et/ou expressif de la vie perceptive. Dans un second chapitre, nous aborderons ces questions dans la sphère épistémologique, en examinant les théories de la modélisation et de la coordination proposées par Heinrich Hertz et Ludwig Boltzmann, théories dont nous montrerons qu'elles reposent là encore sur des procédés analogues à ceux de l'expression leibnizienne. Nous nous pencherons ensuite, dans un troisième chapitre, sur des questions de philosophie du langage, en nous demandant dans quelle mesure les conceptions modernes de la représentation propositionnelle (telles qu'on les découvre chez Gottlob Frege mais aussi et surtout chez le jeune Wittgenstein) réactivent certains présupposés propres à la notion leibnizienne d'expression. Enfin,

1. Parmi les textes de Cassirer retraçant cette destinée de la pensée de langue allemande et donc aussi les métamorphoses de la notion d'expression, on renverra bien sûr aux volumes monumentaux

nous étudierons le perspectivisme proposé par Ludwig Wittgenstein dans sa philosophie postérieure aux années trente, et nous chercherons alors à établir que les « représentations synoptiques » aptes à cartographier notre langage dont le philosophe autrichien souligne l'importance en philosophie résonnent là encore en écho aux idées leibniziennes, ces représentations étant elles aussi des expressions de notre grammaire coordonnées à la structure de cette dernière. Dans ces différents cas, notre méthode sera pour ainsi dire régressive : elle consistera à exposer tout d'abord les théories modernes portant respectivement sur la perception, l'épistémologie ou la philosophie du langage, pour remonter ensuite en amont vers la philosophie de Leibniz, et procéder à une comparaison de ces conceptions modernes de la coordination-modélisation avec les usages leibniziens de la notion d'expression.

du *Problème de la connaissance* et de la *Philosophie des formes symboliques* sur lesquels nous aurons à maintes reprises l'occasion de revenir.

CHAPITRE PREMIER

EXPRESSION ET PHILOSOPHIE DE LA PERCEPTION

LEIBNIZ ET HELMHOLTZ

Chez Leibniz, la notion d'expression opère comme une clé permettant de comprendre le rapport qui existe entre les différentes substances, qu'il s'agisse du rapport qu'entretiennent les monades entre elles ou avec Dieu lui-même : à ce titre, le concept d'expression reçoit bien entendu une portée métaphysique. Mais le recours à une telle notion n'en est pas moins crucial en matière de philosophie de la perception, puisque l'expression fournit alors un modèle permettant de penser le rapport spécifiquement *perceptif* des substances entre elles. C'est ainsi qu'au § 14 de la *Monadologie*, le philosophe définit la perception de la façon suivante :

> 14. L'état passager qui enveloppe et représente une multitude dans l'unité ou dans la substance simple n'est autre chose que ce qu'on appelle la *Perception*, qu'on doit bien distinguer de l'apperception ou de la conscience [...].

Or cet enveloppement d'une multitude dans l'unité de la substance simple correspond de fait à ce qui est également désigné comme un rapport d'expression[1]. L'objectif des pages qui suivent sera d'explorer la façon dont une solution théorique analogue au problème de la perception a pu émerger dans la seconde moitié du XIXe siècle : d'examiner la façon dont se sont alors développées certaines études psychophysiologiques des phénomènes perceptifs qui, *mutatis mutandis*, adoptent une attitude comparable à celle de Leibniz lorsqu'il s'agit de penser un rapport non mimétique et néanmoins structurellement adéquat entre nos représentations perceptives et leurs correspondants objectifs.

En particulier, nous nous pencherons sur les travaux de philosophie de la perception menés par ce physiologiste, savant et philosophe allemand qu'était Hermann von Helmholtz. Il ne sera sans doute pas utile de revenir ici sur l'importance capitale du rôle joué par Helmholtz dans la science de son siècle, importance dont témoigne le seul fait que le plus grand institut de recherche allemand (la *Helmholtz-Gemeinschaft*) porte encore aujourd'hui son nom. Or il est significatif que, comme le souligne Ernst Cassirer, le pivot de la théorie helmholtzienne de la perception tienne à l'idée d'une correspondance nomologique structurelle entre les relations propres au

1. C'est ce point qui est par exemple souligné par Y. Belaval dans ses *Études leibniziennes*, lorsqu'il cherche à clarifier la nature de ce rapport d'expression naturelle qu'est la perception. Cf. *Études leibniziennes. De Leibniz à Hegel*, Paris, Gallimard, 1976, p. 143-144 : « [L]a perception est l'expression d'une multitude dans l'unité. Génériquement, « expression » s'applique à toute correspondance réglée par nature ou par convention; mais il ne peut s'agir ici que de correspondance naturelle [...]. Spécifiquement à notre propos, le terme s'applique à la correspondance projective du multiple à une unité, soit unité substantielle percevante [...], soit corrélatif du multiple : l'âme *a* un point de vue, l'âme *est* un point de vue [...] ».

complexe perceptif et celles qui s'attachent au complexe perçu. Lisons ces lignes que Cassirer consacre à la pensée de Helmholtz dans *Substance et fonction* :

> Entre la multiplicité des impressions et la multiplicité des objets réels court une relation, telle que toute connexion susceptible d'être dégagée dans un ensemble renvoie à une connexion dans l'autre. Ce que nous pouvons atteindre sans équivoque, le fait auquel nous pouvons nous fier, parce qu'il n'est aucunement interpolé ni grevé d'hypothèses, c'est l'immanence de la légalité dans le phénomène ; et cette légalité qui conditionne notre possibilité de concevoir les phénomènes est, en même temps, la seule propriété que nous puissions rapporter immédiatement aux choses mêmes [1].

C'est cette théorie helmholtzienne d'une correspondance nomologique entre perception et réalité que nous tenterons de penser comme une application possible de l'expression leibnizienne. Dans ce but, nous commencerons par exposer la théorie de la perception proposée par Helmholtz au cours de la seconde moitié du XIXe siècle, avant de montrer quelles correspondances peuvent être établies entre la solution helmholtzienne au problème de l'objectivité des représentations et certaines applications de la théorie leibnizienne de l'expression. Nous chercherons ainsi à exposer la façon dont Helmholtz, dans ses travaux d'optique et d'acoustique, en est venu à la conclusion selon laquelle les perceptions sont un langage symbolique et non un dispositif mimétique. Mais nous montrerons alors que c'est la façon dont il pose une relation de coordination entre complexes perceptifs et

1. E. Cassirer, *Substance et fonction, éléments pour une théorie du concept*, trad. fr. P. Caussat, Paris, Minuit, 1977, p. 38.

complexes réels qui lui permet, sur cette base, de penser malgré tout la possibilité d'un rapport objectif entre représentation et réalité. En d'autres termes, le propre des perceptions n'est pas d'imiter la réalité sensible, mais bien de reproduire, par leur propre structure, la structure qui s'attache aux faits représentés. C'est cette double insistance helmholtzienne sur la dimension symbolique de la perception d'une part, sur la relation de coordination structurelle entre perception et réalité d'autre part que nous serons ensuite conduite à comparer aux attitudes adoptées par la pensée classique, notamment par la pensée de Leibniz.

IMAGE PERCEPTIVE ET LANGAGE DE LA PERCEPTION : HERMANN VON HELMHOLTZ

La question du symbolisme perceptif chez Helmholtz

Il peut sembler relativement intuitif de considérer que les sensations ainsi que les perceptions auxquelles elles donnent lieu consistent en images représentatives de la réalité extérieure. Une telle intuition semble s'imposer d'autant plus dans le cas de la perception visuelle, dont on serait naturellement enclin à penser qu'elle consiste en un ensemble de « reproductions en miniature » par lesquelles le sujet percevant intérioriserait pour ainsi dire le monde extérieur, en en fabriquant un double mental. Pourtant, il suffit de s'engager dans une étude quelque peu approfondie de la perception pour apercevoir les faiblesses de cette approche naïvement mimétique de la perception, attendu que celle-ci fait intervenir des procédures cérébrales de déchiffrage qui médiatisent la représentation perceptive et nous interdisent ainsi de la considérer comme une reproduction immédiate. Bien plus, on pourrait aller jusqu'à affirmer que les sensations ne sont en réalité que de simples signes causés par les réalités extérieures et par l'action de ces dernières sur notre appareil perceptif, mais qui ne sont nullement tenus de *ressembler* à ce qui les cause. Dès lors, c'est la perception dans son ensemble, c'est-à-dire le vécu complexe formé sur la base de ces simples sensations, qui peut être interprétée comme une forme de langage, comme un symbolisme par lequel la nature, voire Dieu lui-même, nous informeraient sur le monde.

Or telles sont précisément les positions adoptées par Helmholtz dans ses travaux consacrés à la philosophie de la perception. On renverra notamment aux contributions qu'il a produites en matière de psychophysiologie et de théorie de la perception, domaine qui a donné lieu à certaines des avancées les plus innovantes de la pensée du savant. C'est ainsi que son monumental *Manuel d'optique physiologique* (paru entre 1856 et 1867) a longtemps eu valeur d'ouvrage de référence pour l'enseignement des théories optiques en vigueur, tandis que sa *Théorie physiologique de la musique* de 1863 devait continuer à influencer les théoriciens de la musique pendant de nombreuses décennies. Or c'est à l'occasion de ces différents textes relatifs à la perception, visuelle ou musicale, qu'Helmholtz est conduit à proposer ce que nous désignerons ici comme une théorie « sémiotique » de la sensation[1]. Afin de mieux comprendre la doctrine en question, il convient de préciser que, selon Helmholtz, notre vie perceptive

1. Pour des approfondissements sur cette théorie sémiotique, voir J. Bouveresse, *Langage, perception et réalité*, tome 1 : *La Perception et le jugement*, Nîmes, J. Chambon, 1995.

n'est pas instantanée, mais qu'elle s'articule en trois grands moments. Le premier de ces moments est celui des impressions, qui correspond en fait aux effets exercés par les objets extérieurs sur notre appareil sensoriel. Mais ces impressions purement physiques ne permettant pas, à elles seules, à engendrer une vie perceptive proprement dite. Pour cela, il faut qu'elles soient traduites en sensations, lesquelles constituent le corrélat psychophysiologique des stimulations physiques, de sorte que leur émergence constitue le deuxième moment du processus perceptif. Enfin, ces sensations singulières doivent pouvoir s'agencer en un vécu psychique complexe et globalisé : c'est cette intégration des sensations en une perception douée de son unité propre qui se produit lors du troisième grand moment de la vie perceptive[1]. Or le point qui nous intéresse ici est que, dans ces trois cas, le compte rendu helmholtzien du processus perceptif ne permet plus de penser la représentation perceptive sur un

1. Voir par exemple la *Théorie physiologique de la musique* sur la façon dont cette structure tripartite gouverne la division de l'étude du phénomène perceptif : « L'étude des phénomènes qui se produisent dans chacun de nos sens comprend, en général, trois parties distinctes. – Premièrement, il y a à rechercher comment l'agent extérieur qui produit l'impression (la lumière pour l'œil, le son pour l'oreille) pénètre jusqu'aux nerfs. Nous pouvons appeler cette première partie la portion physique de l'étude physiologique. – Deuxièmement, il faut s'occuper des diverses excitations nerveuses correspondant aux diverses *sensations* ; – enfin, rechercher les lois d'après lesquelles ces sensations se transforment en images d'objets extérieurs déterminés, c'est-à-dire en *perceptions*. Ceci donne encore une deuxième subdivision plutôt physiologique, consacrée à l'étude des sensations, et une troisième, psychologique, qui traite des *perceptions.* », *Die Lehre von den Tonempfindungen als physiologische Grundlage für die Theorie der Musik*, Braunschweig, Vieweg, 1863 ; trad. fr. par M. G. Guéroult, *Théorie physiologique de la musique*, Paris, Masson, 1868, p. 5.

mode mimétique, comme s'il s'agissait d'une simple copie des choses extérieures et de leurs propriétés : au contraire, chacune de ces trois étapes contribue à nous acheminer vers l'idée selon laquelle le rapport perceptif des représentations à la réalité est avant tout un rapport *symbolique*. Examinons en effet pour commencer ce qu'il en est du rapport qui existe entre les impressions physiologiques et ce qui les cause. Dans la mesure où, justement, ce rapport correspond uniquement au résultat d'une interaction causale entre un objet et un système physiologique donné, les impressions qui en résultent ne sont nullement tenues de ressembler à la propriété qui les cause, car la forme spécifique qu'elles reçoivent ne nous parle pas moins de la nature particulière du système sensoriel récepteur que de la nature de l'objet dont elles proviennent. Ce sont ces conséquences anti-représentationnalistes de la théorie causale des impressions sensibles que tire par exemple Helmholtz dans ce passage du *Manuel d'optique* :

> En ce qui concerne tout d'abord les *propriétés* des objets du monde extérieur, une légère réflexion suffit à nous montrer que toutes les propriétés que nous pouvons leur attribuer ne désignent que des *effets* qu'ils exercent soit sur nos sens, soit sur d'autres objets naturels. Couleur, son, goût, odeur, température, degré d'aspérité, solidité appartiennent à la première classe et désignent des effets exercés sur nos organes des sens [1].

À cet égard, Helmholtz se fait l'héritier de la célèbre « loi des énergies sensibles spécifiques » introduite

1. H. von Helmholtz, *Handbuch der physiologischen Optik*, 3ᵉ éd., A. Gullstrand, J. von Kris, W. Nagel, Hambourg, 1909 (vol. 1), 1911 (vol. 2), 1910 (vol. 3), vol. 3, p. 19.

par le savant Johannes Peter Müller (1801-1858) dans son *Handbuch der Physiologie des Menschen*, loi qui consiste à affirmer que la nature de nos impressions sensibles n'est pas seulement fonction de la nature de l'objet perçu, mais encore de la nature spécifique du système nerveux récepteur [1]. Or une conséquence cruciale cette loi des énergies sensibles est que les sensations qui suivent des stimulations sensorielles doivent selon cette loi être réinterprétées en termes sémiotiques plutôt que mimétiques : elles doivent être lues comme de simples *signes* des propriétés qui les ont engendrées au moyen d'un processus de symbolisation qui dépend essentiellement de la constitution de notre appareil nerveux. Dans les termes du savant, « [l]a représentation se rapporte plutôt à la sensation comme un signe se rapporte à une chose », et c'est pourquoi « [i]l ne fait aucun doute que représentation et sensation se rattachent l'une à l'autre comme un mot à une chose, comme une mélodie en notes à la mélodie elle-même » [2]. Or ce sont ces conséquences que Helmholtz choisit à son tour de reprendre à son compte [3], en adhérant non seulement à la

1. *Cf.* J. P. Müller, *Handbuch der Physiologie des Menschen für Vorlesungen*, Coblenz, J. Hölscher, 1840, vol. 1, p. 780 : « Qui ressentirait la nécessité de tirer toutes les conséquences du fait en question devrait s'apercevoir qu'un nerf sensible n'est pas un simple transmetteur passif, mais que chaque nerf sensible particulier a également certaines forces et qualités inaliénables qui ne sont qu'excitées et rendues apparentes par la cause sensible ».

2. *Ibid.*, vol. 2, p. 527.

3. Sur cet héritage avoué de la doctrine de Müller par Helmholtz, voir son texte intitulé « Sur le voir humain » (trad. fr. par Ch. Bouriau et A. Métraux, dans *Philosophia Scientiae*, 2010, 14 (1), p. 21) : « Nous en arrivons ainsi à la théorie des énergies sensorielles spécifiques de Johannes Müller, qui constitue le plus important progrès de la physiologie des organes sensoriels à l'époque moderne : la qualité de

thèse d'une nature causale des impressions sensorielles, mais à la thèse, plus forte encore, de la nature sémiotique des sensations qui en découlent. Ainsi, chez Helmholtz comme chez Müller, c'est bien la catégorie du signe qui devient opératoire pour penser le rapport représentatif des sensations aux propriétés senties. Une telle transition est tout à fait franche dans ce passage du *Manuel d'optique* dans lequel Helmholtz commence par rappeler l'origine causale de la sensation en soulignant que sa qualité n'est « en aucune manière identique à la qualité de l'objet par lequel elle est suscitée », mais « est uniquement dans un rapport physique avec un effet des qualités externes d'un appareil nerveux donné » ; pour en inférer alors que « pour nos représentations, la qualité de la sensation n'est de même qu'un symbole, qu'un signe de reconnaissance pour la qualité objective » [1].

Une telle reformulation de la nature de la sensation en termes sémiotiques n'est évidemment pas sans entraîner d'importantes conséquences du point de vue de l'objectivité que l'on doit ou non reconnaître à nos représentations sensibles. En effet, si les sensations se révèlent n'être que de simples signes pour les qualités sensibles, il s'ensuit qu'il faut leur appliquer, non moins qu'aux signes linguistiques proprement dits, la thèse de l'arbitraire qui s'applique aux signes en général. C'est à une telle application que procède par exemple Helmholtz dans sa conférence intitulée « Sur la nature des impressions sensibles de l'homme », où il affirme que

nos sensations, lumière, chaleur, son ou saveur, etc., ne dépend pas de l'objet externe offert à la perception, mais du nerf sensible qui transmet la sensation ».

1. H. von Helmholtz, *Handbuch der Physiologischen Optik*, vol. 2, section 2, *op. cit.*, p. 5-6.

les sensations visuelles « ne sont que des symboles des rapports qui subsistent dans la réalité », de sorte qu'elles ont, avec ces derniers, « ni plus ni moins de similarité ou de relation que le nom d'un homme, ou les traits de l'écriture de ce nom, n'en ont avec l'homme lui-même »[1]. La portée principale de telles considérations tient alors à la façon dont elles désamorcent toute velléité de rendre compte de la sensation en termes picturaux. Cette attitude consistant à faire jouer la catégorie du signe contre celle de l'image est ainsi l'un des thèmes majeurs du texte capital de 1878 intitulé « Les faits dans la perception », où Helmholtz affirme aussi vigoureusement cette thèse d'une incompatibilité entre dimension sémiotique et portée picturale de la sensation. Citons ces remarques très explicites :

> Dans la mesure où la qualité de notre sensation nous donne une information sur la particularité de l'influence externe par laquelle elle est suscitée, elle peut valoir comme un *signe*, mais non comme une *image* de celle-ci. Car de l'image on exige une quelconque forme de ressemblance avec l'objet dont elle est l'image, d'une statue la ressemblance de la forme, d'un dessin la ressemblance de la projection perspective dans le champ visuel, d'un tableau, en outre, la ressemblance

1. H. von Helmholtz, « Sur la nature des impressions sensibles de l'homme », trad. fr. R. Casati, J. Dokic, *Philosophie*, 33, 1992, p. 31. Voir également « Über das Ziel und die Fortschritte der Naturwissenschaft. Eröffnungsrede für die Naturforschungsversammlung zu Innsbruck », in *Vorträge und Reden*, Braunschweig, Vieweg, 1884, vol. 1, p. 357, où Helmholtz affirme que « nous pouvons apporter la preuve du fait qu'il n'existe absolument aucune sorte et aucun degré de ressemblance entre la qualité d'une sensation et la qualité de l'agent extérieur par lequel cette sensation est excitée, et qui est représenté par elle ».

> des couleurs. Mais un signe n'a pas besoin d'avoir la moindre espèce de ressemblance avec ce dont il est le signe [1].

Mais qu'en est-il, à présent, du troisième niveau de la vie perceptive, celui des perceptions proprement dites où les sensations sont intégrées en un vécu complexe et global ? Ce que nous voudrions montrer, dans ce qui suit, c'est que c'est justement à ce niveau que Helmholtz parvient à réintroduire l'idée d'une correspondance objective entre perception et réalité, et cela en posant l'existence d'une relation de coordination structurelle entre l'une et l'autre, coordination que nous pourrons ensuite tenter de comparer à la relation d'expression leibnizienne.

La perception comme langage de l'image – réalisme structural et réalisme nomologique

De même que, dans le langage verbal, les signes ne sauraient à eux seuls constituer un discours signifiant, mais doivent pour cela être agencés en mots et propositions structurés, de même, dans la vie perceptive telle qu'elle est pensée par Helmholtz, ces signes que sont les sensations ne sauraient donner lieu à un vécu perceptif proprement dit à moins d'être composées en quelque chose que nous pourrions désigner comme un « langage de la perception ». C'est ainsi qu'à la différence des

1. H. von Helmholtz, « Les faits dans la perception », art. cit., p. 56. Voir également « Über das Ziel und die Fortschritte der Naturwissenschaft », *op. cit.*, p. 359 : « De ce fait et d'autres semblables, il suit cette conclusion extrêmement importante que nos sensations, quant à leur qualité, ne sont que des *signes* pour les objets extérieurs, et qu'elles ne sont par conséquent pas des reflets [*Abbilder*] qui possèderaient un degré quelconque de ressemblance ».

deux niveaux précédents, le niveau de la perception n'est plus simplement passif ni même semi-passif, mais fait intervenir une authentique activité psychique de la part du sujet percevant[1]. Or, et c'est là la thèse que nous souhaitons défendre, c'est justement à travers la façon dont il conçoit ce troisième niveau de la vie perceptive que Helmholtz parvient à résoudre le problème de l'objectivité de la perception. Ce problème est posé en effet dans une acuité toute particulière par la théorie sémiotique de la sensation, et le savant lui-même le formule dans les termes suivants :

> J'ai désigné plus haut les sensations comme de simples symboles pour les relations du monde extérieur, et je leur ai contesté tout type de ressemblance ou de

1. Voir le *Handbuch der physiologischen Optik*, vol. 3, *op. cit.*, p. 3 : « Puisque les perceptions des objets extérieurs relèvent donc des représentations et puisque les représentations sont toujours des actes de notre activité psychique, alors les perceptions ne peuvent à leur tour intervenir que grâce à une activité psychique, de telle sorte que la théorie des perceptions relève précisément du domaine de la psychologie, pour autant que l'on y doit rechercher le type d'activité psychique concerné et que l'on doit en établir les lois ». Cette activité psychique peut en particulier prendre la forme des célèbres inférences inconscientes théorisées par Helmholtz c'est-à-dire de ces syllogismes pré-rationnels par lesquels le sujet infère la cause de ses perceptions sensibles. Voir par exemple le *Handbuch der physiologischen Optik*, vol. 3, *op. cit.*, p. 6 : « Les activités psychiques par lesquelles nous en venons au jugement selon lequel un objet déterminé d'une constitution déterminée se trouve à notre disposition à un endroit déterminé en dehors de nous ne sont en général pas des activités conscientes, mais des activités inconscientes. Elles sont, quant à leur résultat, semblables à une *inférence*, dans la mesure où nous tirons, à partir de l'effet qui a été observé sur nos sens, la représentation d'une cause de cet effet, tandis qu'en réalité nous ne pouvons jamais percevoir directement que les excitations nerveuses, c'est-à-dire les effets, et jamais les objets extérieurs. Et cependant, il nous semble qu'elles diffèrent d'une inférence – au sens habituel de ce terme – en ceci qu'une inférence est un acte de la pensée consciente ».

> similitude avec ce qu'elles signifient. Nous soulevons par là la question très controversée de savoir dans quelle mesure nos représentations s'accordent en général avec leurs objets, celle de savoir si, pour ainsi dire, elles sont vraies ou fausses [1].

Mais en réalité, Helmholtz n'entend pas faire des doutes jetés sur l'objectivité de la perception le terme même de sa doctrine psychophysiologique. Assurément, sa pensée n'est pas dépourvue d'une forme d'idéalisme [2], qui tient notamment au fait que l'un de ses objectifs, en matière de physiologie, était de renforcer le crédit de la théorie kantienne de la connaissance (en particulier, de l'esthétique transcendantale) à la lumière des données de la science expérimentale [3]. Malgré cela, Helmholtz se refuse à contester entièrement l'idée d'une objectivité de la perception, et cela parce qu'il entend montrer qu'à défaut de ressembler à la réalité, les perceptions que nous en avons en reproduisent à tout le moins la structure essentielle : en d'autres termes, l'objectivité est déplacée

1. H. von Helmholtz, *Handbuch der physiologischen Optik*, vol. 3, *op. cit*., p. 17.

2. À cet égard, voir l'article de M. Heidelberger, « From Helmholtz's philosophy of science to Hertz's picture theory », *in* D. Baird, R. I. G. Hughes, A. Nordmann (eds.), *Heinrich Hertz, Classical Physicist, Modern Philosopher*, Dordrecht, Kluwer, 1998, p. 9-24.

3. *Cf.* H. von Helmholtz, « Goethes Vorahnungen kommender naturwissenschaftlicher Ideen », in *Philosophische Vorträge und Aufsätze*, éd. H. Hörz, S. Wollgast, Berlin, Akademie Verlag, 1971, p. 358 : « Or la recherche physiologique des organes des sens et de leur activité a fini par produire des résultats qui s'accordent avec Kant sur les points essentiels (pour autant, du moins, que je tiens les points en question pour essentiels), et qui fournissent même les analogies les plus flagrantes avec l'esthétique transcendantale kantienne dans le seul domaine physiologique ».

depuis le niveau des sensations singulières vers celui des séries perceptives.

Quelles sont les raisons qui conduisent à une telle conclusion ? Tout d'abord, on pourra faire valoir un principe de constance au sujet de la corrélation entre les signes sensitifs et les qualités qui les causent : puisque les signes sensitifs correspondent aux effets exercés sur nous par certaines qualités sensibles, et puisque l'on peut à juste titre considérer qu'aux mêmes causes répondent constamment les mêmes effets, alors on peut être assuré du fait qu'une sensation donnée renvoie de façon constante à une seule et même qualité. Pour employer la formulation de Helmholtz dans « Les faits dans la perception », on peut être certain que « des objets semblables exerçant une influence sous des circonstances semblables évoquent toujours des signes semblables, et qu'ainsi des signes dissemblables correspondent toujours à des influences dissemblables »[1].

Mais il ne suffit pas, pour restaurer l'objectivité de la perception, de démontrer que les sensations prises singulièrement compensent l'arbitraire de leur rapport au monde par une constance dans leur rapport avec les qualités qui les causent. La possibilité de renouer avec une forme de représentationnalisme par-delà la théorie d'un arbitraire du signe sensitif se joue en réalité à un niveau plus global : au niveau des séries perceptives composées à partir des sensations, et dont Helmholtz entend montrer qu'elles présentent une correspondance structurelle avec les séries phénoménales du monde réel. En effet, admettre que les sensations sont de simples signes, c'est

1. H. von Helmholtz, « Les faits dans la perception », art. cit., p. 56.

aussi supposer qu'elles ne sont pas signifiantes prises isolément, mais qu'elles ne parviennent véritablement à nous *dire* quelque chose du monde qu'à condition de s'agencer en complexes susceptibles de composer une langue proprement dite. Or c'est précisément au niveau de la perception que peut se réaliser cet agencement des signes sensitifs en ces complexes que nous pourrions désigner comme des « propositions sensorielles » ou « perceptives »[1]. Et ce sont ces propositions perceptives qui, à leur tour, peuvent finalement être comprises comment des « images » (en un sens bien déterminé que nous préciserons plus bas) de la réalité sensible. Cette restauration de l'idée d'une représentationnalité objective de la perception à travers la thèse d'une correspondance structurelle entre complexes perceptifs et réels présuppose alors une prise en compte de la temporalité dans laquelle s'inscrit l'appréhension des signes sensitifs. En effet, ces derniers se succèdent les uns aux autres selon un rapport de consécution chronologique qui correspond, de fait, au rapport de succession existant entre les phénomènes qui en sont les causes respectives. En d'autres termes, nous sommes ici face à deux séries de succession temporelle : celle des phénomènes d'une part, celle des sensations que leur appréhension suscite chez le sujet percevant d'autre part. Et puisqu'en vertu du principe de constance des sensations mentionné plus haut, chacun des éléments de la première série est censé correspondre de façon régulière

1. Voir par exemple « Über das Ziel und die Fortschritte der Naturwissenschaft », *op. cit.*, p. 359 : « [Les sensations] sont des signes, que nous avons *appris à lire*, elles sont un langage qui nous est donné par notre organisation et dans lequel les choses extérieures nous parlent; mais ce langage, nous devons apprendre à le comprendre par l'exercice et l'expérience, tout autant que notre langue maternelle ».

à un élément de la seconde série, alors on peut avoir la certitude que ces deux séries, prises dans leur ensemble, seront des images projectives l'une de l'autre. Telle est la conclusion proposée par Helmholtz dans son *Manuel d'optique*, lorsqu'il souligne que « les représentations du monde extérieur sont des images des suites temporelles nomologiques des événements naturels »[1]. Mais la correspondance dont il s'agit ici est alors davantage qu'une simple correspondance de fait entre des séries temporelles : il s'agit d'une correspondance d'ordre *nomologique*, d'une correspondance en droit entre des séries gouvernées par les mêmes connexions *légales*. En d'autres termes, affirmer que notre perception peut nous fournir une image projective des relations existant entre les phénomènes, c'est considérer que ces images projectives nous donnent accès aux lois qui gouvernent ces derniers. Cela est souligné dans ce passage crucial des « Faits dans la perception » :

> Comparé à l'opinion populaire qui admet en toute bonne foi la totale vérité des images que nos sens nous donnent des choses, ce résidu de similitude que nous reconnaissons quant à nous pourrait sembler insignifiant. Pourtant il ne l'est pas, car à partir de ce résidu on peut obtenir une chose de la plus grande importance, à savoir l'image de ce qui est nomologique dans les processus du monde réel. Chaque loi naturelle déclare que de préconditions identiques sous un certain rapport, suivent toujours des effets identiques sous un certain rapport différent. Dans la mesure où ce qui est le même dans notre monde sensitif est signalé par les mêmes signes, il s'ensuit qu'à la loi naturelle s'offrant

1. H. von Helmholtz, *Handbuch der physiologischen Optik*, vol. 3, *op. cit.*, p. 22.

> comme une suite des mêmes effets à partir des mêmes causes va correspondre une suite tout aussi régulière dans le domaine de nos sensations[1].

Voilà pourquoi on peut finalement parler d'une forme de réalisme chez Helmholtz, mais d'un réalisme *structural* qui suggère que nos perceptions, à défaut de nous faire connaître le contenu de la réalité, nous confèrent néanmoins un accès la structure de cette dernière, aux rapports de succession causale qui la gouvernent, attendu que ces rapports expriment des connexions légales. À cet égard, on ne peut que mentionner ces remarques éloquentes proposées par le savant au sujet du crédit que l'on peut accorder aux sensations en tant qu'elles reproduisent pour nous l'ordre nomologique qui gouverne les phénomènes :

> Bien que nos sensations, de par leurs qualités, ne soient que des signes dont le type particulier dépend entièrement de notre organisation, cependant il ne convient pas pour autant de les rejeter comme de simples apparences vides, car elles sont au contraire le signe de quelque chose, qu'il s'agisse d'une substance ou d'un processus, et, plus important, elles peuvent nous représenter la loi qui gouverne ce processus[2].

Et c'est alors, qu'il redevient possible de considérer que les séries perceptives composent des images de la réalité sensible, à condition bien sûr de réévaluer de façon critique le sens qui peut être assigné à cette notion d'image : comprises comme des séries projetant

1. H. von Helmholtz, « Les faits dans la perception », art. cit., p. 56.

2. H. von Helmholtz, « Über die Objektivität und Erkennbarkeit der Naturgesetze », in *Vorträge und Reden*, vol. 2, *op. cit.*, p. 244.

par analogie la série chronologique et nomologique des événements réels, les perceptions sont elles aussi des images de la réalité, images qui diffèrent des images peintes en ceci uniquement que la méthode de projection sur laquelle elles reposent est d'ordre temporel et non spatial. Ce sont de telles conclusions que tire Helmholtz dans son *Manuel d'optique*, lorsqu'il souligne qu'il est justifié de parler d'« images » au sujet de nos perceptions visuelles dès lors que l'on cesse de considérer la ressemblance comme une condition *sine qua non* de la représentation picturale, au profit de l'idée selon laquelle « [t]oute image est semblable à son objet sous un certain rapport, mais lui est dissemblable sous tous les autres rapports, qu'il s'agisse d'une peinture, d'une statue, de la représentation dramatique ou musicale d'un état d'esprit, etc. »[1]. Cette même conclusion est également explicite dans « Les faits dans la perception », lorsque Helmholtz fait valoir que l'observation répétée des séries causales laisse dans l'entendement une empreinte qui peut être comprise comme une image « typique » obtenue à partir des signes perceptifs :

> Lorsque les traces similaires, déposées dans notre mémoire par des perceptions souvent répétées, se renforcent les unes les autres : c'est précisément le nomologique qui de la sorte se répète lui-même le plus régulièrement, tandis que la fluctuation contingente est effacée. Chez l'observateur fervent et attentif se développe de cette manière une image intuitive du comportement typique des objets qui l'ont intéressé, dont il sait aussi peu retracer la genèse après coup que

1. H. von Helmholtz, *Handbuch der physiologischen Optik*, vol. 2, *op. cit.*, p. 22.

l'enfant qui devrait recenser les exemples sur lesquels il a appris la signification des mots[1].

Voilà pourquoi nous pourrions, en définitive, résumer de la façon suivante l'attitude helmholtzienne au sujet de l'articulation entre signe et image dans le domaine perceptif. Tout en niant que nos représentations perceptives soient des images de la réalité au sens traditionnel de *mimesis*, le savant admet néanmoins que l'on puisse y voir des images au sens de modèles ou de projections des séries phénoménales ; et il admet, par conséquent, que la « langue » qui est composée par la sensation lors de la mise en œuvre des processus soit, en ce sens précis, une langue de l'image. De là cette formulation datant de 1869 :

> [N]os sensations ne sont que des signes pour les changements du monde extérieur, et […] ce n'est que dans la représentation des suites temporelles qu'elles ont la signification d'images. Mais c'est justement pour cette raison qu'elles sont également en mesure de représenter directement [*direct abzubilden*] la *conformité à des lois* dans les suites temporelles des phénomènes naturels[2].

On notera que ce réalisme nomologique devait connaître une fortune très importante dans l'épistémologie du XXe siècle. On en trouve par exemple des échos dans la théorie de la connaissance proposée par cette figure centrale du Cercle de Vienne qu'était

1. H. von Helmholtz, « Les faits dans la perception », art. cit., p. 65.

2. H. von Helmholtz, « Über das Ziel und die Fortschritte der Naturwissenschaft », *op. cit.*, p. 360.

Moritz Schlick[1]. Celui-ci était en effet partisan d'une approche formaliste de la connaissance, selon laquelle nous ne pouvons jamais accéder qu'à la forme et non au contenu des phénomènes. On peut notamment renvoyer aux conférences intitulées *Forme et contenu*, où Schlick recourt lui aussi à la notion de signe pour rendre compte du rapport de correspondance purement formelle qui existe entre nos connaissances et la réalité, la représentation étant alors définie comme « une sorte de correspondance que nous établissons arbitrairement entre deux choses, en convenant que l'une représentera l'autre, la remplacera dans tel contexte, lui servira de signe ou de symbole : bref : la *signifiera* »[2]. Voilà pourquoi Schlick tend à son tour à s'approprier le réalisme structural de Helmholtz (dont il connaissait parfaitement les écrits[3]), et à affirmer que ce que nous pouvons connaître au sein des phénomènes, ce sont uniquement les relations nomologiques formelles qui gouvernent leur occurrence[4].

1. À cet égard, voir par exemple un article de Thomas Ryckman portant sur la généalogie de la notion de *Zuordnung*, qui soutient que « Ce n'est pas trop dire que d'affirmer que la *Zuordnung* est le concept pivot de l'*Allgemeine Erkenntnislehre* [de Schlick]. » (« Conditio sine qua non ? *Zuordnung* in the Early Epistemologies of Cassirer and Schlick », *Synthese* 88 (1), juillet 1991, p. 57-95).

2. M. Schlick, *Forme et contenu. Une introduction à la pensée philosophique*, trad. fr. D. Chapuis-Schmitz, Paris, Agone, 2003, p. 39.

3. Schlick édita les écrits de Helmholtz en 1921.

4. Cette proximité entre les idées de Schlick et certaines des positions de Helmholtz lorsque celui-ci remplace la relation de dépiction par une relation de coordination est au reste soulignée par Michael Friedman. Cf. *A Parting of the Ways. Carnap, Cassirer and Heidegger*, Chicago, Open Court, 2000, p. 112 : « Schlick, suivant l'exemple de la *Zeichentheorie* de Helmholtz, est donc en position de rejeter de façon définitive la théorie de la connaissance comme "copie". La signification purement formelle qui est présentée dans les sciences exactes ne peut

Mentionnons par exemple cet article de 1932 intitulé « Positivisme et réalisme »[1], où Schlick écrit que « [l]a seule chose correcte, c'est que les propositions portant sur les corps sont transformables en propositions portant sur la légalité de l'irruption des sensations »[2]. Dans le même ordre d'idées, on peut également mentionner les idées défendues par cet autre membre éminent du Cercle de Vienne qu'était Rudolf Carnap dans son *Hauptwerk* de 1828 qu'est la *Construction logique du monde*, et où il est souligné qu'il est effectivement possible de reconstruire un système objectif de la réalité à partir du vécu sensitif en première personne, et cela parce que ce qui suffit à constituer l'objectivité de la connaissance, ce ne sont pas des contenus, mais bien des structures. Dans les termes de Carnap : « *C'est seulement parce que l'on reconnaît que la science est par essence science des structures et qu'il y a donc une voie de constitution objective à partir du flux individuel du vécu* que la forme de système à base autopsychique peut être admise »[3].

Or c'est cette idée selon laquelle nos représentations, à défaut d'être des images proprement dites de la réalité sensible, en restituent à tout le moins la structure de façon projective que nous allons à présent chercher à rapporter aux thématiques propres à la pensée classique, en comparant les idées de Helmholtz tout à la fois aux

impliquer aucun type de "dépiction" de la réalité, mais seulement une relation purement logique de "coordination" [*Zuordnung*] ».

1. M. Schlick, « Positivismus und Realismus », *Erkenntnis*, 3, 1932, reproduit dans *Gesammelte Aufsätze 1926-1936*, Saarbrücken, Müller, 2006.

2. M. Schlick, « Positivismus und Realismus », *op. cit.*, p. 114-115.

3. R. Carnap, *La Construction logique du monde*, trad. fr. Th. Rivain revue par É. Schwartz, Paris, Vrin, 2002, § 66, p. 143.

conceptions cartésiennes relatives à l'arbitraire du signe perceptif, et aux conceptions leibniziennes relatives au rapport expressif qui unit perception et réalité.

EXPRESSION, SYMBOLISME ET COORDINATION : DESCARTES, LEIBNIZ ET HELMHOLTZ

Nous allons à présent chercher à mieux comprendre la façon dont l'articulation helmholtzienne entre théorie sémiotique de la sensation et théorie nomologique de la perception s'articule aux idées proposées à l'âge classique. En particulier, nous confronterons ces positions avec celles qui furent adoptées respectivement par Descartes à travers sa théorie du signe sensitif, et par Leibniz à travers sa conception de la perception comme expression. Dans ce but, nous commencerons par rappeler la nature du débat entre Descartes et Leibniz au sujet du caractère supposément arbitraire du signe sensitif. Puis nous tenterons d'établir que la position de Helmholtz, dans la mesure où elle défend l'interprétation sémiotique de la sensation tout en s'engageant dans une forme de réalisme structural au sujet de la perception, opère en quelque sorte une synthèse entre position cartésienne et leibnizienne, entre lecture sémiotique et expressive du processus perceptif.

La sensation cartésienne – image et signe

On considère généralement, à tort ou à raison, qu'un objectif majeur de la théorie de la perception proposée par Leibniz, notamment dans ses *Nouveaux essais sur l'entendement humain*, est de critiquer la théorie cartésienne de la perception comprise comme théorie de l'arbitraire du signe sensitif. À l'encontre d'une telle approche, le fait de penser la perception comme une expression de la réalité perçue permettrait à Leibniz de restaurer une forme d'objectivité pour la perception. Mais en quoi consiste alors exactement cette théorie cartésienne de la perception, et dans quelle mesure est-il justifié de la considérer comme une théorie de l'arbitraire du signe perceptif?

À première vue, il semble effectivement que la théorie de la perception telle que la développe notamment Descartes dans la *Dioptrique* recourt à la catégorie du signe en vue de contester les approches trop radicalement représentationnalistes selon lesquelles la sensation serait une reproduction à l'identique de la qualité sentie. Dans le contexte de la pensée classique, de telles critiques sont dirigées contre la doctrine scolastique des espèces intentionnelles, par où l'on imagine des « images voltigeantes » qui émaneraient des choses et viendraient affecter nos organes des sens. À cette approche fantaisiste et sans puissance explicative réelle[1], Descartes substitue quant à lui une explication des phénomènes perceptifs en termes purement mécaniques qui, dans le cas de la vision, ne fera intervenir que la seule action exercée par la lumière sur notre appareil visuel dont les effets sont ensuite transmis jusqu'au cerveau par l'entremise

1. *Cf.* R. Descartes, « La dioptrique », dans *Œuvres philosophiques*, éd. F. Alquié (corrigée par D. Moreau), tome I, Paris, Classiques Garnier, 2010, « Discours quatrième », p. 684 : « Car, d'autant [que les scolastiques] ne considèrent en elles autre chose, sinon qu'elles doivent avoir de la ressemblance avec les objets qu'elles représentent, il leur est impossible de nous montrer comment elles peuvent être formées par ces objets, et reçues par les organes des sens extérieurs, et transmises par les nerfs jusques au cerveau ».

des nerfs[1]. Tel est le sens de la célèbre métaphore de l'aveugle au bâton introduite au Discours premier de la *Dioptrique* :

> Il vous est bien sans doute arrivé quelquefois, en marchant de nuit sans flambeau, par des lieux un peu difficiles, qu'il fallait vous aider d'un bâton pour vous conduire, et vous avez pour lors pu remarquer que vous sentiez, par l'entremise de ce bâton, les divers objets qui se rencontraient autour de vous, et même que vous pouviez distinguer s'il y avait des arbres, ou des pierres, ou du sable, ou de l'eau, ou de l'herbe, ou quelque autre chose de semblable. Il est vrai que cette sorte de sentiment est un peu confuse et obscure, en ceux qui n'en ont pas un long usage ; mais considérez-la en ceux qui, étant nés aveugles, s'en sont servis toute leur vie, et vous l'y trouverez si parfaite et si exacte, qu'on pourrait quasi dire qu'ils voient des mains, ou que leur bâton est l'organe de quelque sixième sens, qui leur a été donné au défaut de la vue[2].

Une telle métaphore permet à Descartes d'expliquer le rôle joué par la lumière dans la perception visuelle : car celle-ci n'est pas autre chose « qu'un certain mouvement, ou une action fort prompte et fort vive, qui passe vers nos yeux, par l'entremise de l'air et des autres corps transparents, en même façon que le mouvement ou la résistance des corps, que rencontre cet aveugle, passe

1. Cf. *ibid.*, p. 682 : « Enfin on sait que c'est par l'entremise des nerfs que les impressions, que font les objets dans les membres extérieurs, parviennent jusques à l'âme dans le cerveau : car on voit divers accidents, qui, ne nuisant à rien qu'à quelque nerf, ôtent le sentiment de toutes les parties du corps où ce nerf envoie ses branches, sans rien diminuer de celui des autres ».

2. *Ibid.*, « Discours premier », p. 654.

vers sa main par l'entremise de son bâton »[1]. Dans ces conditions, plus rien ne nous oblige à présupposer l'existence d'un rapport mimétique entre la sensation et la qualité qu'elle nous fait connaître : chez Descartes comme après lui chez Helmholtz, le modèle mimétique est éliminé au profit d'un modèle mécanique et causal[2]. Dans les termes de la *Dioptrique* :

> Il faut, outre cela, prendre garde à ne pas supposer que, pour sentir, l'âme ait besoin de contempler quelques images qui soient envoyées par les objets jusques au cerveau, ainsi que font communément nos philosophes ; ou, du moins, il faut concevoir la nature de ces images tout autrement qu'ils ne font[3].

Nous retrouvons alors ici même mouvement qui, comme nous l'avons vu, devait se réitérer chez Helmholtz : car chez Descartes également, il est finalement possible

1. *Ibid.* Sur cette métaphore, voir V. Le Ru, « L'aveugle et son bâton ou comment Descartes résout l'énigme de la communication de l'action ou de la force mouvante », dans M. Chottin (éd.), *L'aveugle et le philosophe ou comment la cécité donne à penser*, Paris, Publications de la Sorbonne, 2009.

2. Voir la conclusion de cette métaphore : « En suite de quoi vous aurez occasion de juger, qu'il n'est pas besoin de supposer qu'il passe quelque chose de matériel depuis les objets jusques à nos yeux, pour nous faire voir les couleurs et la lumière, ni même qu'il y ait rien en ces objets, qui soit semblable aux idées ou aux sentiments que nous en avons : tout de même qu'il ne sort rien des corps, que sent un aveugle, qui doive passer le long de son bâton jusques à sa main, et que la résistance ou le mouvement de ces corps, qui est la seule cause des sentiments qu'il en a, n'est rien de semblable aux idées qu'il en conçoit. Et par ce moyen votre esprit sera délivré de toutes ces petites images voltigeantes par l'air, nommées des *espèces intentionnelles*, qui travaillent tant l'imagination des philosophes. », Descartes, « La dioptrique » *op. cit.*, « Discours premier », p. 655.

3. *Ibid.*, « Discours quatrième », p. 684.

de substituer la catégorie du signe à celle de l'image pour rendre compte du rapport de représentation (ou, désormais, de désignation) qui existe entre la sensation et la qualité à laquelle elle renvoie [1]. Tel est le point visé par ce célèbre passage dans lequel l'auteur de la *Dioptrique* fait valoir que les signes ne sont pas moins aptes que les images à exciter la pensée :

> Et [les philosophes scolastiques] n'ont eu aucune raison de supposer [les espèces intentionnelles], sinon que, voyant que notre pensée peut facilement être excitée, par un tableau, à concevoir l'objet qui y est peint, il leur a semblé qu'elle devait l'être, en même façon, à concevoir ceux qui touchent nos sens, par quelques petits tableaux qui s'en formassent en notre tête, au lieu que nous devons considérer qu'il y a plusieurs autres choses que des images qui peuvent exciter notre pensée : comme, par exemple, les signes et les paroles, qui ne ressemblent en aucune façon à ce qu'elles signifient [2].

On reconnaît donc ici les prémices d'une théorie sémiotique des phénomènes perceptifs qui devait par la suite trouver d'autres formulations parmi les philosophes empiristes, notamment chez Locke qui s'en fait l'écho dans son *Essai sur l'entendement humain* [3]. Une telle critique du paradigme de la ressemblance

1. Je remercie ici Marion Chottin, avec qui j'ai pu discuter de ces textes lors de sa conférence intitulée « Les sensations : un langage de la nature », prononcée à l'Université Paris I Panthéon-Sorbonne en 2007.

2. Descartes, « La dioptrique » *op. cit.*, « Discours quatrième », p. 684-685.

3. *Cf.* J. Locke, *Essai sur l'entendement humain,* trad. fr. J.-M. Vienne, Paris, Vrin, 2001, II, VIII, § 7, p. 218 : « [L]a plupart des idées de sensation ne sont pas plus la copie dans l'esprit de quelque chose qui existerait hors de nous, que les noms qui en tiennent lieu ne

appuyée par une métaphore sémiotique ou linguistique devait à nouveau faire l'objet des analyses de Descartes dans la Quatrième partie des *Principes de la philosophie*, en particulier à l'article 197 où il s'agit de prouver que « notre âme est de telle nature que les seuls mouvements qui se font dans les corps sont suffisants pour lui faire avoir toutes sortes de pensées, sans qu'il soit besoin qu'il y ait en eux aucune chose qui ressemble à ce qu'ils lui font concevoir »[1]. Or dans ce cas également, un argument-clé consiste à convoquer le cas des signes linguistiques qui, non moins que les images, sont en mesure d'exciter des représentations, sentiments et affections dans l'âme[2] :

> Car, premièrement, nous voyons que les paroles, soit proférées de la voix, soit écrites sur du papier, lui font concevoir toutes les choses qu'elles signifient, et lui donnent ensuite diverses passions. Sur un même papier, avec la même plume, et la même encre, en remuant tant soit peu le bout de la plume en certaine façon, vous tracez des lettres qui font imaginer des combats, des tempêtes, ou des furies, à ceux qui les lisent, et qui les

sont la copie de nos idées, alors qu'ils sont pourtant aptes à les susciter en nous quand nous les entendons ».

1. R. Descartes, « *Les principes de la philosophie* », dans *Œuvres philosophiques*, *op. cit.*, tome III, quatrième partie, article 197, p. 511.

2. Sur la façon dont l'article 197 radicalise la métaphore sémiotique de la *Dioptrique*, voir l'article de référence de M. Fichant, « La géométrisation du regard. Réflexions sur la *Dioptrique* de Descartes », dans *Science et métaphysique dans Descartes et Leibniz*, Paris, P.U.F., 1998, p. 47 : « Les *Principes de la philosophie* parlent le même langage. […] Là non plus, il n'est pas question de figures, ni d'images, ni de peintures. Ainsi Descartes ne paie-t-il plus le tribut que la *Dioptrique* accordait à l'opinion commune. L'analogie avec l'arbitraire linguistique est seule invoquée pour rendre compte de ce que peut être l'interprétation par l'âme des annonces que le corps lui transmet ».

> rendent indignés ou tristes ; au lieu que, si vous remuez la plume d'une autre façon presque semblable, la seule différence qui sera en ce peu de mouvement leur peut donner des pensées toutes contraires, de paix, de repos, de douceur, et exciter en eux des passions d'amour et de joie[1].

Assurément, une telle volonté de penser le fonctionnement du processus sensitif sur le modèle du rapport entre discours et pensée n'implique pas que l'on supprime toute idée de ressemblance ou de picturalité pour la vie perceptive. Elle témoigne plutôt d'une volonté de requalifier cette idée[2] en montrant que si ressemblance il y a, celle-ci ne sera nullement directe mais médiatisée et métamorphosée par l'intervention des processus physiologiques et nerveux. Tel est le sens de cette comparaison qu'opère Descartes avec le mode de représentation propre à ces images perspectives que sont les tailles-douces, représentations volontairement déformées et chiffrées qui, « n'étant faites que d'un peu d'encre posée çà et là sur du papier, nous représentent

1. *Ibid.*, p. 511-512.

2. Ce point est tout particulièrement souligné par M. Fichant dans son article déjà mentionné, « La géométrisation du regard. Réflexions sur la *Dioptrique* de Descartes », *op. cit.*, p. 42 : « Le contre-exemple fourni par les signes et les paroles qui excitent aussi pourtant notre pensée à concevoir des choses avec lesquelles ils n'ont aucune ressemblance suffit à invalider en bloc l'illusion du spectacle intérieur et à libérer de toute idée de dépiction la relation de la sensation comme fait psychologique à l'objet qui en est la cause physique. / Toutefois Descartes ménage la possibilité d'un recours préservé aux images pourvu qu'on en conçoive la nature tout autrement que les Philosophes. Il faudra pour cela que la réflexion critique s'exerce sur cette espèce particulière d'œuvre figurative, voisine du tableau, qu'est la taille-douce, où la dissemblance s'inscrit au cœur même de l'image comme une condition qui lui permet d'être l'image de quelque chose, et non l'inutile dédoublement à l'identique de la chose dans un sosie parfait ».

des forêts, des villes, des hommes, et même des batailles et des tempêtes, bien que, d'une infinité de diverses qualités qu'elles nous font concevoir, il n'y en ait aucune que la figure seule dont elles aient proprement la ressemblance »[1]. C'est par un semblable processus de représentation/désignation codifié ou médiatisé qu'il convient de rendre compte de la vie perceptive :

> Or il faut que nous pensions tout le même des images qui se forment en notre cerveau, et que nous remarquions qu'il est seulement question de savoir comment elles peuvent donner moyen à l'âme de sentir toutes les diverses qualités des objets auxquels elles se rapportent, et non point comment elles ont en soi leur ressemblance[2].

Dans tous les cas, il demeure que cette ressemblance, à supposer qu'elle existe au moins de façon partielle, ne constitue pas l'élément décisif lorsqu'il s'agit de produire en l'âme des représentations déterminées correspondant à ces sensations. Il faut donc incontestablement reconnaître la présence d'un élément d'arbitraire s'attachant aux signes sensitifs, arbitraire qui aura pour spécificité de ne pas relever d'une convention comme celui qui caractérise les signes du langage au sens propre, mais de s'ancrer dans une dimension de naturalité. C'est cela que Descartes désigne à travers l'idée d'une « institution de nature » dont il est question au Sixième discours de la *Dioptrique* :

> Or, encore que cette peinture, en passant ainsi jusques au-dedans de notre tête, retienne toujours quelque

1. Descartes, « La dioptrique » *op. cit.*, « Discours quatrième », p. 685.

2. *Ibid.*

> chose de la ressemblance des objets dont elle procède, il ne se faut point toutefois persuader, ainsi que je vous ai déjà tantôt fait entendre, que ce soit par le moyen de cette ressemblance qu'elle fasse que nous les sentons, comme s'il y avait derechef d'autres yeux en notre cerveau, avec lesquels nous la pussions apercevoir; mais plutôt, que ce sont les mouvements par lesquels elle est composée, qui, agissant immédiatement contre notre âme, d'autant qu'elle est unie à notre corps, sont institués de la Nature pour lui faire avoir de tels sentiments[1].

On ne peut également que citer ici ce célèbre passage du *Traité du monde* :

> Vous savez bien que les paroles, n'ayant aucune ressemblance avec les choses qu'elles signifient, ne laissent pas de nous les faire concevoir, et souvent même sans que nous prenions garde au son des mots, ni à leurs syllabes; en sorte qu'il peut arriver qu'après avoir ouï un discours, dont nous aurons fort bien compris le sens, nous ne pourrons pas dire en quelle langue il aura été prononcé. Or, si des mots, qui ne signifient rien que par l'institution des hommes, suffisent pour nous faire concevoir des choses, avec lesquelles ils n'ont aucune ressemblance : pourquoi la Nature ne pourra-t-elle pas aussi avoir établi certain signe, qui nous fasse avoir le sentiment de la lumière, bien que ce signe n'ait rien en soi, qui soit semblable à ce sentiment? Et n'est-ce pas ainsi qu'elle a établi les rires et les larmes, pour

1. Descartes, « La dioptrique » *op. cit.*, « Discours quatrième », p. 699. Sur l'institution de nature et son inscription dans la nouvelle optique cartésienne, voir Ph. Hamou, *Voir et connaître à l'âge classique*, Paris, P.U.F., 2002, « Descartes : la mécanisation du processus sensoriel et l'institution de nature », p. 78 *sq*.

nous faire lire la joie et la tristesse sur le visage des hommes?[1]

Or c'est précisément une telle théorie de l'arbitraire des signes fournis par la sensation qui fait l'objet des critiques (justifiées ou non) que Leibniz adresse à Descartes. Examinons à présent la nature et le bien-fondé de ces critiques, qui devaient conduire Leibniz à repenser la perception au moyen de la catégorie de l'expression.

Leibniz critique de Descartes? Objectivité de la perception et arbitraire du signe

Cette représentation d'un Leibniz critique de Descartes et de la théorie de l'institution de nature introduite par ce dernier peut par exemple être découverte chez Ernst Cassirer, qui considère que l'une des volontés leibniziennes les plus fondamentales, en matière de théorie de la perception, est de restaurer une objectivité du rapport sensation/senti qui, à ses yeux, se dissoudrait dans l'arbitraire du signe perceptif tel qu'il est pensé par Descartes et par Locke après lui. Comme le souligne le philosophe allemand, « Leibniz rejette explicitement l'opinion de Locke et de Descartes selon laquelle ces qualités n'auraient absolument rien de commun avec les propriétés et les mouvements réels auxquels elles correspondent et ne seraient liées à eux par aucune connexion relevant d'une explication quelconque »[2]. Afin que l'objectivité de notre rapport cognitif au monde puisse être préservée, Leibniz veut considérer au

1. R. Descartes, « *Traité du Monde* », dans AT, tome I, chap. I, p. 315-316.

2. E. Cassirer, *Liberté et forme*, trad. fr. J. Carro, M. Willmann-Carro, J. Gaubert, Paris, Cerf, 2001, p. 92.

contraire qu'« [i]l doit plutôt régner là, entre la qualité de l'objet et celle de l'impression, une sorte de rapport, même si nous ne sommes pas en mesure le reconnaître entièrement ni de l'exprimer en concepts clairs »[1]. Or il est vrai que la volonté leibnizienne de critiquer la théorie de l'arbitraire du signe perceptif proposée par Descartes et Locke apparaît de façon tout à fait franche et explicite dans la préface aux *Nouveaux essais sur l'entendement humain.* Citons ce passage canonique où, sur la base de sa doctrine des petites perceptions, Leibniz affirme pouvoir penser la représentation perceptive comme une sorte d'expression ou de correspondance, et restaurer ainsi un rapport d'objectivité perceptive compromis par les théories sémiotiques de la perception :

> Ce sont aussi les parties insensibles de nos perceptions sensibles qui font qu'il y a un rapport entre les perceptions des couleurs, des chaleurs et autres qualités sensibles et entre les mouvements dans les corps qui y répondent, au lieu que les Cartésiens, avec notre auteur, tout pénétrant qu'il est, conçoivent les perceptions que nous avons de ces qualités comme arbitraires, c'est-à-dire comme si Dieu les avait données à l'âme suivant son bon plaisir sans avoir égard à aucun rapport essentiel entre les perceptions et leurs objets : sentiment qui me surprend et qui me paraît peu digne de la sagesse de l'auteur des choses, qui ne fait rien sans harmonie et sans raison[2].

Leibniz reproche donc ici à Locke d'avoir été trop proche de Descartes dans sa théorie de l'arbitraire des

1. E. Cassirer, *Liberté et forme*, *op. cit.*, p. 92.
2. G. W. Leibniz, *Nouveaux essais sur l'entendement humain*, *op. cit.*, Préface, p. 43.

signes perceptifs, et de ne pas avoir suffisamment compris que si les perceptions sont de simples signes arbitraires individuellement parlant, leur intégration dans un tout globalisé restaure néanmoins un rapport de connexion naturelle avec la série des phénomènes. Penser le contraire (c'est-à-dire supposer que Dieu ait pu instituer un rapport de connexion purement arbitraire entre les sensations et les qualités senties) serait contraire au principe de raison suffisante, puisque cela présupposerait que Dieu aurait établi une telle connexion par un acte purement gratuit et immotivé de sa volonté. Ce point est notamment souligné par Leibniz dans une Lettre à Des Bosses de 1706 :

> [J]e désapprouve fort chez les Cartésiens l'idée d'une connexion seulement arbitraire entre les objets et les sensations que nous en avons ; et qu'il dépend du libre arbitre de Dieu de vouloir représenter des perceptions d'odeurs par des perceptions qui sont pour lors des couleurs ; comme si Dieu ne faisait pas toutes choses suivant une raison suprême, ou comme s'il voulût représenter le cercle par un triangle, par une opération naturelle[1].

Voilà pourquoi, à l'idée d'une « institution de nature » entre les sensations et les qualités qu'elles nous font connaître, il faudra substituer celle d'une harmonie préétablie qui, de fait, consistera dans l'existence d'un rapport (objectif et rationnel) de correspondance expressive entre ces deux ordres de réalité. C'est ainsi qu'au livre II des *Nouveaux essais*, Leibniz réexamine en

1. Lettre à Des Bosses du 1er septembre 1706, dans *L'être et la relation. Lettres de Leibniz à Des Bosses*, éd. Ch. Frémont, Paris, Vrin, 2e éd., 1999. Sur cette critique, voir Y. Belaval, *Leibniz critique de Descartes*, Paris, Gallimard, 1960, p. 484-485.

détail l'idée d'une incompatibilité des positions lockienne et cartésienne avec « la sagesse de l'auteur des choses » en faisant valoir qu'« [i]l ne faut point s'imaginer que ces idées comme de la couleur ou de la douleur soient arbitraires et sans rapport ou sans connexion naturelle avec leurs causes : ce n'est pas l'usage de Dieu d'agir avec si peu d'ordre et de raison »[1]. Mais loin de se contenter de l'aspect négatif de cette critique, Leibniz propose alors une conception positive du rapport objectif qui doit être substitué au rapport arbitraire précédemment posé entre les sensations et les choses. Le rapport en question est alors décrit comme un rapport de projection, ou encore de correspondance expressive entre deux structures telles qu'à chaque point de l'une correspond un point de l'autre :

> Je dirais plutôt qu'il y a une manière de ressemblance, non pas entière et pour ainsi dire *in terminis*, mais expressive, ou de rapport d'ordre, comme une ellipse et même une parabole ou hyperbole ressemblent en quelque façon au cercle dont elles sont la projection sur le plan, puisqu'il y a un certain rapport exact et naturel entre ce qui est projeté et la projection qui s'en fait, chaque point de l'un répondant suivant une certaine relation à chaque point de l'autre. C'est ce que les cartésiens ne considèrent pas assez et cette fois vous leur **avez** plus déféré, Monsieur, que vous n'avez coutume et que vous n'aviez sujet de le faire[2].

La catégorie de l'expression est donc sans équivoque convoquée ici en vue de comprendre le rapport projectif, et donc objectif, qui existe entre notre vie sensorielle

1. G. W. Leibniz, *Nouveaux essais sur l'entendement humain*, Livre II, chap. VIII, *op. cit.*, p. 103.

2. *Ibid.*

et la réalité phénoménale. On ne doit plus parler d'une *institution* de nature, mais bien d'une *correspondance* naturelle, d'un « certain rapport exact et naturel » entre les sensations et ce qu'elles expriment, entre les sensations et ce qu'elles projettent. Dès lors, le prétendu arbitraire qui se voit assigné aux sensations au motif de l'explication mécaniste qu'on peut leur assigner n'est aux yeux de Leibniz qu'une illusion, qu'un effet d'optique lié au fait que nous n'apercevons que confusément les petites perceptions dont ces sensations procèdent ; si, au contraire, nous pouvions nous en former une idée claire, nous comprendrions qu'elles constituent bien une restitution expressive des rapports existant entre les choses [1]. Une fois posé le principe selon lequel la sensation s'enracine dans le mouvement des corps et dans les effets qu'ils exercent sur nous, il convient donc d'aller plus loin, et d'essayer de penser une relation interne entre la micro-structure de nos sensations et celle des phénomènes qui les causent. C'est là ce qui apparaît au livre IV des *Nouveaux essais*, à travers les mots de Théophile :

> C'est que vous supposez encore que ces qualités sensibles ou plutôt les idées que nous en avons ne dépendent point des figures et mouvements naturellement, mais seulement du bon plaisir de Dieu, qui

1. À ce sujet, voir G. Deleuze, *Spinoza et le problème de l'expression*, Paris, Minuit, 1968, p. 307 : « Tout ceci forme une philosophie "symbolique" de l'expression, où l'expression n'est jamais séparée des signes de ses variations, pas plus que des zones obscures où elle plonge. Le distinct et le confus varient dans chaque expression (l'entre-expression signifie notamment que, ce qu'une monade exprime confusément, une autre l'exprime distinctement). *Une telle philosophie symbolique est nécessairement une philosophie des expressions équivoques* ».

> nous donne ces idées. Vous paraissez donc avoir oublié, Monsieur, ce que je vous ai remontré plus d'une fois contre cette opinion, pour vous faire juger plutôt que ces idées sensitives dépendent du détail des figures et mouvements et les expriment exactement, quoique nous ne puissions pas y démêler ce détail dans la confusion d'une trop grande multitude et petitesse des actions mécaniques qui frappent nos sens [1].

C'est pourquoi, même en admettant que les « idées secondes » de Locke, en tant qu'elles sont « *produites* en nous [...] *par l'action des particules insensibles sur les sens* » [2], ne comportent certes, au sens strict, « *absolument aucune ressemblance* » [3] avec les choses, cette absence de ressemblance n'empêche en aucune manière la présence d'un rapport de correspondance objective sur le mode de l'expressivité. Tel est le point qui est suggéré par Leibniz dans un paragraphe marginal de la Lettre à Des Bosses du 11 juillet 1706 où il est affirmé « qu'une perception répond en nous non seulement à un mouvement du corps que nous apercevons, mais aussi à tout autre mouvement, perception que nous ne remarquons pas à cause de la multitude, de la petitesse et de la confusion des perceptions » [4].

À cet égard, la conception leibnizienne de la vie perceptive rejoint bien évidemment le volet authentiquement métaphysique de la théorie de l'expression, par où cette catégorie explicite le rapport existant entre chaque esprit ou chaque monade et l'univers qui l'entoure. En

1. G. W. Leibniz, *Nouveaux essais sur l'entendement humain*, Livre IV, chap. VI, *op. cit.*, p. 317.
2. J. Locke, *Essai sur l'entendement humain, op. cit.*, II, VIII, § 13.
3. *Ibid.*, II, VIII, § 15.
4. Lettre à Des Bosses du 11 juillet 1706, dans *L'être et la relation. Lettres de Leibniz à Des Bosses, op. cit.*

effet, expliquer ainsi la correspondance entre sensations et réalité, c'est considérer plus fondamentalement que l'esprit du sujet sentant ou percevant entre en résonance avec la réalité et les différents changements qui s'y produisent, que l'âme et les phénomènes, pour employer l'image leibnizienne courante, « se répondent comme deux pendules parfaitement bien réglées sur le même pied »[1] : de là, en particulier, cette idée d'une « inquiétude » principielle du sujet, de cette *Unruhe* dans laquelle il est en permanence maintenue en raison de sa conspiration avec le moindre changement extérieur perçu par lui[2]. Voilà pourquoi également Leibniz peut affirmer en 1698, au sujet de la perception que « [t]out cela n'est qu'une conséquence de la nature représentative de l'âme, qui doit exprimer ce qui se passe, et même ce qui se passera dans son corps, et en quelque façon dans tous les autres, par la connexion ou correspondance de toutes les parties du monde »[3]. Dans ces conditions, l'esprit est ainsi effectivement comparable à cette « toile vibrante »

1. « Considérations sur les principes de vie », dans *Principes de la nature et de la grâce, Monadologie et autres textes 1703-1716*, éd. Ch. Frémont, Paris, Flammarion, 1996, p. 95.

2. *Cf.* G. W. Leibniz, *Nouveaux Essais sur l'entendement humain*, Livre II, chap. XX, *op. cit.*, p. 131 : « On appelle *Unruhe* en allemand, c'est-à-dire inquiétude, le balancier d'une horloge. On peut dire qu'il en est de même de notre corps, qui ne saurait jamais être parfaitement à son aise : parce que quand il le serait, une nouvelle impression des objets, un petit changement dans les organes, dans les vases et dans les viscères changera d'abord la balance et les fera faire quelque petit effort pour se remettre dans le meilleur était qu'il se peut; ce qui produit un combat perpétuel qui fait pour ainsi dire l'inquiétude de notre horloge, de sorte que cette appellation est assez à mon gré ».

3. G. W. Leibniz, « Éclaircissement des difficultés que M. Bayle a trouvées dans le système nouveau de l'union de l'âme et du corps », dans *Système nouveau de la nature et de la communication des substances et autres textes*, *op. cit.*, p. 143-144.

décrite au livre II des *Nouveaux essais*[1], image qui conduit Gilles Deleuze à affirmer que, chez Leibniz, « le monde entier n'est qu'une virtualité qui n'existe actuellement que dans les plis de l'âme qui l'exprime, l'âme opérant des déplis intérieurs par lesquels elle se donne une représentation du monde incluse »[2].

Cependant, une fois rappelées ces critiques à la doctrine cartésienne de la perception et la solution alternative proposée par Leibniz au moyen de la théorie de l'expression, il convient de nuancer le tableau de cette opposition, en montrant que Leibniz est peut-être plus proche de Descartes qu'il ne le croit lui-même. Comme l'a montré André Charrak, les critiques que Leibniz adresse à Descartes, notamment dans la Préface aux *Nouveaux*

1. *Cf.* G. W. Leibniz, *Nouveaux essais sur l'entendement humain*, Livre II, chap. XII, *op. cit.*, p. 114 : « Théophile : Pour rendre la ressemblance plus grande il faudrait supposer que dans la chambre obscure il y eût une toile pour recevoir les espèces, qui ne fût pas unie, mais diversifiée par des plis, représentant les connaissances innées ; que de plus cette toile ou membrane, étant tendue, eût une manière de ressort ou force d'agir, et même une action ou réaction accommodée tant aux plis passés qu'aux nouveaux venus des impressions des espèces. Et cette action consisterait en certaines vibrations ou oscillations, telles qu'on voit dans une corde tendue quand on la touche, de sorte qu'elle rendrait une manière de son musical. Car non seulement nous recevons des images ou traces dans le cerveau, mais nous en formons encore de nouvelles, quand nous envisageons des idées complexes. Ainsi il faut que la toile qui représente notre cerveau soit active et élastique. Cette comparaison expliquerait tolérablement ce qui se passe dans le cerveau, mais quant à l'âme, qui est une substance simple ou monade, elle représente sans étendue ces mêmes variétés des masses étendues et en a la perception ».

2. G. Deleuze, *Le Pli. Leibniz et le baroque*, Paris, Minuit, 1988, p. 32.

Essais, ne reposent pas sur un compte rendu fidèle de la pensée cartésienne[1]. Il pourrait en effet apparaître que l'anti-représentationnalisme prétendu de Descartes n'en est pas un, et que celui-ci continue à penser l'existence d'un rapport de correspondance entre les sensations et ce qu'elles désignent. Bien plus, le refus de renoncer entièrement à toute forme de représentationnalisme en matière de théorie de la perception est justement ce qui oppose Descartes à un auteur comme Berkeley[2] qui, dans son *Essai sur une nouvelle théorie de la vision*, pense un authentique arbitraire du signe sensitif en faisant valoir que « les objets propres de la vision constituent un langage universel de l'Auteur de la nature par lequel nous apprenons à régler nos actions en vue d'acquérir ces choses qui sont nécessaires à la préservation et au bien-être de nos corps, et aussi d'éviter tout ce qui peut

1. Nous renvoyons notamment au séminaire intitulé « Les Théories de la perception et l'hypothèse de l'union à l'âge classique », qui s'est tenu à l'Université Paris I Panthéon-Sorbonne en 2011. Voir par exemple la séance du 12 octobre 2011 : « C'est dans la Préface des *Nouveaux Essais* que s'est forgée l'idée ayant ensuite influencé la tradition allemande que cette relation, chez Descartes, relève d'un arbitraire complet et qu'il ne peut y avoir aucune ressemblance. En réalité, cette lecture critique de Leibniz est injuste envers Descartes qui conserve une forme de représentationnalisme ». Selon André Charrak, une telle mésinterprétation repose sur le fait que Leibniz recourt à tort aux termes de la dichotomie lockéenne entre qualités premières et qualités secondes pour décrire la dichotomie cartésienne entre causes de la sensation et sentiments de l'apparaître, ce qui le conduit alors à secondariser la sensation et à en faire un simple signe accessoire ; tel n'est pourtant pas le sens de la théorie cartésienne de la sensation, qui entend maintenir la dimension irréductible de la qualité dans son apparaître.

2. Là encore, je remercie André Charrak pour cette suggestion.

leur nuire et les détruire »[1]. À travers un exemple comme celui des tailles-douces (processus de représentation qui repose sur un ensemble de transpositions projectives, qui conserve uniquement la structure projetée), on comprend au contraire que Descartes n'entend pas considérer l'institution de nature comme corrélative d'un arbitraire entier du signe perceptif, et qu'il maintient cette possibilité d'une correspondance projective entre séries sensitives et réelles. C'est là ce qui apparaît également au Discours sixième de la *Dioptrique*, dans ce même passage relatif à l'institution de nature où, tout en refusant l'idée d'un strict rapport de reproduction, Descartes accepte malgré tout que cette « peinture » qu'est la sensation « retienne toujours quelque chose de la ressemblance des objets dont elle procède »[2].

Dans ces conditions, la lecture de Descartes devra être beaucoup plus modérée que ne le suggère son interprétation leibnizienne : le refus cartésien de la doctrine scolastique des espèces intentionnelles n'en fait pas un refus inconditionnel de l'idée d'une portée représentative de la perception, mais exprime plutôt une volonté de requalifier ce rapport représentatif dans les termes d'une correspondance projective plutôt que mimétique. C'est une telle interprétation que défend notamment Philippe Hamou lorsqu'il écrit que « [d]es traces cérébrales aux

1. G. Berkeley, « Essai pour une nouvelle théorie de la vision », dans *Œuvres*, éd. G. Brykman, Paris, P.U.F., 1985, vol. 1, section 147, p. 276-277. Sur ces questions, voir l'article de Ph. Hamou, « Sens et fonction du modèle linguistique dans la *Nouvelle Théorie de la vision* », dans D. Berlioz (éd.), *Berkeley. Langage de la perception et art de voir*, Paris, P.U.F., 2003.

2. Descartes, « La dioptrique », *op. cit.*, « Discours sixième », p. 699.

contenus mentaux, on peut donc envisager une sorte d'isomorphisme entre deux séries entièrement hétérogènes et dissemblables, analogue à la relation qui existe entre les mots de la langue et les idées qu'ils véhiculent »[1] : dès lors, la comparaison des sensations avec le langage n'est en réalité pas une fin en soi, et ne vise qu'à attirer l'attention sur la correspondance structurelle de principe qui existe entre de telles séries. Or c'est en définitive une telle interprétation qui se dégage également de la lecture de Cassirer qui, bien que sa pensée du symbolisme le conduise à conférer une grande importance à la métaphore du signe chez Descartes, interprète néanmoins une telle métaphore dans le sens d'une insistance sur la relation de coordination qui existe entre représentations perceptives et réalité. On peut à cet égard citer ce passage remarquable du *Problème de la connaissance* destiné à établir que, chez Descartes, « nous ne demandons pas maintenant de quelle façon l'*être* réel des corps se rapporte en nous à l'*être* des sensations, mais nous nous contentons d'un rapport harmonique réciproque et d'une coordination dépourvue d'ambiguïté entre les deux »[2]. Cassirer propose alors la lecture suivante de la métaphore linguistique chez Descartes :

> Un dessin en perspective réussit à rendre toutes les particularités de l'objet de manière d'autant plus nette et précise qu'on renonce à présenter toutes les qualités et toutes les *dimensions* de l'original ; il en va de même avec le langage des signes de la perception : il arrive à « rendre » les choses avec d'autant plus de perfection

1. Ph. Hamou, *Voir et connaître à l'âge classique*, *op. cit.*, p. 82.

2. E. Cassirer, *Le Problème de la connaissance dans la philosophie et la science des temps modernes*, vol. 1 : « De Nicolas de Cues à Bayle », trad. fr. R. Fréreux, Paris, Éditions du Cerf, 2004, p. 359.

> qu'il ne vise pas à copier tout leur contenu matériel, mais seulement à en exprimer analogiquement toutes les relations[1].

Dans ces conditions, il apparaît que cette relation de « coordination dépourvue d'ambiguïté » dont parle Cassirer au sujet de Descartes soit en définitive assez proche de ce que devait viser Leibniz en pensant la relation perceptive comme une relation d'expression. Nous allons à présent poursuivre ces considérations en retrouvant la pensée de Helmholtz, dont nous chercherons à établir qu'elle constitue dans une certaine mesure une synthèse moderne de ces différentes positions.

Helmholtz : arbitraire du signe et coordination projective – de Descartes à Leibniz

Si l'on essaie de tracer un tableau d'ensemble des différentes positions qui ont été présentées jusqu'ici – d'abord celle de Helmholtz, puis celles qui ont été défendues respectivement par Descartes et Leibniz, on s'aperçoit que la théorie helmholtzienne de la perception opère pour ainsi dire une synthèse moderne entre la conception de la sensation en termes sémiotiques que l'on trouve chez Descartes, et une approche coordinative ou expressive du processus perceptif coordinatifs ou expressifs qui se dégage chez Leibniz. À l'instar de Descartes, donc, nous avons vu que Helmholtz s'engageait dans une démarche de type causaliste, consistant à considérer par principe la sensation comme le résultat mécanique de l'action de la réalité extérieure sur nos

1. E. Cassirer, *Le Problème de la connaissance dans la philosophie et la science des temps modernes*, *op. cit.*, p. 212.

sens. Voilà pourquoi, dans son *Manuel d'optique*, il peut affirmer que :

> Toutes les propriétés des corps naturels ne viennent effectivement au jour que lorsque nous les mettons dans l'interaction qui leur correspond avec d'autres corps naturels ou avec nos organes des sens [1].

Et comme auparavant chez Descartes, nous avons vu que c'est effectivement cette conscience de l'ancrage causal de notre vie perceptive qui, chez Helmholtz, justifie l'adoption du modèle sémiotique plutôt que mimétique pour penser cette dernière. À cet égard, il est tout à fait remarquable que le savant allemand reprenne à son compte non seulement certaines des idées proposées par Descartes en matière de théorie sémiotique de la sensation, mais même certaines des métaphores qui sont employées par ce dernier à l'appui d'une telle théorie. Nous avons ainsi mentionné plus haut le texte canonique relatif à l'aveugle et à son bâton qui, dans la *Dioptrique*, permet de contrer la théorie scolastique et naïvement représentationnaliste de la sensation. Or c'est une métaphore semblable que convoque Helmholtz lors d'une conférence tenue à Königsberg en 1853, où il s'agit de mettre en évidence la nature symbolique des sensations en les comparant non seulement aux informations tactiles que le bâton peut transmettre à un aveugle, mais aux informations verbales que l'on peut communiquer à ce dernier au sujet du monde extérieur :

> Les impressions sensibles ne sont pour nous que des symboles pour les objets du monde extérieur, et elles

1. H. von Helmholtz, *Handbuch der physiologischen Optik*, vol. 1, *op. cit.*, p. 35, cité par J. Bouveresse dans *Langage, perception et réalité*, tome 1 : « La perception et le jugement », *op. cit.*, p. 127.

> exprimeant ces objets à peu près comme l'écriture ou la parole [*der Schriftzug oder Wortlaut*] expriment la chose qui est désignée par là. Elles nous fournissent, certes, des informations quant aux particularités du monde extérieur, mais elles ne le font pas mieux que nous ne le faisons lorsque nous fournissons à un aveugle des informations au sujet des couleurs au moyen de descriptions verbales[1].

Mais de même que Descartes, à travers sa métaphore des tailles-douces, accepte de maintenir dans une certaine mesure le registre pictural ou représentatif à condition de requalifier la relation de représentation en termes projectifs, de même chez Helmholtz qui, dans son texte de 1870 intitulé *L'Optique et la peinture*, fait valoir qu'une image n'est pas nécessairement mimétique mais peut être d'ordre projectif[2] et qu'en ce sens, ce que les objets extérieurs impriment sur notre appareil sensoriel lors du processus perceptif tombe bien sous la catégorie de l'image :

> [N]otre œil, qui, pour ses effets optiques, ressemble à une chambre noire, instrument bien connu des photographes, ne donne également sur la rétine, sa plaque sensible, que des vues perspectives du monde extérieur, restant les mêmes, comme le dessin sur un tableau, aussi longtemps que l'œil qui perçoit ne change pas de position[3].

1. H. von Helmholtz, « Über Goethes naturwissenschaftlichen Arbeiten », in *Vorträge und Reden*, vol. 1, *op. cit.*, p. 19.

2. *Cf.* H. von Helmholtz, *L'Optique et la peinture*, trad. fr. R. Casati, Paris, École nationale supérieure des Beaux-Arts, 1994, p. 23 : « Comme le tableau doit être exécuté sur une surface plane, cette copie fidèle ne peut offrir évidemment qu'une vue perspective exacte des objets à représenter ».

3. *Ibid.*

Mais c'est surtout à l'instar de Leibniz que Helmholtz entend requalifier la dimension représentative de la vie perceptive en la présentant dans les termes d'une relation de coordination entre séries : en l'occurrence, entre séries des nomologiques, respectivement réelles et perceptives. Une telle « picturalité nomologique » est par exemple mise en avant par le savant dans « Les faits dans la perception », à travers la remarque déjà mentionnée selon laquelle « [l]orsque les traces similaires, déposées dans notre mémoire par des perceptions souvent répétées, se renforcent les unes les autres : c'est précisément le nomologique qui de la sorte se répète lui-même le plus régulièrement, tandis que la fluctuation contingente est effacée », de telle sorte que « [c]hez l'observateur fervent et attentif se développe de cette manière une image intuitive du comportement typique des objets qui l'ont intéressé »[1]. En d'autres termes, Helmholtz propose un schéma de la vie perceptive comme étant composée de micro-impressions dont la répétition et l'assemblage engendrent des images projectives des séries phénoménales. À cet égard, on peut effectivement être tenté d'opérer un rapprochement avec la doctrine leibnizienne des petites perceptions, dont le complexe global s'inscrit dans un rapport expressif ou projectif avec la réalité perçue. On pourrait en ce sens appliquer à Helmholtz ce que G. Deleuze écrit au sujet de Leibniz lorsqu'il affirme que, chez cet auteur, « [l]e rapport de ressemblance est [...] comme une "projection" : la douleur, ou la couleur, sont projetées sur le plan vibratoire

1. H. von Helmholtz, « Les faits dans la perception », art. cit., p. 65.

de la matière, un peu comme le cercle est projeté en parabole ou en hyperbole »[1].

Dès lors, c'est finalement une solution analogue qui est proposée respectivement par Helmholtz et Leibniz quant au problème de la connaissance et de son objectivité. Comme nous l'avons vu plus haut, le point d'aboutissement de la théorie helmholtzienne de la perception n'était en aucune manière la faillite de l'idée d'une connaissance objective, mais bien au contraire l'idée selon laquelle nous pouvons certes connaître la réalité, mais uniquement par le truchement de ces signes que sont les données perceptives. Dans les termes du *Manuel d'optique* :

> Le seul point de vue sous lequel il peut exister un réel accord entre notre perception et la réalité est la conséquence temporelle des événements avec leurs différentes particularités. La simultanéité, la conséquence, le retour régulier de la simultanéité ou de la conséquence peuvent se retrouver dans les sensations tout aussi bien que dans les événements[2].

Or cette solution peut, en définitive, être considérée comme une reprise de la solution leibnizienne telle qu'elle se dégage de la théorie de l'expression. En effet, Leibniz rejette certes l'idée (censément) cartésienne selon laquelle les sensations seraient de simples signes institués par la nature pour nous fournir des indications relatives au monde extérieur. Il n'en reste pas moins que sa théorie de l'expression perceptive s'inscrit dans le cadre d'une théorie du symbolisme, par où la vie de

1. G. Deleuze, *Le Pli*, *op. cit.*, p. 127.

2. H. von Helmholtz, *Handbuch der physiologischen Optik*, vol. 3, *op. cit.*, p. 21.

l'âme ne fait qu'exprimer symboliquement la réalité à laquelle elle est coordonnée. Tel est le point souligné par Cassirer lorsqu'il analyse la théorie leibnizienne de la connaissance en affirmant que, chez Leibniz, « [l]'analyse du réel ramène à l'analyse des idées, l'analyse des idées à celle des signes », de sorte que [l]e concept de symbole se trouve pour le coup transformé en *focus* spirituel, en authentique foyer du monde intellectuel »[1]. Tel est également le sens de cette remarque proposée par Michael Friedman, lorsqu'il fait valoir qu'aux yeux de Cassirer, « toute "figuration" [...] doit être remplacée par la *coordination* [*Zuordnung*] purement logique qui est décrite dans la théorie des signes de Helmholtz », et que « ce projet, tel qu'il fut envisagé clairement pour la première fois par Leibniz, trouve son accomplissement le plus précis et le plus exact dans la logique mathématique moderne »[2]. En d'autres termes, chez Leibniz comme plus tard chez Helmholtz, la perception est pensée comme une transposition symbolique de l'ordre des choses dans l'ordre des représentations ; et chez Leibniz comme plus tard chez Helmholtz, c'est une telle transposition qui constitue le truchement nécessaire pour qu'une connaissance objective soit possible, comme projection ou expression de l'ordre des choses dans la vie représentative. À cet égard, la philosophie moderne de la perception semble effectivement renouveler les solutions théoriques qui, chez Leibniz, se rattachaient à la notion d'expression.

1. E. Cassirer, *La Philosophie des formes symboliques*, vol. 3 : *La Phénoménologie de la connaissance*, trad. fr. C. Fourny, Paris, Minuit, 1972, p. 59-60.

2. M. Friedman, *A Parting of the Ways. Carnap, Cassirer, Heidegger*, *op. cit.*, p. 108.

CHAPITRE II

LE TOURNANT ÉPISTÉMOLOGIQUE

MODÉLISATION ET COORDINATION

Nous avons vu, au cours des pages qui précèdent, quels échos ou quelles applications la notion leibnizienne d'expression pouvait rencontrer en matière de philosophie de la perception, et cela au sein d'une tradition plus moderne ayant traversé les siècles par l'intermédiaire d'un héritage kantien. Mais on s'aperçoit également que ce modèle leibnizien qu'est la notion d'expression n'est pas seulement opératoire dans le domaine de la théorie de la connaissance, c'est-à-dire lorsqu'il s'agit d'enquêter sur l'émergence de nos représentations à partir des données sensibles. Il fonctionne également lorsqu'il s'agit de comprendre le fonctionnement des représentations une fois constituées en systèmes scientifiques [1] : lorsqu'il est question de comprendre le rapport objectif et/ou structurel que les théories physiques peuvent entretenir à la réalité.

1. Sur ce point, on renverra à la distinction fondamentale qu'établit André Charrak entre un empirisme de la genèse et un empirisme de la constitution ; voir notamment *Empirisme et théorie de la connaissance. Réflexion et fondement des sciences au* XVIIIe *siècle*, Paris, Vrin, 2009.

Peut-être fera-t-on valoir à cet égard qu'une telle application proprement épistémologique de l'expression leibnizienne extrapole une notion qui, fondamentalement, est une notion métaphysique. Pourtant, on ne peut ici que rappeler à quel point le système de Leibniz est un système solidaire, au sein duquel on ne saurait dissocier le logique du métaphysique, la théorie de la connaissance de la philosophie de la perception[1]. Or c'est la transfiguration qu'ont pu recevoir ces idées au sein de la philosophie des sciences et de la mécanique du tournant du siècle que nous étudierons dans ce chapitre, en nous penchant sur les notions de coordination et de modélisation qui sous-tendent les théories physiques proposées par Heinrich Hertz et Ludwig Boltzmann. En adoptant la même méthode que celle qui a été appliquée au chapitre précédent, nous commencerons par examiner la pensée moderne pour la rapporter ensuite à la pensée classique : nous présenterons dans un premier temps la philosophie mécanique de Hertz et Boltzmann pour nous demander ensuite dans quelle mesure ces conceptions réactivent certaines solutions théoriques apportées par la notion leibnizienne d'expression.

HEINRICH HERTZ : IMAGES INTÉRIEURES, SYMBOLES ET COORDINATION

C'est tout naturellement que l'étude des idées proposées par Helmholtz nous conduit à examiner les travaux du physicien Heinrich Hertz, puisque celui-

1. Au sujet de cette solidarité du système, voir par exemple B. Mates, *The Philosophy of Leibniz. Metaphysics and Language*, Oxford, Oxford UP, 1986, p. 5.

ci fut l'assistant de Helmholtz[1] et, de l'aveu même de ce dernier, l'un de ses plus brillants disciples[2]. Or on peut dans une certaine mesure considérer que les positions adoptées par Hertz au sujet de la nature des représentations scientifiques transposent sur le plan épistémologique un certain nombre des éléments de la théorie de la perception défendue par Helmholtz dont nous avons montré qu'elle peut être considérée comme une transfiguration de la théorie leibnizienne de l'expression. À cet égard, mentionnons cet extrait tout à fait significatif d'un texte proposé par Hertz en 1891 en hommage à l'œuvre de Helmholtz, où le physicien souligne l'intelligence par laquelle son maître a résolu le problème de l'accord entre pensée et réalité :

> Dans notre conscience, nous trouvons un monde mental intérieur d'intuitions et de concepts; en dehors de notre conscience se tient, froid et étranger, le monde des choses réelles. Entre les deux, on trouve comme étroite zone frontalière [*Grenzstreif*] le domaine de la sensation. Aucun échange entre ces deux mondes n'est possible, sinon par le biais de cette zone frontalière; aucun changement dans le monde extérieur ne peut se faire remarquer par nous sinon en agissant sur un organe des sens et en revêtant le vêtement et la couleur de ce

1. *Cf.* A. Fölsing, *Heinrich Hertz : Eine Biographie*, Hamburg, Hoffmann und Campe, 1997.

2. Voir notamment la préface rédigée par Helmholtz aux *Principes de la Mécanique* de Hertz à l'occasion de leur publication posthume : « [D]e tous les élèves que j'ai eus, j'ai toujours pu considérer Hertz comme celui qui s'était le plus intégré à mon propre cercle de pensées scientifiques, et comme celui sur lequel je croyais pouvoir fonder les plus sûres espérances pour leur développement et leur enrichissement », dans H. Hertz, *Die Prinzipien der Mechanik in neuem Zusammenhange dargestellt*, *op. cit.*, p. VIII.

> sens ; nous ne saurions nous représenter aucune cause pour le changement de nos sentiments avant d'avoir, même à contrecœur, rattaché des attributs à la cause en question. Il est donc de la plus haute importance pour la théorie de la connaissance que d'apprendre à connaître en profondeur cette zone frontalière, afin d'éviter de tenir ce qui lui appartient pour une propriété de l'un ou de l'autre des mondes qu'elle sépare [1].

Chez Helmholtz, la solution à ce problème de l'accord entre pensée et réalité consistait à introduire une relation de projection coordonnée entre ces deux ordres. Or c'est en dernière instance une position analogue, mais relocalisée depuis le domaine de la philosophie de la perception vers celui de l'épistémologie, qu'applique Hertz lorsqu'il cherche à saisir le rapport, non plus entre *perception* et réalité, mais entre *représentations scientifiques* et réalité. Ce point est souligné de façon tout à fait éloquente par Ernst Cassirer qui, dans son écrit sur « Le problème du symbole et sa place dans le système de la philosophie », souligne l'importance de cette radicalisation qu'applique Hertz à la question du symbolisme lorsqu'il la transpose depuis le domaine de la philosophie de la perception vers celui de la théorie de la science :

> Chez *Helmholtz*, le concept de signe devient déjà le point central de la théorie de la connaissance pour les sciences de la nature : c'est ce concept qui a donné son caractère à toute la théorie helmholtzienne de la connaissance et à la structure de son *Optique physiologique*. Heinrich Hertz, dans ses *Principes de la Mécanique*, ne s'est pas

1. H. Hertz, « Zum 31. August 1891 », in *Gesammelte Werke*, éd. Ph. Lenard, vol. 1 : *Schriften vermischten Inhalts*, Leipzig, Barth, 1895, p. 154.

> contenté de poursuivre cette direction de pensée, mais il lui a même donné une formulation exacte et explicite. Toute pensée scientifique, toute formation physique de concepts et de théories consiste selon lui en un acte fondamental qui est symbolique[1].

Ainsi, comme Helmholtz auparavant, Hertz fait valoir que nos représentations reposent sur un fondement essentiellement sémiotique ou symbolique ; et comme son maître également, il entend établir que ces représentations symboliques parviennent à reproduire (ou, en termes leibniziens, à exprimer) la structure des phénomènes qu'elles nous donnent à connaître. C'est ainsi que dès ses tout premiers textes, le physicien avait déjà jeté les bases d'une approche symbolique des représentations et connaissances scientifiques. On peut se référer en particulier au texte intitulé *Die Constitution der Materie*[2], qui correspond à un ensemble de leçons professées à Kiel en 1884, alors que Hertz venait d'achever sa lecture des *Premiers principes métaphysiques de la science de la nature* de Kant[3]. C'est dans ce cadre que le jeune Hertz en vient déjà à soutenir la thèse selon laquelle notre

1. E. Cassirer, « Das Symbolproblem und seine Stellung im System der Philosophie », in *Symbol, Technik, Sprache*, Hamburg, Meiner, 1985, p. 4.

2. H. Hertz, *Die Constitution der Materie, eine Vorlesung über die Grundlagen der Physik aus dem Jahre 1884*, éd. A. Fölsing, Berlin, Springer, 1999.

3. On a parfois affirmé que l'objet même de ce manuscrit était de faire écho au projet kantien de transition entre la métaphysique de la nature corporelle et la physique comme science empirique. *Cf.* D. J. Hyder, « Kantian Metaphysics and Hertzian Mechanics », in *The Vienna Circle and Logical Empiricism, Re-evaluation and Future Perspectives*, éd. F. Stadler, Vienna Institute Yearbook (10), Dordrecht, Kluwer, 2003, p. 35-48.

connaissance ne peut nous fournir davantage que des images symboliques de la réalité extérieure[1], de sorte que l'un des premiers objectifs du physicien devra être d'établir comment il est possible que nos représentations scientifiques, tout en consistant en images symboliques du réel, conservent malgré tout un crédit épistémique[2]. Or la solution adoptée par Hertz ici présente une continuité tout à la fois avec les positions de Helmholtz mentionnées plus haut, et avec celles qu'il devait lui-même adopter par la suite ensuite dans ses *Principes de la mécanique* : si nos représentations scientifiques « s'accordent avec les choses », c'est en vertu du fait qu'elles restituent par analogie les rapports spatio-temporels et causaux qui existent au sein de ces dernières. C'est ainsi qu'en faisant à son tour usage du registre symbolique et sémiotique, le jeune physicien affirme que nos représentations (par exemple, celle de « matière ») constituent autant de « signes » qui, à l'instar d'une monnaie, tiennent lieu des choses réelles dans notre esprit :

1. Pour une présentation détaillée de cette première théorie de l'image, voir J. Lützen, *Mechanistic Images in Geometric Form*, Oxford, Oxford UP, 2005.

2. *Cf.* H. Hertz, *Die Constitution der Materie*, *op. cit.*, p. 36 : « Gardons-nous de croire que nous pourrions, par un examen de l'atome, mener des recherches sur l'essence des choses elles-mêmes, et gardons-nous également de confondre les propriétés inessentielles que nous sommes contraints de leur attribuer avec ces propriétés essentielles que sont les relations spatio-temporelles : mais ne croyons pas non plus que nous aurons gaspillé nos efforts lorsque nous aurons créé des images des choses, lesquelles choses sont réelles mais ne sauraient entrer dans notre esprit. Ces images s'accordent avec les choses sous certains aspects tout en portant, sous d'autres aspects, le sceau de nos représentations ».

> Je compare le concept de matière à un billet de banque [*Schein*] que débourse notre entendement afin de régler ses relations avec les choses. Le billet de banque est un signe [*Zeichen*] pour quelque chose d'autre, et c'est précisément dans le fait qu'il soit un signe que consistent sa valeur et sa signification. Quant à sa propre constitution, elle est indifférente ; qu'il comporte telle ou telle gravure, qu'il soit imprimé à l'encre bleue ou en rouge, qu'il soit grand ou petit, peu importe. De même, le concept de matière est un signe pour quelque chose d'autre, et les caractéristiques propres que l'entendement a imprimées à ce concept sont plus ou moins indifférentes du point de vue du service qu'il doit nous rendre[1].

L'idée que cherche à transmettre le physicien au moyen de cette métaphore réinvestit donc certains aspects de la théorie sémiotique de Helmholtz, puisqu'elle suppose que ces signes [*Zeichen*] que sont nos représentations constituent une monnaie d'échange pour notre esprit, par le truchement de laquelle celui-ci parvient à obtenir une connaissance de la réalité – le risque que court l'esprit étant alors d'oublier que ces signes ne sont que des signes, et de les prendre à tort pour les choses mêmes[2].

Pourtant, le physicien ne se contente pas de reprendre à son compte l'interprétation helmholtzienne des représentations en termes symboliques ou sémiotiques : il

1. H. Hertz, *Die Constitution der Materie*, *op. cit.*, p. 118.

2. Cf. *ibid.*, « Celui qui se trouve dans la situation la plus critique est sans doute celui qui ne distingue pas entre ce que les objets signifient et ce qu'ils sont. [...] Dans [ce] cas, notre homme pourrait avoir l'idée de construire un univers à partir de ces propriétés de la matière fournies par notre entendement que sont l'extension, la mobilité, etc. Les philosophes qui se sont rendus coupables d'une méprise aussi ridicule ne sont pas rares ».

entend également réexplorer l'idée selon laquelle la capacité authentiquement représentative des images du monde que nous nous formons dans les sciences repose sur la faculté qui est la leur à reproduire la structure propre à la réalité. Or tel est justement le point de départ de cet ouvrage majeur que sont les *Principes de la Mécanique*, à savoir l'idée selon laquelle notre pensée se fait essentiellement par l'image, l'image en question reposant sur une relation de coordination descriptible en termes de projection. On ne peut ici que se référer aux premières lignes de cet ouvrage, à ce passage célèbre dans lequel le physicien propose le compte rendu suivant de l'accord entre pensée et monde :

> Nous nous faisons des images intérieures ou des symboles [*innere Scheinbilder oder Symbole*] des objets extérieurs, et nous les faisons de telle sorte que les conséquences nécessaires de ces images soient à leur tour les images des conséquences nécessaires des objets représentés. Afin que cette exigence puisse, en général, être satisfaite, il faut que certains accords existent entre la nature et notre esprit. L'expérience nous apprend que cette exigence peut être satisfaite, et que de tels accords existent effectivement [1].

De telles remarques exploitent donc à nouveau le vocabulaire sémiotique examiné plus haut, mais en essayant de comprendre comment ces « images apparentes » ou, comme on le traduit parfois, ces « simulacres » [*Scheinbilder*] que sont nos représentations peuvent manifester un accord objectif avec la réalité. Et là encore, on s'aperçoit que c'est essentiellement en

1. H. Hertz, *Die Prinzipien der Mechanik*, Introduction, *op. cit.*, p. 1.

vertu d'une correspondance structurelle et nomologique entre séries réelles et séries phénoménales qu'un tel accord est garanti, c'est-à-dire en vertu du fait que « les conséquences nécessaires de ces images soient à leur tour les images des conséquences nécessaires des objets représentés ». Mais en contrepartie, il faut admettre également qu'une telle reproduction par analogie des séries conséquentielles du monde réel est aussi *la seule chose* que nos représentations puissent nous fournir au sujet du monde [1]. Dans les termes de Hertz :

> Ces images sont nos représentations des choses ; ces représentations correspondent essentiellement aux choses, mais cette correspondance ne consiste en rien d'autre qu'en la satisfaction de l'exigence qui est la nôtre. Il ne leur est nullement nécessaire, pour atteindre cette fin, de comporter un autre type de correspondance avec les choses. À proprement parler, nous ignorons si nos représentations des choses s'accordent avec ces dernières autrement que par cette *seule* relation fondamentale, et nous n'avons aucun moyen de l'apprendre [2].

L'objectivité représentationnelle de nos représentations tient donc uniquement à leur capacité à nous faire anticiper par la pensée un certain nombre de relations et de connexions qui ont (ou auront) cours au sein des phénomènes réels. En cela, ces remarques résonnent en

1. Sur ce point, *cf.* G. Schiemann, « The Loss of World in the Image : Origin and Development of the Concept of Image in the Thought of Hermann von Helmholtz and Heinrich Hertz », *in* D. Baird, R. I. G. Hughes, A. Nordmann (eds.), *Heinrich Hertz : Classical Physicist, Modern Philosopher*, Dordrecht, Kluwer, 1998, p. 29 *sq*.

2. H. Hertz, *Die Prinzipien der Mechanik*, Introduction, *op. cit.*, p. 1.

un écho presque direct à cette formulation de Helmholtz que nous avons eu l'occasion d'examiner plus haut, selon laquelle « la loi naturelle s'offrant comme une suite des mêmes effets à partir des mêmes causes va correspondre une suite tout aussi régulière dans le domaine de nos sensations »[1]. Simplement, Hertz n'inscrit plus directement sa réflexion dans le cadre des études psychophysiologiques de Helmholtz, mais entend au contraire leur conférer une signification authentiquement épistémologique. Or c'est cet engagement dans une orientation épistémologique qui le conduit, dans la suite immédiate des passages examinés, à formuler cette relation de correspondance entre représentations et réalité en termes de modélisation, c'est-à-dire de suggérer que nos représentations scientifiques sont autant de modèles mentaux dont nous pouvons dériver certaines relations de conséquences assurées de valoir également dans le monde phénoménal :

> Si nous sommes une fois parvenus à dériver de l'expérience recueillie jusque là des images ayant la constitution désirée, alors nous pouvons, en peu de temps, développer les conséquences de ces dernières comme à partir de modèles [*Modellen*], conséquences qui, dans le monde extérieur, se produiront soit à long terme, soit comme conséquences de notre intervention ; nous sommes ainsi en mesure d'anticiper les faits, et nous pouvons diriger nos décisions présentes en fonction de la connaissance acquise par là[2].

1. H. von Helmholtz, « Les faits dans la perception », art. cit., p. 56.

2. H. Hertz, *Die Prinzipien der Mechanik*, Introduction, *op. cit.*, p. 1-2.

Cette idée d'un tel rapport de modélisation qui unit la représentation à la réalité n'a rien d'une simple intuition qui serait proposée par Hertz sur un mode allusif. Elle reçoit au contraire une importance cruciale dans le corps de l'ouvrage, notamment au § 302 où elle se voit associée à l'idée d'une « loi de représentation [*Abbildungsgesetz*] ». La loi en question est celle qui permet de « [traduire] l'expérience extérieure, c'est-à-dire les sensations et perceptions concrètes, dans le langage symbolique des images intérieures que nous formons et par laquelle, en retour, les conséquences nécessaires de cette image sont à leur tour rapportées au domaine de la perception sensible »[1]. C'est donc de toute évidence une telle loi qui est à l'œuvre lorsqu'il s'agit de fonder l'accord existant entre nos représentations et les choses ; et c'est dans la mesure où les images que nous formons de la réalité sont unies à cette dernière par cette loi de projection qu'elles peuvent être comprises non seulement comme des modèles, mais comme des « modèles dynamiques ». Cette notion spécifique de modèle dynamique est ainsi présentée au livre II des *Principes de la mécanique* (§ 418 *sq.*), à travers une caractérisation par laquelle le physicien associe la notion de modélisation à celle de coordination :

> Un système matériel est appelé modèle dynamique d'un deuxième si les connexions [*Zusammenhänge*] du premier peuvent être représentées par des coordonnées telles que les conditions suivantes soient satisfaites :
> 1) que le nombre des coordonnées du premier système soit égal au nombre des coordonnées de l'autre,

1. *Ibid.*, § 302.

> 2) que, si l'on établit une coordination [*Zuordnung*] appropriée entre les coordonnées, les mêmes équations de condition soient valables entre les deux systèmes,
> 3) que l'expression de la grandeur d'un déplacement coïncide dans les systèmes lorsqu'on adopte cette corrélation des deux systèmes[1].

L'introduction de cette notion de coordination est cruciale au regard des problématiques qui nous intéressent. En effet, c'est parce que le modèle dynamique présente une telle relation de coordination, c'est-à-dire parce qu'il permet de restituer les relations structurelles qui valent au sein d'un système physique, qu'il rend possible cette anticipation des séries causales dont il a été question plus haut[2]. Ou encore, c'est pour autant que les relations d'un système donné sont projetées dans (ou coordonnées à) celles d'un autre système que l'on peut affirmer que deux systèmes sont le modèle l'un de l'autre : et cela semble bien être le cas, en général, de nos représentations de la réalité comprises comme projection des relations causales gouvernant les phénomènes, comme cela est suggéré, par exemple, aux § 427 et 428 de l'ouvrage :

> [I]l est en général impossible d'aller plus loin dans la connaissance de la connexion des systèmes naturels que nous ne pouvons le faire en proposant des modèles des systèmes réels. En conséquence, nous ne pouvons en réalité nullement savoir si les systèmes que nous examinons dans la mécanique s'accordent avec les systèmes réels de la nature que nous entendons

1. H. Hertz, *Die Prinzipien der Mechanik*, *op. cit.*,§ 418.

2. Cf. *ibid*, § 425 : « Afin de prédire le cours du mouvement naturel d'un système matériel, il suffit d'avoir la connaissance d'un modèle de ce système. Le modèle peut, sous certains aspects, être bien plus simple que le modèle dont il représente les mouvements ».

> examiner en quoi que ce soit d'autre que par le seul fait que les uns soient le modèle des autres. [...]
> L'accord entre esprit et nature peut donc être comparé à l'accord entre deux systèmes qui sont des modèles l'un de l'autre, et on peut même rendre compte de cet accord en admettant que l'esprit est capable de produire d'authentiques modèles dynamiques des choses et d'opérer avec eux[1].

Bien plus, on constate que cette thèse selon laquelle les représentations scientifiques sont des modèles dynamiques unies à leur objet par une relation de coordination permet non seulement de rendre compte de ces représentations prises singulièrement mais encore des théories scientifiques dans leur ensemble, celles-ci étant comprises comme des images du monde. En effet, on peut à cet égard en revenir à l'introduction de l'ouvrage de Hertz, où le physicien formule trois critères que devront remplir ces images que sont les théories scientifiques pour pouvoir être considérées comme des théories acceptables et efficaces. Le premier de ces critères est un critère d'« admissibilité » [*Zulässigkeit*], qui exige l'accord formel ou logique des images avec les règles fondamentales de la pensée ou de l'intuition[2]. Le deuxième est un critère empirique de « correction » [*Richtigkeit*], exigeant de l'image scientifique qu'elle

1. *Ibid.*, § 427.

2. Cf. *ibid.*, Introduction, p. 2-3 : « Nous devons d'emblée déclarer inadmissibles ces images qui portent déjà en elles une contradiction à l'égard des lois de nos pensées, et nous exigeons donc en premier lieu que toutes les images soient logiquement admissibles, ou admissibles tout court. [...] Ce qui est attribué aux images pour qu'elles soient admissibles est donné par les propriétés de notre esprit ».

s'accorde avec l'ordre des phénomènes [1]. Enfin, le dernier critère est celui qui permet de départager des images également cohérentes et également en accord avec les phénomènes. Il s'agit d'un critère de « commodité » ou de « convenance » [*Zweckmässigkeit*], qui demande aux théories de restituer avantageusement les rapports structurels propres à la réalité, en sélectionnant ceux d'entre eux qui sont significatifs et en éliminant ceux qui se révèlent superflus [2]. Ce critère de commodité peut alors être lu comme un principe de maxi-min qui s'applique à ces modèles que sont les théories scientifiques en les engageant à y reproduire un maximum de traits pertinents tout en en éliminant autant que possible les traits inessentiels. Et c'est à l'aune de ces critères que

1. Cf. *ibid.*, Introduction, p. 2 : « Nous qualifions certaines images admissibles d'incorrectes lorsque leurs relations essentielles contredisent les relations des choses extérieures. Nous exigeons, donc, en second lieu, que nos images soient correctes ». On notera que la conformité avec le premier de ces critères fait l'objet du premier livre des *Principes* consacré aux « lois de l'intuition interne et aux formes de la logique propre au locuteur », tandis que le respect du second fait l'objet du livre II, dont les « énoncés ne s'appuient donc plus seulement sur les lois de notre intuition et de notre pensée, mais principalement sur l'expérience telle qu'elle s'est déroulée » (*ibid.*, § 296).

2. Plus spécifiquement encore, ce critère de *Zweckmässigkeit* se décompose à son tour en une exigence de clarté [*Deutlichkeit*], qui exige des images qu'elles restituent un maximum de relations essentielles ; et en une exigence de simplicité [*Einfachheit*], qui attend de ces modèles qu'ils incluent un minimum de relations vides ou sans pertinence. Cf. *ibid.*, Introduction., p. 2-3 : « Mais deux images admissibles et correctes des mêmes objets extérieurs peuvent encore se distinguer selon leur commodité. De deux images d'un même objet, la plus commode sera celle qui reflètera plus de relations essentielles de l'objet que l'autre ; qui, voudrait-on dire, sera la plus claire. À clarté égale, celle de deux images qui sera la plus commode sera celle qui, outre les traits essentiels, contiendra le plus petit nombre de relations superflues ou vides, et qui sera donc la plus simple ».

l'on peut justement affirmer, aux yeux de Hertz, que l'image du monde qu'il s'apprête à proposer dans son ouvrage en exposant les principes d'une mécanique renouvelée surpasse les images ou modèles qui l'ont précédée (singulièrement, l'image de la mécanique classique et celle de l'énergétisme). Tel est le sens de ce compte rendu qu'il propose de son propre projet :

> Je ne voulais pas rechercher la seule image possible des processus mécaniques, ni même la meilleure image, mais seulement, en général, une image concevable ; et je voulais montrer à partir d'un exemple qu'une telle image est possible, ainsi que montrer à quoi elle pourrait ressembler[3].

On ne peut alors que constater l'importance que reçoit la notion de picturalité dans la conception hertzienne de la science, à travers la façon dont, dans son interprétation de la nature des représentations et théories scientifiques, il transpose dans le registre épistémologique des schémas que Helmholtz employait pour rendre compte du rapport entre représentations perceptives et réalité. Chez Hertz également, nos représentations (mais, cette fois-ci, scientifiques) sont composées d'éléments de nature essentiellement symbolique ; chez Hertz également, ces symboles nous servent à composer des images ou modèles de la réalité ; chez Hertz également, ces modèles ont pour fonction de restituer des rapports, et qui plus est de les restituer de façon avantageuse, en sélectionnant ceux d'entre eux qui sont pertinents au détriment de ceux qui sont inessentiels. C'est là ce que l'on pourrait formuler en termes leibniziens, en affirmant

3. H. Hertz, *Die Prinzipien der Mechanik*, Introduction, *op. cit.*, p. 39-40.

qu'aux yeux de Hertz, une représentation scientifique doit être en mesure d'*exprimer* au mieux les rapports qui existent au sein de la réalité. Avant d'entrer dans le détail de cette comparaison avec la pensée leibnizienne de l'expression, examinons le sens que reçoit la notion de modélisation chez un autre physicien-philosophe majeur du tournant du siècle, à savoir Ludwig Boltzmann.

La notion de modèle chez Ludwig Boltzmann

L'épistémologie boltzmanienne de l'image

Ludwig Boltzmann est principalement connu pour ses importants travaux en physique (notamment en physique statistique), ainsi que pour son rôle pionnier dans la réintroduction de l'atomisme moderne. Non moins que Helmholtz et non moins que Hertz, il a accompagné ses travaux scientifiques de réflexions constantes et soutenues sur la nature de la démarche scientifique ou encore sur la portée des représentations et théories élaborées par la physique. Or dans son cas également, une idée capitale qui se dégage de ces considérations épistémologiques tient à la mise en évidence d'une nature essentiellement symbolique et picturale des connaissances que nous élaborons du monde. À cet égard, on peut mentionner cet extrait tout à fait significatif d'une conférence tenue à Munich en 1889, où le physicien fait explicitement référence à la thématique du pictural chez Hertz telle que nous venons de l'examiner dans les pages qui précèdent :

> Dans son ouvrage sur la mécanique, Hertz a également conduit à un certain accomplissement non seulement les idées développées par Kirchhoff en physique mathématique, mais encore les idées de Maxwell en matière

> de théorie de la connaissance. [...] C'est en référence à cela que Hertz amène les physiciens à prendre clairement conscience de ce fait que les philosophes avaient exprimé depuis longtemps, à savoir qu'aucune théorie ne peut être quelque chose d'objectif qui se recouperait réellement avec la nature, mais que chacune ne peut au contraire être qu'une image mentale des phénomènes, qui se rapporte à ces derniers comme le signe au désigné[1].

On ne peut qu'être frappé par cet intérêt boltzmanien pour l'idée selon laquelle notre connaissance n'accède jamais à la vérité pure des phénomènes, mais seulement à une transposition picturale ou symbolique de ces derniers, transposition qui nous permet de nous y rapporter « comme le signe au désigné ». Cela signifie qu'aux yeux de Boltzmann également, la connaissance scientifique ne fait jamais que produire une image [*Abbild*] destinée à exprimer de façon aussi simple et adéquate que possible les rapports structurels qui gouvernent la réalité extérieure :

> Il s'ensuit que nous ne saurions avoir pour tâche de découvrir une théorie absolument correcte, mais bien de découvrir une représentation [*Abbild*] aussi simple que possible et représentant les phénomènes aussi bien que possible. [...] L'affirmation qu'une théorie est la seule correcte ne peut être que l'expression de notre conviction subjective qu'il ne saurait y avoir d'autre image également simple et également bien accordée[2].

1. L. Boltzmann, « Über die Entwicklung der Methoden der theoretischen Physik in neuerer Zeit », in *Populäre Schriften*, Leipzig, Barth, 1905, p. 216.

2. *Ibid.*, p. 216.

Voilà pourquoi, dans l'ensemble de sa philosophie de la connaissance, Boltzmann développe une épistémologie qui confère une importance essentielle à l'élément pictural de notre connaissance, et qui le conduit à l'élaboration d'une authentique philosophie des modèles. L'importance de la thématique du pictural dans les écrits philosophiques de Boltzmann est telle qu'il ne semblerait pas exagéré de résumer les grands traits de son épistémologie en affirmant qu'il s'agit d'une épistémologie de l'image[1]. Cette tendance symbolico-picturale de l'esprit se manifeste en effet dès l'instant où nous élaborons des concepts et notions à partir des données de notre expérience. C'est ainsi que les premiers concepts que nous élaborons en vue d'y inscrire les phénomènes apparaissent comme autant de « symboles de pensée » [*Gedankensymbolen*], comme c'est le cas par exemple du concept de matière qui est justement l'une des notions les plus fondamentales de notre ontologie et de la science physique. On peut à cet égard se référer à une célèbre conférence prononcée en 1897, où Boltzmann décrit la progression de l'esprit depuis l'élaboration d'images mentales vers celle de symboles de pensée :

> La description synthétique de la genèse de la pensée reste naturellement la suivante : nous construisons tout d'abord des images mentales [*Gedankenbilder*] des sensations qui nous sont immédiatement conscientes ; puis nous parvenons à des symboles de pensée [*Gedankensymbolen*] pour ces régularités [*Gesetzmässigkeiten*] de nos complexes de

1. Sur cette épistémologie boltzmanienne de l'image, voir A. D. Wilson, « Mental Representations and Scientific Knowledge : Boltzmann's *Bild* Theory of Knowledge in Historical Context », *Physis*, 1991, 28, p. 770-795.

> sensations, symboles qui conduisent à la représentation de la matière[1].

De telles considérations peuvent alors être appliquées à la genèse des concepts en général, comme le suggère Boltzmann dans ce même texte lorsqu'il souligne que « [p]our la construction des images de pensée, nous avons en permanence besoin de désignations pour ce que différents groupes de souvenirs, groupes d'images mentales ou opérations de pensée ont en commun », attendu que [c]e sont de telles désignations que nous nommons concepts »[2]. Voilà pourquoi cette dimension picturale constitue, chez Boltzmann non moins que chez Helmholtz ou que chez Hertz, tout à la fois la condition et les limites de la connaissance humaine : si celle-ci est assurée de pouvoir connaître la réalité à travers ses transpositions symboliques, elle doit aussi, et pour cette raison même, renoncer à la connaître sans la médiation de telles images. Comme le remarque le physicien lui-même, au moyen de formulations qui ne peuvent qu'évoquer celles que nous avons rencontrées chez des auteurs comme Helmholtz ou Hertz :

> Nos idées des choses ne sont jamais identiques aux entités elles-mêmes. Il s'agit de simples images, ou plutôt de signes, qui se contentent de représenter le désigné sous un seul aspect, et qui ne peuvent faire davantage que d'imiter certaines espèces de connexions, par où l'essence demeure entièrement intacte[3].

1. L. Boltzmann, « Über die Frage nach der objektiven Existenz der Vorgänge in der unbelebten Natur », in *Populäre Schriften*, *op. cit.*, p. 185.

2. *Ibid.*, p. 166.

3. L. Boltzmann, « Über die Prinzipien der Mechanik », in *Populäre Schriften*, *op. cit.*, p. 324.

Or s'il est crucial pour la science que de pouvoir accéder aux connexions qui prévalent au sein de la réalité, il n'en reste pas moins vrai que « même les idées et les représentations les plus excellentes ne sont que des images, que des signes extérieurs pour le type de connexion des phénomènes » [1]. Mais cette dimension picturale ou symbolique de la pensée, dans l'épistémologie boltzmanienne, ne s'applique pas seulement au niveau des représentations et des concepts : elle vaut également au niveau plus général des théories scientifiques dans leur ensemble qui, aux yeux du physicien, sont elles aussi douées d'une nature essentiellement picturale. On ne peut, à cet égard, que se référer à ce texte capital extrait du texte intitulé « Über die Bedeutung von Theorien » (« Sur la signification des théories »), où l'élaboration d'images est présentée, de façon tant descriptive que prescriptive, comme le but réel et légitime des théories scientifiques :

> Je suis d'avis que la tâche de la théorie consiste en la construction d'une image [*Abbild*] du monde extérieur existant purement en nous, image qui doit nous servir d'étoile du berger dans toutes nos pensées et expériences et donc, dans une certaine mesure, dans la réalisation du processus de pensée, dans la réalisation à grande échelle de ce qui se produit en nous à petite échelle à travers la formation de toute représentation [2].

Une telle interprétation du but assigné aux théories scientifique est par exemple confirmée par la prise

1. L. Boltzmann, « Über die Prinzipien der Mechanik », in *Populäre Schriften*.

2. L. Boltzmann, « Über die Bedeutung von Theorien », in *Populäre Schriften*, *op. cit*., p. 77.

en considération la physique de Maxwell[1], dont les études relatives au champ électrique reposent de façon systématique sur un recours aux modèles, et donc aussi aux analogies et aux images. Ce sont de tels exemples qui conduisent Boltzmann à cette interprétation de la prise de conscience de l'importance du symbolique dans la physique moderne :

> Dès lors, même les anciennes théories telles que la théorie élastique de la lumière, la théorie des gaz, les schémas des chimistes pour les noyaux benzéniques etc., ne furent plus comprises que comme des analogies mécaniques, jusqu'à ce que la philosophie de Maxwell généralise enfin ces idées pour parvenir à la doctrine selon laquelle la connaissance ne serait rien d'autre que la découverte d'analogies. Par là, l'ancienne méthode scientifique se trouva redéfinie, et la science ne parla plus qu'en comparaisons [*in Gleichnissen*][2].

Une spécificité de l'approche de Boltzmann tient néanmoins à l'accent qu'elle place sur le facteur pragmatique qui intervient lors de l'élaboration par l'esprit de telles images. Ce point est tout particulièrement net dans une conférence prononcée en 1899 à la Clarke University :

> Toutes nos représentations et tous nos concepts ne sont que des images de pensée intérieures, ou, si elles sont exprimées, des combinaisons de sons. La tâche de notre pensée est donc d'employer et d'associer ces dernières

1. Voir en particulier les études sur la physique de Maxwell proposées par Boltzmann dans ses « Vorlesungen über Maxwells Theorie der Elektricität und des Lichtes », Leipizig, Barth, 1891-1893, in *Gesamtausgabe*, vol. 2, Brauschweig, Vieweg, 1982.

2. L. Boltzmann, « Über die Methoden der theoretischen Physik », in *Populäre Schriften*, *op. cit.*, p. 9.

> de telle sorte que nous puissions, grâce à elles, réaliser plus facilement les actions correctes, et conduire également les autres actions de la façon qui convient[1].

Une telle subordination des images théoriques et cognitives aux exigences de l'action leur impose alors un certain nombre de critères formels qui semblent radicaliser certains des impératifs également formulés par Hertz : chez Boltzmann également, l'objectif assigné élaboré par la pensée (y compris scientifique) n'est pas de représenter la réalité telle qu'elle est dans l'absolu, mais d'en produire des modèles avantageux, sélectionnant au sein des phénomènes les relations les plus éclairantes du point de vue des objectifs pratiques qui sont les nôtres[2]. Voilà pourquoi, en définitive, ce ne sont plus seulement les concepts ni même les théories scientifiques qui fonctionnent comme des images, mais c'est le fonctionnement de la science dans son ensemble qui peut être réinterprété dans ces termes picturaux. Dans les termes mêmes de Boltzmann, « la science n'est qu'une image intérieure, qu'une construction de

1. L. Boltzmann, « Über die Grundprinzipien und Grundgleichungen der Mechanik », in *Populäre Schriften*, *op. cit.*, p. 257.

2. Bien que nous ne puissions pas développer ce point ici, on notera que la controverse relative à l'atomisme, aux yeux de Boltzmann, prend en réalité place dans le cadre de ce débat sur l'efficacité des images. La vraie question, à ses yeux, n'est pas celle de savoir si la théorie atomiste propose une description vraie de la matière, mais si elle présente une image des phénomènes qui soit adéquate à ces derniers et efficace du point de vue pratique. *Cf.* « Über die Entwicklung der Methoden der theoretischen Physik in neuerer Zeit », in *Populäre Schriften*, *op. cit.*, p. 216 : « La question de savoir si la matière est un composé atomique ou est un continu se réduit à la question, bien plus claire, de savoir si la représentation d'un nombre immense d'entités individuelles nous fournira une image des phénomènes qui soit meilleure que la représentation d'un continu ».

pensée qui ne se recouvre jamais avec la multiplicité des phénomènes, mais qui peut au mieux en représenter de façon synoptique certaines parties »[1]. Assurément, les « images du monde » qu'élabore la science courent toujours le risque de se transformer en une « idéologie »[2] culturellement conditionnée, déterminant *a priori* les hypothèses que nous serions disposés à admettre au point d'induire des habitudes de pensée ainsi qu'une attitude rigide peu favorable à la découverte[3]. Mais malgré ces risques que le mauvais usage des images fait courir à la pensée scientifique, l'idéal de la pensée scientifique demeure celui de l'élaboration de l'image la plus efficace, fournissant le cadre le plus adéquat et le plus compréhensif pour la saisie des phénomènes. C'est là ce que souligne Boltzmann lorsqu'il affirme vouloir substituer à un idéal réaliste celui de l'élaboration d'une image du monde complète, simple et praticable :

> On n'a jamais douté que l'homme soit à jamais incapable de connaître l'incarnation parfaite de toute vérité. Cette connaissance n'est qu'un idéal. Mais nous possédons un tel idéal selon notre représentation actuelle. Il s'agit de l'image la plus complète qui

1. L. Boltzmann, « Über die Grundprinzipien und Grundgleichungen der Mechanik », in *Populäre Schriften*, *op. cit.*, p. 260.

2. « Über die Frage nach der objektiven Existenz der Vorgänge in der unbelebten Natur », in *Populäre Schriften*, *op. cit.*, p. 186.

3. Voir la façon dont Boltzmann, dans ses *Principien der Naturfilosofi*, critique l'effet exercé sur nous par les « conceptions du monde » ou *Weltanschauungen* : « L'atomisme n'est pas une mauvaise image du monde [*Weltanschauung*], mais ce sont les images du monde qui sont mauvaises. On a tort de s'attacher à une image du monde particulière. », *Principien der Naturfilosofi*, éd. I. M. Fasol-Botlzmann, Berlin, Springer, 1990, p. 295.

présenterait les phénomènes de la façon la plus simple et la plus commode[1].

Assurément, une telle interprétation de l'idéal de la pensée scientifique souligne là encore les limites qui s'imposent à cette dernière[2]; car, comme le demande Boltzmann lui-même, « [c]omment pouvait-on éviter que, plus on s'enfonçait dans la théorie, et plus l'image [*Bild*] dût être tenue pour la seule chose existante ? »[3]. Pourtant, cette épistémologie de l'image n'entraîne rien de tel qu'un scepticisme de la part du physicien. Certes, la pensée scientifique ne peut aller au-delà des images qu'elle élabore au sujet de la réalité. Mais il demeure que ces images, justement en raison de l'intelligence économique de leur élaboration, nous donnent à connaître la structure des phénomènes : c'est en cela qu'elles expriment ces derniers dans leur objectivité, tandis que toute volonté d'aller au-delà des images pour connaître les choses telles qu'elles en elles-mêmes ne ferait qu'exprimer une tendance métaphysique pleinement injustifiée. Tel est le sens de la célèbre métaphore du rideau peint présentée par le physicien dans un texte consacré au second principe de la thermodynamique :

> Bien des problèmes sont ici assurément du type de cette question qui fut un jour adressée à un peintre, lorsqu'on lui demanda quel tableau il tenait caché derrière un grand rideau peint : « C'est le rideau lui-même qui est le tableau ! », répliqua celui-ci, car, devant l'exigence

1. « Über die Grundprinzipien und Grundgleichungen der Mechanik », in *Populäre Schriften*, *op. cit.*, p. 259.

2. Sur ce point, voir à nouveau l'article de J. Bouveresse, « Hertz, Boltzmann et le problème de la "vérité" des théories », *op. cit*.

3. L. Boltzmann, « Über die Bedeutung von Theorien », in *Populäre Schriften*, *op. cit.*, p. 80.

> de tromper les connaisseurs par son art, il avait peint un tableau qui représentait un rideau. Le voile qui nous cache l'essence des choses ne ressemble-t-il pas à ce rideau peint ? [1]

Examinons alors de façon très concrète la façon dont Boltzmann pense la possibilité pour la pensée scientifique de procéder à une authentique modélisation de la réalité.

De l'image au modèle

Nous avons déjà rencontré la notion de modèle (dynamique) dans notre étude de l'épistémologie de Hertz. C'est cette même notion que Boltzmann associe à son tour à ses propres réflexions sur la nature picturale de la pensée scientifique, mais en donnant à ces analyses sur la modélisation une empreinte bien particulière puisqu'il en souligne l'aspect matériel extrêmement concret [2]. Un tel intérêt pour la démarche de modélisation comme procédé concret de reproduction de la réalité en miniature peut apparaître dans divers écrits du physicien, comme dans ce texte intitulé « Über die Methoden der theoretischen Physik » (« Sur les méthodes de la physique théorique »), où la dimension visuelle et intuitive de la pensée scientifique est mise en rapport avec la technique de fabrication de modèles de plâtre ou de carton :

1. L. Boltzmann, « Der zweite Haupsatz der mechanischen Wärmetheorie », in *Populäre Schriften, op. cit.*, p. 27.

2. Pour une présentation détaillée des différences entre les approches respectivement hertzienne et boltzmanienne de l'image et du modèle, voir S. D'Agostino, « Boltzmann and Hertz on the *Bild* conception of Physical Theory », *History of Science*, 28, 1990, p. 380-398.

> [L]e besoin de mettre au maximum à profit les moyens dont dispose notre force intuitive existe, et puisque c'est avec l'œil que nous saisissons (nous disons également, de façon caractéristique, que nous surplombons [*übersehen*] d'un seul coup la plus grande quantité de faits, il en résulte qu'il est nécessaire de rendre les résultats du calcul non seulement intuitifs pour l'imagination, mais également visibles pour l'œil, saisissables pour la main, et ce avec du plâtre et du carton. [...] Quelle abondance de figures, de singularités, de formes se développant les unes à partir des autres le géomètre d'aujourd'hui doit-il se voir inculquées ! Et combien il sera aidé pour cela par les figures de plâtre, les modèles à ficelles, les glissières et jointures fixes et amovibles ! [1]

Mais c'est bien sûr principalement dans ce texte de référence qu'est l'entrée rédigée par Boltzmann pour l'édition de 1902 de l'*Encyclopaedia Britannica*[2] au sujet du modèle que figurent les développements les plus systématiques du physicien sur cette question. Comme le rappelle Boltzmann dès le début de ce texte, la signification même du terme de « modèle » s'apparente à celle des mots anglais de « *pattern* » (« schéma ») ou de « *mould* » (« moule »)[3], ce qui suggère que le propre d'un modèle est de reproduire une forme, une structure, et non un contenu. Qui plus est, le physicien oriente sans tarder cette définition des modèles vers le cas des objets physiques ou maquettes, qui constituent autant de

1. L. Boltzmann, « Über die Methoden der theoretischen Physik », in *Populäre Schriften*, *op. cit*., p. 2.

2. Reproduit dans L. Boltzmann, *Theoretical Physics and Philosophical Problems, Selected Writings*, éd. B. McGuinness, Dordrecht, Reidel, 1974, p. 213-220.

3. *Ibid*., p. 213.

reproduction à l'échelle des choses et de leur structure. Dans ses propres termes, le modèle apparaît ainsi comme « une représentation tangible d'un objet, de taille égale, supérieure ou inférieure à celui-ci, qui, ou bien sera bien douée d'existence réelle, ou bien devra être construite effectivement ou en pensée »[1]. De là ces descriptions tout à fait concrètes de la fabrication des modèles en vue d'un usage technique (industriel) :

> Dans les fonderies, on commence habituellement par former l'objet qu'il convient de couler, que ce soit dans un but technique ou artistique, à partir d'un matériau facile à travailler, en général le bois. La forme de ce modèle est alors reproduite en argile ou en plâtre, et on verse le métal fondu dans le moule ainsi obtenu. Le sculpteur commence par fabriquer un modèle de l'objet qu'il souhaite ciseler dans un matériau plastique comme la cire, pour recourir ensuite à des combinaisons compliquées lui permettant de transférer ce modèle de cire, conforme à la nature vers la pierre dans laquelle il convient d'exécuter l'œuvre finale[2].

Pourtant, cette description de procédures techniques en apparence peu philosophiques ne nous éloigne en aucune manière des questions propres à l'épistémologie ou à la théorie de la connaissance. En effet, la pensée boltzmanienne du modèle repose sur l'idée selon laquelle nos procédures représentatives, cognitives et intellectuelles ne font en réalité que prolonger la démarche de modélisation mise en œuvre par le technicien ou l'industriel. Ce rapprochement entre modèles mentaux et modèles matériels se justifie par le fait qu'aux yeux du physicien, l'essence du processus de

1. *Ibid.*
2. *Ibid.*, p. 214.

modélisation est la production d'une représentation qui, au lieu de chercher la ressemblance avec son représenté, se concentre au contraire sur la restitution fidèle des relations structurelles qui gouvernent ce dernier. Or la pensée théorique ne procède pas autrement[1] : comme Boltzmann le souligne lui-même, « il est parfaitement clair que ces modèles en bois, en métal et en carton ne sont, en réalité, qu'un prolongement et une intégration de nos processus de pensée ; car une théorie physique n'est qu'une construction mentale de modèles mécaniques, dont nous comprenons le fonctionnement par analogie avec des mécanismes que nous tenons dans nos mains »[2], de telle sorte que « nos pensées entretiennent avec les choses les mêmes relations que les modèles avec les objets qu'ils représentent »[3]. Il s'ensuit que la tâche principale du penseur sera justement de chercher à exprimer aussi adéquatement que possible les relations qui gouvernent le réel au moyen des modèles mentaux ou scientifiques qu'il élabore de ce dernier. Ce point est par exemple rappelé dans un texte consacré à la mécanique statistique :

> Notre tâche ne saurait être de convoquer les données devant le tribunal de nos lois de la pensée, mais elle est plutôt d'adapter nos pensées, idées et concepts à ce qui est donné. Puisque nous ne saurions exprimer clairement des conditions aussi complexes sinon au

1. Cf. *ibid.*, « L'essence du procédé est ici d'associer à chaque chose un concept doué d'un contenu déterminé, mais sans que cela implique une similarité complète entre chose et pensée ; car en effet nous ne connaissons que peu de choses au sujet de la ressemblance de nos pensées avec les choses auxquelles nous les associons ».

2. *Ibid.*, p. 218.

3. *Ibid.*, p. 214.

> moyen de mots, soit écrits, soit parlés, soit pensés en silence, alors on peut dire que nous devons disposer les mots de façon à fournir partout l'expression la plus adéquate du donné, afin que les connexions que nous créons entre les mots soient partout aussi adéquates que possible aux connexions qui existent dans la réalité[1].

Or ces considérations sur la continuité qui existe entre fabrication de modèles matériels et fabrication de modèles mentaux sont tout à fait cruciales du point de vue des questions qui nous intéressent dans ce travail, dans la mesure où elles impliquent qu'aux yeux de Boltzmann, la tendance propre à l'esprit, en tant qu'il élabore des modèles mentaux de la réalité, est de produire des images projectives de cette dernière, c'est-à-dire quelque chose que, pour anticiper sur des idées que nous développerons plus bas, nous pourrions présenter comme une *expression* au sens leibnizien. Cette insistance sur la tendance de l'esprit à élaborer des images projectives est tout à fait franche dans le passage suivant, qui suggère que ces expressions de la pensée que sont le langage et l'écriture eux-mêmes ne sont qu'une figure particulière des procédures de figuration à l'échelle :

> Par conséquent, lorsque nous entreprenons d'étayer nos conceptions de l'espace par des figures, par les méthodes de la géométrie descriptive et par différents modèles d'objets et modèles filaires, d'étayer notre topographie par des plans, des cartes et des globes, et d'étayer nos idées mécaniques et physiques par des modèles cinématiques, nous ne faisons alors rien d'autre qu'étendre et prolonger le principe par lequel

1. L. Boltzmann, « Über statistische Mechanik », in *Populäre Schriften*, *op. cit.*, p. 354.

> nous embrassons les objets dans la pensée et nous les représentons dans le langage et dans l'écriture[1].

En ce sens, donc, les différents systèmes de notation symbolique adoptés lorsqu'il s'agit d'exprimer une pensée peuvent en général être regroupés sous la catégorie du modèle. Cette thèse vaut non seulement pour les propositions du langage naturel, mais encore pour les propositions formalisées du langage mathématique, et en particulier pour les équations par lesquelles nous exprimons les lois de la physique. Tel est le sens de ce texte issu des *Principes de la mécanique* de 1897, où Boltzmann traite des équations différentielles de Maxwell en les présentant comme des règles pour la construction des images :

> On a présenté comme un idéal le fait de produire des équations différentielles partielles et de prédire les phénomènes à partir de ces dernières. Pourtant, elles-mêmes ne sont rien d'autre que des règles pour construire des images mentales étrangères, c'est-à-dire des séries de nombres. [...] Ces équations, comme toutes les équations différentielles partielles de la physique mathématique qui, dans le cas de l'action simultanée de plusieurs forces naturelles (électricité, magnétisme, élasticité, chaleur, forces chimiques) sont des images d'une complexité inimaginable, ne sont, à leur tour, que des images schématiques inexactes de certains domaines définis de faits [...][2].

1. Article « Modèle » de l'*Encyclopaedia Britannica*, *op. cit.*, p. 214.

2. L. Boltzmann, « *Vorlesungen über die Principe der Mechanik* », I, § 1, in *Theoretical Physics and Philosophical Problems*, *op. cit.*, p. 226.

En plus de ces systèmes de notation alphabétiques ou mathématiques, d'autres systèmes symboliques peuvent encore être réinterprétés comme des formes de modélisation. C'est ainsi que l'écriture musicale, par exemple, rejoint l'écriture cursive dans cette fonction de modélisation :

> La ressemblance qui existe [entre modèle et état de choses modélisé] réside principalement dans la nature de la connexion, dans la corrélation qui est analogue à celle qui vaut entre pensée et langage, langage et écriture, entre les notes sur la portée et les sons musicaux etc. Ici, bien sûr, c'est la symbolisation de la chose qui compte, bien que, là où c'est faisable, on recherche la plus grande correspondance possible entre les deux – comme par exemple quand on imite la gamme musicale en plaçant les notes plus ou moins haut ou plus ou moins bas[1].

Nous aurons bientôt l'occasion de revenir sur ce texte crucial qui suggère que la relation entre le modèle (mental ou physique) et l'objet modélisé est analogue à celle qui existe entre pensée et langage, entre langage et écriture, et entre les notes écrites sur la partition et les notes jouées par les instruments de musique. Mais remarquons dès à présent que c'est justement à la mécanique de Hertz que Boltzmann se réfère en vue de convaincre son lecteur de la fonction de modélisation que peuvent jouer les systèmes symboliques. Citons ce passage extrait des *Leçons sur les principes de la mécanique* :

> Personne n'a jamais sérieusement mis en doute ce que Hertz souligne dans son ouvrage, à savoir que nos pensées ne sont que des images des objets (ou, mieux,

1. Article « Modèle » de l'*Encyclopaedia Britannica, op. cit.*, p. 214.

> des signes pour ces derniers), signes qui ont au mieux un certain type d'affinité avec ces objets, mais ne coïncident jamais avec eux ; qui s'y rapportent plutôt comme les lettres aux sons que l'on prononce, ou comme les notes écrites aux sons musicaux[1].

À présent, nous aimerions justement réexaminer ces idées communes à Hertz et à Boltzmann au sujet de la tendance à la modélisation et à la fabrication d'images projectives qui caractérise la pensée scientifique en remontant en amont : en examinant quelles correspondances elles peuvent présenter avec la pensée de Leibniz, et bien sûr avec la notion d'expression qui s'attache à cette dernière.

COORDINATION ET MODÉLISATION : DES FIGURES DE L'EXPRESSION ?

À travers une démarche analogue à celle que nous avions entreprise dans le premier chapitre de ce travail au sujet de Helmholtz, nous aimerions procéder à une comparaison entre la thématique de la modélisation/coordination au tournant du XXe siècle et la notion de coordination dans certains usages qu'en fait Leibniz. Ainsi, de même que nous avions au chapitre précédent

1. L. Boltzmann, « *Vorlesungen über die Principe der Mechanik* », I, § 1, *Theoretical Physics and Philosophical Problems*, *op. cit.*, p. 225. Boltzmann convoque également cette image de la notation musicale dans ses *Cours sur la théorie des gaz*, en affirmant que « nos théories sont à la nature ce que les signes sont aux choses qu'ils désignent, ce que les lettres sont à la voix ou les notes à la musique », « Vorlesungen über Gastheorie », Leipzig, Barth, 1896-1898, in *Gesamtausgabe* vol. 1, Braunschweig, Vieweg, 1981, trad. fr. M. Brillouin, *Leçons sur la théorie des gaz*, Paris, Gauthier-Villars, 1902, reproduit chez J. Gabay, 1987, 1re partie, Introduction : « Analogie mécanique des propriétés des gaz », p. 5.

tenté d'établir que la philosophie helmholtzienne constituait pour ainsi dire un prolongement ou une synthèse de la façon dont l'âge classique pensait le rapport de la perception au monde, de même nous souhaitons ici établir que la philosophie de la mécanique du tournant du siècle réactualise la façon dont Leibniz, au moyen de la notion d'expression, rend compte du rapport de la représentation (et singulièrement, de la représentation scientifique) au monde.

Nous avons déjà eu l'occasion de souligner la façon dont Cassirer rapproche la pensée de Hertz de celle de Helmholtz, en faisant valoir leur commun recours à la notion de symbole pour rendre compte du rapport de la représentation au monde. Ainsi, aux yeux du philosophe allemand, l'épistémologie de Hertz a, non moins que celle de Helmholtz, pour caractéristique de vouloir penser le rapport de la représentation au monde en termes symboliques, c'est-à-dire non pas en termes de copies, mais en termes d'images projectives. Citons encore ce passage de la *Philosophie des formes symboliques* :

> Heinrich Hertz est ce chercheur moderne qui, dans ses *Principes de la Mécanique* (1894) a accompli le plus tôt et le plus résolument en physique la conversion de la « théorie de la connaissance comme copie » en une pure théorie du symbole. Les concepts-clés de la science n'apparaissent plus, dès lors, comme des copies imitant un donné immédiat des choses, mais comme des projets constructifs de la pensée physique [...]. En ce sens, c'est tout le monde des concepts théoriques qui peut maintenant, ainsi que le fit Helmholtz dans sa théorie de la connaissance, se définir comme un monde de purs « signes »[1].

1. E. Cassirer, « La philosophie des formes symboliques », vol. 3, *La phénoménologie de la connaissance*, *op. cit.*, p. 33.

Or cette volonté de penser le rapport de la représentation au monde en termes de projection expressive est quelque chose qui nous fait véritablement retrouver les idées leibniziennes relatives non seulement à la perception, mais à la connaissance en général. En effet, l'une des orientations de la pensée de Leibniz en matière de théorie de la connaissance tient à la recherche d'une une alternative entre un paradigme mimétique selon lequel nos connaissances seraient une pure et simple reproduction des choses, et un paradigme nominaliste qui voudrait la vérité soit l'affaire d'un pur et simple jeu sur des symboles en eux-mêmes arbitraires[1]. Or selon Leibniz, bien que nos idées ne ressemblent pas aux choses ou à leurs qualités, elles en restituent néanmoins les rapports, et c'est en cela que réside l'objectivité de notre connaissance. À cet égard, le rejet par Leibniz de l'idée d'un arbitraire du signe perceptif au profit d'une théorie de l'expression trouve un équivalent dans le domaine des connaissances, où le refus du paradigme mimétique a là encore pour corrélat un refus symétrique de penser un arbitraire total des notions que nous élaborons au sujet des phénomènes. En d'autres termes, il y a analogie

1. Sur la volonté leibnizienne de tempérer le nominalisme (en particulier le nominalisme de Hobbes), voir à nouveau E. Cassirer, *La Philosophie des formes symboliques*, vol. 3, *La Phénoménologie de la connaissance*, *op. cit.*, p. 296 : « Selon [Hobbes], cette vérité [mathématique] trouve son fondement dans le mot et non dans la chose : elle repose seulement sur une convention touchant les signes du langage. À cette thèse, Leibniz oppose que le signe lui-même, pour autant qu'il revendique une plénitude de signification, doit être lié à des conditions d'objectivité précises. On ne peut former au petit bonheur les symboles et les caractères des mathématiques ou les combiner au gré de la fantaisie subjective : ils obéissent à des lois précises de combinabilité, prescrites par la nécessité de la chose ».

entre la façon dont Leibniz rejette l'arbitraire du signe perceptif au profit de l'idée d'une expression des rapports objectifs, et la façon dont, au niveau plus général de la connaissance, il rejette cette même idée d'un arbitraire au profit de l'idée selon laquelle le système symbolique de la connaissance restitue les rapports objectifs entre les choses. C'est une telle attitude qui gouverne alors ce que Leibniz comprend sous le terme d'idée. L'idée est en effet une figure par excellence de l'expression, puisqu'elle est par exemple définie dans les *Nouveaux essais* comme « une expression de la nature ou des qualités des choses »[1]. Le fait que ce soit la notion d'expression qui intervienne lorsqu'il s'agit de rendre compte de la nature de l'idée est significatif, dans la mesure où cela témoigne de la volonté leibnizienne de substituer le paradigme de l'expression à celui de la ressemblance ou de la reproduction lorsqu'il s'agit de rendre compte de notre rapport cognitif au monde, et plus spécifiquement de la portée représentative de nos idées[2]. Cette substitution du paradigme de l'expression au paradigme de la ressemblance dans la caractérisation

1. G. W. Leibniz, *Nouveaux essais sur l'entendement humain*, *op. cit.*, Livre II, chap. I, p. 87.

2. À cet égard, voir par exemple les *Nouveaux essais*, Livre II, chap. XXIX, p. 202 « Cet exemple me fait voir qu'on confond ici l'idée avec l'image. Si quelqu'un me propose un polygone régulier, la vue et l'imagination ne sauraient me faire comprendre le millénaire qui y est; je n'ai qu'une idée confuse de la figure et de son nombre, jusqu'à ce que je distingue le nombre en comptant. Mais, l'ayant trouvé, je connais très bien la nature et les propriétés du polygone proposé, en tant qu'elles sont celles du chiliogone, et par conséquent j'en ai cette idée, mais je ne saurais avoir l'image du chiliogone, et il faudrait qu'on eût les sens plus exquis et plus exercés pour le distinguer par là d'un polygone qui eût un côté de moins ».

leibnizienne de l'idée est là encore quelque chose que souligne Cassirer :

> La perspective selon laquelle toute connaissance doit être la *copie* fidèle d'une réalité qui existe en elle-même est dès le départ rejetée par Leibniz. Entre nos idées et le contenu qu'elles veulent « exprimer », il n'y a pas besoin d'un rapport de *ressemblance*. Les idées ne sont pas les *images*, mais les *symboles* de la réalité ; elles n'imitent pas un être objectif avec tous ses traits et caractères particuliers, il leur suffit de représenter parfaitement en elles les *rapports* qui existent entre les éléments particuliers de cet être et pour ainsi dire les traduire dans leur propre langue [1].

Dans ces conditions, on comprend que la connaissance ou la représentation par idées constitue une modalité par excellence du rapport que les substances entretiennent avec l'univers qu'elles expriment et dont elles sont le miroir. Mais plus fondamentalement, on peut tout à fait admettre que lorsque Leibniz pense le rapport cognitif aux phénomènes comme un rapport expressif, le sens qu'il confère à cette notion est en fait tout à fait formulable dans le lexique moderne de la modélisation. À cet égard, on peut se référer aux commentaires proposés par Herbert Knecht dans son ouvrage sur la logique de Leibniz, qui soulignent que, pour cet auteur, « l'expression marque une analogie non au niveau des objets mêmes qu'elle met en rapport, mais à celui de la structure », si bien que « [l] e rapport entre un être et celui qu'il exprime est [...] un

1. *Le Problème de la connaissance dans la philosophie et la science des temps modernes*, vol. 2 (*De Bacon à Kant*), trad. fr. R. Fréreux, Paris, Éditions du Cerf, 2005, p. 124.

rapport de système formel à réalisation ou modèle, dans l'acception mathématique »[1].

Or le texte le plus frappant en vue de nourrir la réflexion sur la parenté des idées de Leibniz avec la problématique de la modélisation est sans aucun doute ce passage du « *Quid sit idea?* » que nous avons déjà eu l'occasion de mentionner et que nous citerons ici de façon étendue. Dans une optique gnoséologique visant à déterminer en quoi consistent les représentations et connaissances que nous avons des choses, Leibniz formule les remarques suivantes :

> Il est donc nécessaire qu'il y ait quelque chose en moi *qui non seulement conduise à la chose, mais encore l'exprime*.
>
> Est dit *exprimer* une chose ce en quoi il y a des rapports [*habitudines*] qui répondent aux rapports de la chose à exprimer. Mais ces expressions sont variées ; par exemple le modèle exprime la machine, le dessin perspectif exprime le volume sur un plan, le discours exprime les pensées et les vérités ; les caractères expriment les nombres, l'équation algébrique exprime le cercle ou toute autre figure : et ce qui est commun à ces expressions est que, à partir du seul examen des rapports de l'exprimant nous pouvons parvenir à la connaissance des propriétés correspondantes de la chose à exprimer. On voit ainsi qu'il n'est pas nécessaire que ce qui

1. H. Knecht, *La Logique chez Leibniz. Essai sur le rationalisme baroque*, Lausanne, L'Âge d'homme, 1981, p. 138. Knecht ajoute que : « L'adéquation (au sens technique) de cette représentation est régie par des normes épistémologiques définies en rigueur par Leibniz. Si la structure représentative est trop faible, c'est-à-dire ne rend pas compte de la totalité du modèle, la représentation est imparfaite ; si au contraire elle ajoute certains éléments, elle est tout simplement fausse ».

> exprime soit semblable à la chose exprimée, pourvu que soit préservée une certaine analogie des rapports. On voit aussi que, parmi les expressions, certaines ont un fondement dans la nature, et les autres sont en partie au moins fondées arbitrairement, comme le sont les expressions produites au moyen de sons ou de caractères. Quant à celles qui sont fondées dans la nature, elles postulent ou bien une certaine similitude, comme celle qui existe entre un grand cercle et un petit, ou entre une région et la carte géographique de la région ; ou en tout cas une connexion comme celle qui existe entre le cercle et l'ellipse qui le représente optiquement, dans la mesure où tout point de l'ellipse répond selon une loi déterminée à un point du cercle (et dans un tel cas on ne saurait représenter le cercle par une autre figure plus semblable)[1].

Au-delà du refus général des approches mimétiques au profit d'une approche projective que nous avons déjà eu l'occasion de commenter en détail, plusieurs points mis en valeur par Leibniz méritent ici d'attirer notre attention. Tout d'abord, l'idée selon laquelle cette expression qui constitue la relation de l'idée au monde consiste en une correspondance entre rapports. De ce point de vue, la relation cognitive telle que la pense Leibniz est somme toute assez proche de ce que vise Hertz lorsque, comme on l'a vu, il décrit « [l]'accord entre esprit et nature » comme un « accord entre deux systèmes qui sont des modèles l'un de l'autre », ce qui suppose que « l'esprit est capable de produire d'authentiques modèles

1. « Qu'est-ce qu'une idée ? », in *Recherches générales sur l'analyse des notions et des vérités*, *op. cit.*, p. 445-446, G 264-265. Je remercie Massimo Ferrari qui m'a incitée à opérer de telles comparaisons lors de la soutenance de ma thèse.

dynamiques des choses et d'opérer avec eux »[1]. De ce point de vue, on pourrait presque déjà considérer que la monade leibnizienne en tant qu'elle exprime l'univers tout entier, en tant que « miroir vivant, ou doué d'action interne, représentatif de l'univers, suivant son point de vue, et aussi réglé que l'univers lui-même »[2], tombe sous le coup de ce que Hertz devait désigner plus tard par l'expression de « modèle dynamique ».

Bien plus, on remarque qu'une caractéristique majeure de l'expression est aux yeux de Leibniz de permettre une inférence depuis les rapports existants au sein d'un système vers ceux qui ont cours au sein du système exprimé (« à partir du seul examen des rapports de l'exprimant nous pouvons parvenir à la connaissance des propriétés correspondantes de la chose à exprimer »). Or c'est exactement la même idée qui se dégage de la caractérisation des images théoriques telle qu'elle est là encore proposée par Hertz dans ces remarques de l'introduction aux *Principes de la Mécanique* que nous avons déjà eu plusieurs fois l'occasion de mentionner, et où il est dit que « nous faisons [ces images] de telle sorte que les conséquences nécessaires de ces images soient à leur tour les images des conséquences nécessaires des objets représentés ». Mais de telles considérations trouvent également d'autres défenseurs dans la seconde moitié du XIXe siècle. Mentionnons par exemple les travaux d'Ernst Mach, qui insiste de façon récurrente sur ce procédé méthodologique conforme au principe d'économie de pensée qu'est l'expérience de pensée. Mach fait alors valoir que ce modèle que constitue

1. H. Hertz, *Die Prinzipien der Mechanik*, *op. cit.*, § 427.

2. G. W. Leibniz, *Principes de la nature et de la grâce*, *op. cit.*, § 3.

l'expérience de pensée constitue une reproduction en miniature de l'expérience réelle qui peut être avantageusement substituée à cette dernière :

> Toute science se propose de remplacer et d'*épargner* les expériences à l'aide de la copie et de la figuration des faits dans la pensée. Cette copie est en effet plus maniable que l'expérience elle-même et peut, sous bien des rapports, lui être substituée[1].

Mais on peut également se référer aux réflexions proposées par un penseur parfois proche de Mach, à savoir William James qui, dans ses *Essais d'empirisme radical*, insiste sur l'isomorphisme qui existe entre nos systèmes représentationnels et les séries réels, isomorphisme qui nous permet alors de modéliser la réalité une association systématique des deux complexes :

> En expérimentant sur nos idées, nous pouvons nous épargner la peine d'expérimenter sur les expériences réelles que chacune d'elles désigne. Les idées forment des systèmes reliés, correspondant point par point aux systèmes que forment les réalités ; et en permettant à un terme idéal de convoquer ses associés systématiquement, nous pouvons être conduits jusqu'à un terme ultime auquel aurait conduit le terme réel correspondant si nous avions opéré sur le monde réel[2].

Par ailleurs, la référence à la façon dont « le modèle exprime la machine » et dont « le dessin

1. E. Mach, *La Mécanique, Exposé historique et critique de son développement*, trad. fr. É. Bertrand, Paris, Hermann, 1904, reproduit chez J. Gabay, Sceaux, 1987, IV, 4, p. 449.

2. W. James, « Un monde d'expérience pure ? », dans *Essais d'empirisme radical*, trad. fr. G. Garreta, M. Girel, Paris, Agone, 2005, p. 69.

perspectif exprime le volume sur un plan » ne peut bien évidemment qu'évoquer les descriptions proposées par Boltzmann dans son article de l'*Encyclopaedia Britannica* mentionné plus haut, lorsqu'il fait valoir que « ces modèles en bois, en métal et en carton ne sont, en réalité, qu'un prolongement et une intégration de nos processus de pensée »[1].

Mais il y a plus : comme on peut s'en apercevoir, la remarque leibnizienne selon laquelle « le discours exprime les pensées et les vérités ; les caractères expriment les nombres, l'équation algébrique exprime le cercle ou toute autre figure » trouve un écho tout à fait frappant (qu'il soit volontaire ou non) dans la façon dont Boltzmann, comme nous l'avons vu, présente dans ce même article les procédures de notation comme des figures de la relation de modélisation, à travers une « corrélation qui est analogue à celle qui vaut entre pensée et langage, langage et écriture, entre les notes sur la portée et les sons musicaux etc. »[2].

Enfin, la référence conjointe qu'opère Leibniz à la géométrie et à la cartographie au sujet des expressions fondées dans la nature (qui postulent une similitude « comme celle qui existe entre un grand cercle et un petit, ou entre une région et la carte géographique de la région ») n'est pas non plus absente de la caractérisation boltzmanienne du modèle, puisqu'elle est au contraire explicite dans ce passage déjà mentionné qui décrit la façon dont « nous entreprenons d'étayer nos conceptions de l'espace par des figures, par les méthodes de la géométrie descriptive et par différents modèles d'objets

1. *Ibid.*, p. 218.
2. *Ibid.*, p. 214.

et modèles filaires, d'étayer notre topographie par des plans, des cartes et des globes »[1].

Pourtant, si l'on devait rechercher des différences entre la perspective leibnizienne et la conception des modèles telle qu'elle est adoptée par Hertz ou Boltzmann au tournant du siècle, on pourrait souligner que la philosophie moderne de la mécanique « laïcise ou détranscendantalise » pour ainsi dire un rapport de coordination/expression entre les idées et le monde que Leibniz attribuait quant à lui à Dieu en tant qu'auteur de l'Harmonie préétablie. Comme le souligne le « *Quid sit idea?* » :

> Qu'il y ait en nous une idée des choses n'est donc rien d'autre que ceci : Dieu, auteur également et des choses et de l'esprit, a imprimé dans l'esprit cette faculté de penser de sorte qu'il puisse tirer de ses opérations ce qui répond parfaitement à ce qui suit des choses. C'est pourquoi, bien que l'idée du cercle ne soit pas semblable au cercle, on peut cependant en tirer des vérités que l'expérience confirmera sans nul doute sur un cercle véritable[2].

En revanche, il est évident que l'épistémologie germanophone du tournant du XXe siècle n'opère plus une telle référence à une quelconque harmonie d'origine divine entre nos représentations et la réalité, mais tend au contraire à naturaliser l'accord dont il s'agit. C'est ainsi que dans le cas de Boltzmann, l'existence d'un tel rapport de coordination entre les idées et les choses se voit interprétée, sous l'influence de l'évolutionnisme darwinien et spencérien, comme un produit de l'évolution

1. W. James, « Un monde d'expérience pure ? », *op. cit.*, p. 214.
2. *Ibid.*, p. 446, G 264.

des espèces en général et de l'espèce humaine en particulier. C'est ainsi que la capacité humaine à élaborer des modèles mentaux des phénomènes extérieurs doit être réinscrite dans une forme de pragmatisme naturel, les modèles en question étant formés dans un but économique et pratique, en vue de favoriser la conservation de l'espèce. Tel est le point qui est formulé par le physicien dans un texte provocateur :

> Quant au cerveau, nous le considérons comme l'appareil, comme l'organe de production des images du monde qui, en raison de la grande utilité de ces images du monde pour ce qui est de la conservation de l'espèce, s'est, conformément à la théorie darwinienne, formé chez l'homme jusqu'à la plus complète perfection, de même que le cou chez la girafe ou que le bec chez la cigogne[1].

De telles interprétations, on le comprend, sont certes bien étrangères aux idées de Leibniz, chez qui la possibilité même d'un tel rapport expressif entre la pensée et le monde témoigne de la sagesse et de la bonté de l'auteur de l'harmonie des choses. Néanmoins, le modèle coordinatif en lui-même, en tant qu'il rend compte du rapport cognitif entre esprit et monde, semble bien fonctionner de la même manière à la fois dans la pensée classique de Leibniz, et dans l'épistémologie moderne d'un Hertz, d'un Boltzmann ou même d'un Mach, d'un James.

Au terme de ces analyses, il semble établi que les notions modernes de coordination ou de modélisation

1. L. Boltzmann, « Über die Frage nach der objektiven Existenz der Vorgänge in der unbelebten Natur », in *Populäre Schriften*, *op. cit.*, p. 179.

peuvent être réinterprétées comme des opérateurs théoriques qui prolongent la notion leibnizienne d'expression quant à la façon dont elles rendent du compte du rapport entre représentation et monde. Or si je me suis intéressée jusqu'à présent à la représentation en tant que représentation perceptive puis théorique ou scientifique, il me reste à étudier une autre catégorie de représentation à l'égard de laquelle cette notion d'expression pourrait avoir une portée : il s'agit de la représentation linguistique, ou propositionnelle. Dans quelle mesure l'expression leibnizienne trouve-t-elle des applications en philosophie du langage, et quelles transfigurations ces applications rencontrent-elles en philosophie contemporaine, c'est là ce que je me propose d'examiner dans notre prochain chapitre.

CHAPITRE III

EXPRESSIVITÉ ET PHILOSOPHIE DU LANGAGE

CARACTÉRISTIQUE, IDÉOGRAPHIE ET EXPRESSION PROPOSITIONNELLE

Chez Leibniz, la catégorie de l'expression ne sert pas uniquement à rendre compte du rapport des substances entre elles ou leur rapport cognitif et perceptif au monde : elle comporte également (entre autres) de fortes implications en philosophie du langage, lorsqu'il s'agit de comprendre le rapport qui unit les signes aux pensées [1]. Ce lien se concrétise bien sûr à travers la préoccupation leibnizienne pour l'élaboration d'une caractéristique

1. Sur cette application à la sphère du discours de la catégorie de l'expression, voir par exemple M. Serres, *Le système de Leibniz et ses modèles mathématiques. Étoiles – Schémas – Points*, Paris, P.U.F., 1968, rééd. 2007, p. 147 : « D'une autre manière, le terme forme a le sens forme de note quelconque, signe, caractère ou marque. Tel élément formel exprime alors tel autre, son et signe, signe et sens, langue et langue, etc. L'expression est alors commune à l'univers du Discours ». Voir également *ibid.*, p. 407 : « La théorie de l'expression ou des correspondances forme structure commune à tous ces contenus, et structure objective, c'est-à-dire justiciable d'une analyse scientifique : elle est un genre, dont les théories du langage, de la caractéristique, de la représentation au sens traditionnel, du sentiment, de la perception et de la connaissance, sont des espèces ».

universelle, c'est-à-dire d'un système de symboles dont les rapports exprimeraient adéquatement les rapports qu'entretiennent les pensées entre elles. On ne peut ici que rappeler ce célèbre passage de la correspondance de Leibniz, où la fondation de la caractéristique sur la loi d'expression apparaît en toute clarté :

> J'appelle « caractère » une note visible représentant les pensées.
> L'art caractéristique est l'art de former et d'ordonner les caractères, de telle sorte qu'ils se réfèrent aux pensées, c'est-à-dire qu'ils aient entre eux la relation que les pensées ont entre elles.
> L'expression est un agrégat de caractères représentant la chose qui est exprimée.
> La loi des expressions est la suivante : que l'expression de la chose soit composée des caractères des choses dont les idées composent l'idée de la chose qui doit être exprimée[1].

Or il est significatif que William Kneale, dans un article datant des années soixante[2], voie dans ce passage la marque d'un héritage de la pensée de Leibniz dans la philosophie contemporaine du langage, et en particulier dans la théorie de la proposition développée par le jeune Wittgenstein, où les rapports entre signes sont eux aussi censés correspondre à l'ordre qui existe entre les pensées,

1. GP VII, 159. Cité et commenté par M. Fichant dans « Leibniz et l'universel », dans *Science et métaphysique dans Descartes et Leibniz*, Paris, P.U.F., 1998, p. 124; J.-B. Rauzy, *La Doctrine leibnizienne de la vérité*, Paris, Vrin, 2001, p. 67-68; F. Nef, *Leibniz et le langage*, Paris, P.U.F., 2000, p. 88.

2. W. Kneale, « Leibniz and the picture theory of language », *Revue internationale de philosophie*, 20, 1966, 204-215.

puis entre les choses[1]. Une telle proximité refléterait aux yeux de Kneale, la marque d'un héritage indirect des idées leibniziennes par la médiation de Bertrand Russell[2]. Quelle que soit la validité de ce parcours généalogique, ce n'est cependant pas exactement la même perspective que nous souhaitons adopter ici : nous entendons plutôt nous demander, dans une optique comparative, quelles pourraient être les applications (volontaires ou non) de la philosophie leibnizienne de l'expression dans la théorie contemporaine du langage, et cela dans le but de saisir là encore l'opérativité du concept d'expression, à travers ses transfigurations possibles dans la philosophie moderne. En vue d'examiner ces questions, nous commencerons par rapprocher les idées leibniziennes du projet d'idéographie proposé par Gottlob Frege, avant d'approfondir la comparaison suggérée par Kneale entre Leibniz et le Wittgenstein du *Tractatus logico-philosophicus*.

CARACTÉRISTIQUE ET IDÉOGRAPHIE : L'EXPRESSION COMME LANGAGE UNIVERSEL

Comme le souligne le passage mentionné plus haut, la notion leibnizienne d'expression trouve une application fondamentale dans le projet d'une caractéristique universelle, c'est-à-dire d'une langue permettant, au moyen de combinaisons entre les signes, d'exprimer adéquatement la totalité des pensées et des connaissances. Or

1. Cf. *ibid.*, p. 207.

2. Cf. *ibid*, p. 204 : « À la mort de Leibniz, beaucoup de ses pensées les plus intéressantes sur la logique et le langage demeurèrent non publiées, mais au début de ce siècle leur richesse devint connue à travers les travaux de Léon Couturat, et il semble clair qu'ils influencèrent alors Russell et, à travers lui, le jeune Wittgenstein ».

l'idée d'une langue universelle et formalisée exprimant adéquatement a également, *mutatis mutandis*, joué un rôle considérable au tournant du XXe siècle, notamment à travers le projet d'idéographie ou de langue conceptuelle développé par Gottlob Frege. Commençons par examiner la signification des applications leibniziennes de la notion d'expression en philosophie du langage, avant d'explorer un rapprochement possible avec l'idéographie frégéenne.

La caractéristique universelle comme symbolisme expressif

Les préoccupations encyclopédiques de Leibniz sont inséparables du projet d'élaboration d'une langue universelle dont le symbolisme permettrait non seulement de transcender les barrières communicationnelles liées aux différences de convention entre les langues particulières, mais encore de lever un certain nombre d'obstacles cognitifs mis à la connaissance par la médiation des signes du langage. Or c'est là ce qui pourrait être réalisé au moyen d'un symbolisme universel qui restituerait directement l'ordre des idées, projet dont Leibniz proposa comme on le sait une première tentative dès le *De Arte Combinatoria* de 1666[1], où il est d'ores et déjà question d'un alphabet des pensées humaines dont les combinaisons devraient faciliter l'exercice de la pensée et l'art de l'invention[2]. Il s'agira pour cela d'identifier un ensemble de catégories primitives auxquelles on

1. A VI, 1, p. 163-230.

2. Sur les sources de cet intérêt leibnizien pour l'art combinatoire, notamment chez Lulle, voir U. Eco, *La Recherche de la langue parfaite dans la culture européenne*, trad. fr. J.-P. Manganaro, Paris, Seuil, 1994, chap. XIV.

associera une classe correspondante de symboles aisément mémorisables, que l'on combinera comme on combinerait des caractères alphabétiques. Or si ce texte est un écrit de jeunesse dont Leibniz devait par la suite déplorer les aspects immatures, il reste que le projet d'une langue philosophique adéquate à l'ordre de la pensée devait se maintenir tout au long de son cheminement philosophique. Lisons par exemple une description de ce projet dans les *Nouveaux essais* qui, sur la base d'une réflexion sur les idéogrammes chinois, formule ce double avantage communicationnel et cognitif que présenterait une langue authentiquement universelle :

> Et on pourrait introduire un *caractère universel* fort populaire et meilleur que [celui des Chinois], si on employait de petites figures à la place des mots, qui représentassent les choses visibles par leurs traits, et les invisibles par des visibles qui les accompagnent, y joignant de certaines marques additionnelles, convenables pour faire entendre les flexions et les particules. Cela servirait d'abord pour communiquer aisément avec les nations éloignées ; mais si on l'introduisait aussi parmi nous sans renoncer pourtant à l'écriture ordinaire, l'usage de cette manière d'écrire serait d'une grande utilité pour enrichir l'imagination et pour donner des pensées moins sourdes et moins verbales qu'on a maintenant [1].

Assurément, Leibniz insiste sur le caractère visuel ou quasi-pictural de ce langage qu'il présente comme un « *caractère figuré*, qui *parlerait* véritablement aux yeux » [2]. C'est d'ailleurs cette présence du pictural qui,

1. G. W. Leibniz, *Nouveaux essais sur l'entendement humain*, Livre IV, chap. VI, p. 314.

2. *Ibid.*

justement, permet de dépasser l'arbitraire du signe qui s'attache encore aux idéogrammes :

> Mais avec le temps tout le monde apprendrait le dessin dès la jeunesse, pour n'être point privé de la commodité de ce *caractère figuré*, qui *parlerait* véritablement aux yeux, et qui serait fort au gré du peuple, comme en effet les paysans ont déjà certains almanachs qui leur disent sans paroles une bonne partie de ce qu'ils demandent ; et je me souviens d'avoir vu des imprimés satiriques en taille-douce, qui tenaient un peu de l'énigme, où il y avait des figures *signifiantes par elles-mêmes*, mêlées avec des paroles, au lieu que nos lettres et les caractères chinois ne sont significatifs que par la volonté des hommes (*ex instituto*)[1].

Pourtant, malgré cette insistance sur l'élément visuel et pictural de cet idiome, on peut considérer qu'aux yeux de Leibniz, la relation de signification qui est visée par un tel mode de symbolisation relève moins de la reproduction proprement dite, que de la restitution d'un certain nombre de rapports : et c'est en fait la présence d'un tel rapport expressif qui, bien plus que celle d'un élément pictural, permettrait de garantir l'objectivité de ce symbolisme, et non de le tenir pour simplement arbitraire[2]. Par ailleurs,

1. G. W. Leibniz, *Nouveaux essais sur l'entendement humain*.

2. À cet égard, on se référera là encore aux interprétations proposées par Cassirer : « La mission de caractéristique générale en reçoit un nouvel éclairage. On le comprend maintenant, les caractères n'ont pas besoin de copies les choses en leurs particularités concrètes et de se perdre ainsi dans leur infinie variété, et ils sont néanmoins en mesure de nous rendre sensible tout leur contenu "intelligible" de vérité. […] Voilà qui écarte la conception selon laquelle la vérité n'est elle-même qu'un produit de l'arbitraire subjectif et dépend des conventions du *langage* puisqu'elle a besoin de signes quelconques pour se présenter. Ce que nous pouvons choisir à volonté, c'est seulement le matériau qui

le véritable intérêt d'un tel symbolisme universel tiendrait moins à sa capacité à constituer un idiome compréhensible par tous et dépassant la pluralité des langues, qu'à sa capacité à faciliter l'expression et le déroulement de la pensée : sa fonction principale serait cognitive plutôt que communicationnelle[1]. C'est là ce que souligne Leibniz dans son texte consacré à la caractéristique de la science, où l'idée d'un alphabet des pensées humaines est prioritairement rapportée à la possibilité de résoudre les questions de connaissance :

> S'il y avait une langue exacte [...] ou du moins une espèce d'écriture vraiment philosophique par où les notions seraient ramenées à un alphabet des pensées humaines, on pourrait trouver tout ce qui s'ensuit des données d'une question selon la raison, au moyen d'une espèce de calcul, à la manière dont on résout les problèmes arithmétiques ou géométriques[2].

C'est donc effectivement une telle fonction cognitive que remplirait la langue caractéristique, en tant que mode de symbolisme dont les signes présenteraient directement à l'œil l'ordre qui existe entre les pensées. Cette langue philosophique que serait la caractéristique reposerait alors entièrement sur des procédures d'expression entre

nous aide à l'exprimer de façon sensible, mais les relations entre les idées elles-mêmes tiennent, en tant que telles, de façon indépendante et immuable », *Le problème de la connaissance dans la philosophie et la science des temps modernes* ; vol. 2 (*De Bacon à Kant*), *op. cit.*, p. 126.

1. Sur une relativisation de l'idéal leibnizien d'un idiome universel au profit d'une insistance sur la fonction cognitive du langage universel, voir U. Eco, *La Recherche de la langue parfaite dans la culture européenne*, *op. cit.*, p. 308-309.

2. G. W. Leibniz, « Sur la caractéristique et la science », in *Recherches générales sur l'analyse des notions et des vérités*, *op. cit.*, p. 160.

la pensée et les signes, sur un mode qui est par exemple décrit dans le passage suivant :

> De là il est manifeste que si l'on pouvait trouver des caractères ou signes propres à exprimer toutes nos pensées, aussi nettement et exactement que l'arithmétique exprime les nombres, ou que (l'algèbre) l'analyse géométrique exprime les lignes, on pourrait faire en toutes les matières autant qu'elles sont sujettes au raisonnement, tout ce qu'on peut faire en Arithmétique et en Géométrie [1].

En d'autres termes, l'avantage d'un tel symbolisme serait qu'il permettrait de raisonner de façon purement formelle et aveugle, à travers des procédures où la simple manipulation des signes serait à elle seule une garantie suffisante de la validité du résultat : en substituant au système de la pensée le système des marques qui leur correspondent expressivement, on obtiendrait ainsi un système aisément praticable, sur lequel on pourrait opérer en lieutenance de la pensée elle-même. Un tel symbolisme formel et aveugle permettrait ainsi d'appliquer à la pensée en général les procédures de manipulation formelles et abrégées de symboles qui ont cours dans ces raisonnements abstraits qui constituent la pensée mathématique. Comme le souligne Leibniz dans ses *Méditations sur la connaissance* :

> Mais souvent, dans une analyse un peu longue, nous ne saisissons pas l'objet de la pensée d'un seul coup, dans toute sa nature, mais à la place nous utilisons des signes, et nous omettons d'habitude par abréviation de

1. *Opuscules et fragments inédits de Leibniz. Extraits des manuscrits de la Bibliothèque Royale de Hanovre*, éd. L. Couturat, Paris, Alcan, 1903, p. 155.

> préciser dans notre conscience présente leur conception explicite, sachant ou croyant que nous l'avons en notre pouvoir… Cette pensée j'ai coutume de l'appeler *aveugle*, ou encore *symbolique*; c'est celle dont nous usons en Algèbre ou en Arithmétique et même presque en toute chose[1].

Là encore, il s'agirait donc de substituer au jeu sur les pensées un simple jeu sur les signes qui tiennent lieu de ces dernières, et dont le système d'ensemble constituerait une expression adéquate du système des idées. Dès lors, la mise en place d'une langue caractéristique universelle permettrait à la pensée de prendre la forme de ce *calculus ratiocinator* dont la portée est décrite par Leibniz dans son texte consacré aux « Fondements du calcul rationnel » :

> Lorsque j'ai creusé plus profondément ce sujet, m'est apparu aussitôt de façon manifeste que toutes les pensées humaines peuvent tout à fait se résoudre en un petit nombre d'entre elles considérée comme primitives, et qu'en assignant des caractères à celles-ci, il est alors possible de former les caractères des notions dérivées, desquels on peut toujours extraire la totalité de leurs réquisits, les notions primitives qui y interviennent, en un mot leur définition, c'est-à-dire leur valeur, et donc aussi les affections que l'on peut démontrer à partir des définitions. Une fois pourvu de cette seule réalisation, quiconque se servirait de caractères de ce genre en écrivant ou en raisonnant ne faillirait jamais, ou alors pourrait lui-même, non moins que d'autres, surprendre ses propres fautes par les plus faciles examens[2].

1. Cité par G.-G. Granger dans « Philosophie et mathématique leibniziennes », in *Revue de métaphysique et de morale*, 86, 1981, p. 6.
2. G. W. Leibniz, « Fondements du calcul rationnel », dans *Recherches générales sur l'analyse des notions et des vérités*, *op. cit.*, p. 167-168 (G VII, p. 205).

En d'autres termes, le fait de substituer à l'ordre des pensées un ordre analogue de caractères exprimant la même organisation systématique permettrait de transformer le raisonnement en un simple calcul sur des symboles dont il ne sera pas nécessaire de connaître véritablement la signification[1], mais dont la seule manipulation correcte garantira sans erreur possible la validité du raisonnement[2] : chacun connaît cette célèbre remarque leibnizienne selon laquelle, avec un tel symbolisme, « il ne sera plus besoin entre deux philosophes de discussions plus longues qu'entre deux mathématiciens, puisqu'il suffira qu'ils saisissent leur plume, qu'ils s'asseyent à leur table de calcul (en faisant appel, s'ils le souhaitent, à un ami) et qu'ils se disent

1. À cet égard, on pourrait comparer les idées leibniziennes au formalisme de Hilbert. Voir cette remarque formulée en 1891, selon laquelle « on devrait pouvoir parler en géométrie de tables, de chaises et de chopes de bière, au lieu de points, de droites et de plans » (anecdote rapportée par O. Blumenthal in *Lebensgeschichte* (1935), *cf.* D. Hilbert, *Werke*, vol. 3, p. 403).

2. Pour une présentation détaillée de ce *calculus ratiocinator* et de son rôle en matière d'analyse, voir J.-B. Rauzy, *La doctrine leibnizienne de la vérité*, Paris, Vrin, 2001, chapitre premier. Le fonctionnement de ce calcul dans l'*Analysis linguarum* de 1678 y est en particulier présenté de la façon suivante : « l'expression caractéristique des pensées vaut principalement parce qu'elle permet d'obtenir, par substitutions sur les caractères, des résultats du côté de l'analyse des concepts. Le but le plus général de la caractéristique ne réside donc pas seulement dans la traduction des concepts dans les notes sensibles qui leur correspondent. Il s'agit surtout de garantir la possibilité du mouvement inverse, c'est-à-dire le retour des signes vers les pensées une fois que toutes les substitutions utiles ont été effectuées selon le modèle de l'algèbre où "tout raisonnement consiste dans l'usage des caractères et où l'erreur de l'esprit coïncide avec celle de calcul" » (p. 63).

l'un à l'autre : *Calculons* ! »[1]. Or nous pouvons dès à présent remarquer que cette approche « calculatoire » de la pensée telle qu'elle se déploierait sous l'hypothèse d'un symbolisme adéquatement expressif correspond de fait à la façon dont Ludwig Wittgenstein, dans le *Cahier bleu*, conçoit la marche normale de la pensée : car à ses yeux, « [n]ous pouvons dire que la pensée est essentiellement l'activité qui consiste à opérer avec des signes », et que « [c]ette activité est accomplie par la main quand nous pensons en écrivant ; par la bouche et le larynx quand nous pensons en parlant »[2]. Or on n'est pas sans savoir que Wittgenstein était un lecteur important de Gottlob Frege, et qu'un grand nombre des idées qu'il a développées aussi bien dans sa philosophie de jeunesse que dans sa pensée ultérieure se sont construites à travers un dialogue critique avec les idées du logicien d'Iéna. C'est pourquoi c'est à présent vers les idées de Frege que nous allons nous tourner, en nous demandant dans quelle mesure l'idéographie frégéenne constitue une réactivation du modèle de caractéristique expressive proposé par Leibniz.

1. G VII, p. 200. Voir également, par exemple, les *Opuscules et fragments inédits de Leibniz*, *op. cit.*, p. 155-156 : « On ferait convenir tout le monde de ce qu'on aurait trouvé ou conclu, puisqu'il serait aisé de vérifier le calcul soit en le refaisant, soit en essayant quelques preuves semblables à celle de l'abjection novenaire en arithmétique. Et si quelqu'un doutait de ce que j'aurais avancé, je lui dirais : comptons, Monsieur, et ainsi prenant la plume et l'encre, nous sortirions bientôt d'affaire ».

2. L. Wittgenstein, *Le Cahier bleu et le cahier brun*, trad. fr. M. Goldberg, J. Sackur, Paris Gallimard, 1996, p. 6-7 de la pagination originale. Notons que chez Wittgenstein, ce formalisme est introduit en réaction aux approches mentalistes selon lesquelles la pensée constituerait un processus psychique interne et privé.

Expression, caractéristique et idéographie

Avant d'aborder dans le détail la comparaison entre l'idéographie frégéenne et cette modalité de l'expression qu'est la caractéristique de Leibniz, rappelons que le projet leibnizien d'un symbolisme universel à visée cognitive et encyclopédique a en fait connu plusieurs réactivations à l'époque moderne, à travers l'élaboration de divers programmes de langages universels. Ainsi, par exemple, chez ce membre important du Cercle de Vienne qu'était Otto Neurath, et qui devait associer le projet d'une langue universelle de l'image à celui d'une encyclopédie unifiée des connaissances mené conjointement avec Rudolf Carnap et Charles Morris. C'est dans sa brochure de 1936 intitulée *International Picture Language* [1] que Neurath présente les grands principes de son langage « ISOTYPE » (terme acronyme pour « *International System Of TYpographic Picture Education* ») censé servir de médium universel à la transmission des connaissances pratiques, et/ou scientifiques. Or, aux yeux de Neurath, seul un langage de l'image est susceptible de transcender les barrières relatives à l'attachement des différentes langues à une culture ou à une Nation donnée, si bien que lui seul constituera un symbolisme universel et susceptible d'être compris par tous. Dans ses propres termes : « *Les mots créent des divisions, les images créent des connexions* » [2]. C'est pourquoi, bien que ce langage universel soit dans une très large mesure dirigé vers des objectifs pratiques d'éducation et de santé

1. O. Neurath, *International Picture Language, The First Rules of Isotype*, Londres, Kegan, 1976.

2. *Ibid.*, p. 18.

publique[1], il n'en devait pas moins pouvoir constituer l'achèvement du projet encyclopédique entrepris à partir de 1938 à travers la publication, des volumes de l'*International Encyclopaedia of Unified Science* (*Encyclopédie Internationale de la Science Unifiée*), et cela à travers la création d'une sorte d'Atlas visuel réalisé sur la base de ces images ISOTYPE, qui permettrait de visualiser et de transmettre dans un idiome universel l'ensemble des connaissances constituées. C'est là ce que souligne Neurath lorsqu'il affirme garder « l'espoir de pouvoir élaborer un Atlas compris comme *thesaurus de l'ISOTYPE*, qui représenterait les faits importants au moyen d'auxiliaires visuels unifiés »[2].

Bien plus, le langage de l'image ne sera pas seulement un moyen d'exprimer sur un mode unitaire des connaissances encyclopédiques déjà constituées, mais il jouera même un rôle décisif dans l'unification des différentes branches de la science. En effet, Neurath remarque que dans la pratique normale, les différentes sciences ne parlent pas nécessairement « la même langue »; le travail sur les images et sur les représentations graphiques, en revanche, est censé pouvoir nous faire accéder à une unité au sein du discours scientifique. C'est ce point que souligne notre auteur dans son article intitulé « Eine internationale Enzyklopädie der Einheitswissenschaft » (« Une encyclopédie internationale de la science unitaire ») :

1. Le langage ISOTYPE devait par exemple pouvoir transmettre des consignes sanitaires en vue de prévenir le rachitisme.

2. O. Neurath : « Einheitswissenschaft als enzyklopädische Organisation », in *Gesammelte philosophische und methodologische Schriften*, éd. R. Haller, H. Rutte, Vienne, Hölder-Pichler-Tempsky, 1881, vol. 2, p. 893.

> Il est évident que cette encyclopédie ne réalisera pas seulement l'unification du langage scientifique, mais également une unification de la *représentation graphique*. Les graphes et autres représentations sont justement le moyen de s'exprimer scientifiquement. Toutes les images de l'encyclopédie seront élaborées à partir d'éléments standardisés, et ce qu'elles soient censées représenter des choses techniques, biologiques, sociologiques ou autres[1].

Or ce n'est pas sans raison que, dans certains passages, l'économiste fait valoir que « [son] encyclopédie se rattache dans une certaine mesure à Leibniz, qui, dans ses travaux, pensait déjà à certaines représentations picturales »[2]. En effet, un tel projet semble effectivement faire écho aux considérations leibniziennes puisque, chez Leibniz également, l'idée d'une *lingua characteristica* était à mettre en regard avec un projet encyclopédique visant une présentation complète et synoptique de l'ensemble des connaissances humaines, projet qui confère un rôle fondamental aux images au point de suggérer que l'encyclopédie en question pourrait prendre la forme d'une encyclopédie en images, d'un « *Atlas universalis* » où le savoir serait proposé directement au regard. Comme le souligne Leibniz en 1678 :

> On dispose pour l'instant d'un Atlas Géographique. Ainsi que d'un Atlas Astronomique ou Céleste. Mais il me vient à l'esprit que l'Encyclopédie tout entière pourrait fort bien comprendre quelque chose comme un Atlas universel. En effet, il est tout particulièrement

1. O. Neurath, « Eine internationale Enzyklopädie der Einheitswissenschaft », *in Gesammelte philosophische und methodologische Schriften*, vol. 2, *op. cit.*, p. 722.

2. *Ibid.*, p. 723.

> important que tout ce qui peut être enseigné et appris soit mis sous les yeux[1].

Mais intéressons-nous à présent à d'autres programmes théoriques, qui ne se contentent pas de réactiver l'idée leibnizienne d'une langue universelle mise au service d'un atlas encyclopédique, mais qui radicalisent l'aspect formel de cette démarche, en recherchant un symbolisme qui *exprime* véritablement l'ordre des pensées. C'est évidemment ici que nous rencontrons le projet d'idéographie développé par Gottlob Frege. Ce projet de « langue conceptuelle » (*Begriffs-schrift*) est introduit par Frege dès 1879 dans son ouvrage éponyme[2], et il est également présenté dans deux conférences datant de 1882 : « Que la science justifie le recours à une idéographie », et « Sur le but de l'idéographie »[3]. Dans ces textes, Frege se heurte au problème suivant selon lequel notre pensée ne peut se passer de la médiation des signes d'autre part, tandis que cette médiation entraîne un risque de déformation de la pensée d'autre part. Dans ses propres termes : « Sans les signes, nous nous élèverions difficilement à la pensée conceptuelle [...]. Toutefois, le langage se révèle défectueux lorsqu'il s'agit de prévenir les fautes de pensée »[4]. En d'autres termes, les signes sont et demeurent le médiateur

1. G. W. Leibniz, *Opuscules et fragments inédits*, *op. cit.*, p. 223-224.

2. G. Frege, *Begriffsschrift : eine des arithmetischen nachgebildete Formelsprache des reinen Denkens*; trad. fr. par C. Besson, *Idéographie*, Paris, Vrin, 1999.

3. Ces deux conférences sont recueillies dans les *Écrits logiques et philosophiques*, trad. fr. Cl. Imbert, Paris, Seuil, 1971.

4. « Que la science justifie le recours à une idéographie », *op. cit.*, p. 64.

indispensable de la pensée, et il ne saurait être question de penser sans signes ; cependant, cette médiation de la pensée que produisent les signes peut être une source d'erreurs et d'ambiguïtés. Voilà pourquoi, de même qu'il faut soumettre nos concepts à une exigence de stricte délimitation quant à leur signification[1], de même il faut exiger que les signes par lesquels nous articulons ces concepts soient employés de manière non ambiguë, et fidèle à l'ordre de la pensée. Or c'est précisément en vue de résoudre cette difficulté que Frege reprend très explicitement à son compte le projet leibnizien de caractéristique universelle comprise comme une langue artificielle parfaitement adéquate à la pensée[2] : comme il le souligne lui-même dans sa conférence relative au but de l'idéographie : « je n'ai pas voulu créer seulement un *calculus ratiocinator* mais une *lingua characteristica* au sens de Leibniz »[3]. Et c'est dans le but de mettre en place un tel symbolisme que Frege cherche alors à mettre en place le système symbolique proposé dans l'*Idéographie*,

1. Voir par exemple l'article de 1891 intitulé « Fonction et concept » : « Eu égard aux concepts, il faut exiger que pour tout argument ils aient une valeur de vérité, que pour tout objet on puisse dire s'il tombe ou non sous le concept. En d'autres termes, il faut que les concepts soient finement délimités, et si cette exigence ne pouvait être satisfaite il serait impossible d'établir les lois logiques qui les régissent. » (dans *Écrits logiques et philosophiques*, *op. cit.*, p. 103).

2. Sur l'enracinement du projet frégéen dans la philosophie classique, voir I. Angelelli, *Études sur Frege et la philosophie traditionnelle*, trad. fr. J.-F. Courtine, A. de Libera, J.-B. Rauzy, J. Schmutz, Paris, Vrin, 2007.

3. G. Frege, « Sur le but de l'idéographie », *op. cit.*, p. 71. Sur les échos chez Frege de l'opposition leibnizienne entre *calculus ratiocinator* et *lingua characteristica*, voir J. Hintikka, *Lingua Universalis vs. Calculus Ratiocinator : An Ultimate Presupposition of Twentieth-Century Philosophy*, Dordrecht, Kluwer, 1996.

c'est-à-dire un système de signes écrits et visibles pour l'œil qui auront pour fonction de permettre une saisie directe du développement de la pensée. Il s'agira, en d'autres termes, d'une notation formelle qui exploitera les relations spatiales entre les signes pour exprimer l'ordre logique des concepts et de leurs enchaînements. En combinant exigence de stricte délimitation des concepts et élaboration d'un symbolisme formel exprimant adéquatement l'ordre des pensées, Frege s'engage donc dans une démarche remarquablement similaire à celle que présentait déjà Leibniz, par exemple dans les remarques suivantes où l'exigence de clarté dans les significations se voit également associée à l'idée d'un calcul formel :

> [… M]on sentiment est qu'on ne pourra jamais mettre un terme aux controverses et imposer le silence aux sectes, à moins de revenir des raisonnements compliqués aux calculs simples, des mots dont la signification est vague et incertaine à des caractères déterminés[1].

Or comme nous l'avons signalé il y a un instant, les idées de Frege devaient connaître une discussion constante et historiquement capitale dans l'œuvre de Ludwig Wittgenstein. Quels sont, dans ces conditions, les échos dans l'œuvre wittgensteinienne non seulement de l'idée d'une langue adéquate à la pensée, mais plus fondamentalement de la théorie leibnizienne de l'expression ? C'est sur cette question que nous souhaitons nous pencher à présent.

1. G. W. Leibniz, « Sur la caractéristique et la science », dans *Recherches générales sur l'analyse des notions et des vérités*, *op. cit.*, p. 162.

ISOMORPHISME ET COORDINATION : LA THÉORIE DE LA PROPOSITION DU PREMIER WITTGENSTEIN

Nous avons eu l'occasion de mentionner dans notre introduction cette remarque de Leibniz selon laquelle la notion d'expression est celle qui contient en germe toute sa métaphysique, de sorte que rien n'aurait été dit « qui ne suive de cette doctrine ». Or selon Élisabeth Rigal, il en va de même chez Wittgenstein, où la pensée de l'expression est celle qui, entre toutes, sert de fil d'Ariane à sa philosophie. Comme elle le souligne dans un article consacré à l'expression chez cet auteur, « [s]'il est vrai, pour reprendre un mot célèbre, que tout grand penseur n'a jamais pensé qu'une seule pensée, alors il faut dire que ce que Wittgenstein a proprement pensé est et n'est que la question de l'expression »[1]. Assurément, la notion d'expression telle que la comprend le philosophe viennois est tout à fait polymorphe : loin de renvoyer uniquement à l'expression verbale, elle enveloppe toutes sortes de formes d'expressivité non verbales telles que l'expression gestuelle, l'expression des émotions, des douleurs, de la volonté, l'expression artistique, etc. Ce sont ces diverses modalités de l'expression que nous aurons bientôt l'occasion d'explorer, en examinant ce qui fait l'unité de ces différentes formes d'expression chez Wittgenstein, et en nous demandant en quel sens elles se rattachent à la doctrine de l'expression leibnizienne[2]. Mais commençons pour l'instant par étudier la présence de cette notion d'expression/coordination dans la première philosophie du langage wittgensteinienne, telle

1. É. Rigal, « Wittgenstein, formes d'expression et pouvoir d'expressivité », *Kairos*, 1, 1990, p. 157.

2. Voir le chap. IV de cet ouvrage.

qu'elle est proposée dans les *Carnets 1914-1916* et dans le *Tractatus logico-philosophicus*.

Le *Tractatus logico-philosophicus* constitue comme on le sait le premier ouvrage de Wittgenstein, et le seul qu'il ait publié de son vivant avant de s'enfermer dans plusieurs années de silence philosophique. Or l'une des principales ambitions de cet ouvrage, ainsi que des études préparatoires consignées dans les *Carnets 1914-1916*, est de comprendre le rapport qui unit le langage au monde, la possibilité pour la proposition de se rapporter à un état de choses réel. C'est la raison pour laquelle Wittgenstein commence par y proposer un ensemble de thèses ontologiques relatives à la structure du monde, pour présenter ensuite une théorie du langage, en tant que celui-ci reproduit la structure du monde à travers sa propre structure.

L'ontologie dont il s'agit alors est spécifiée dès les premières lignes de l'ouvrage, dont la première proposition affirme que : « Le monde est tout ce qui a lieu ». Ces considérations relatives à la constitution du monde se poursuivent tout au long de la section 1 ainsi que sur une partie de la section 2, où le philosophe viennois souligne le caractère hiérarchisé et complexe de cette structure mondaine, qui ne consiste pas en éléments disjoints ou juxtaposés, mais en ensembles structurés et organisés; dans les termes de la proposition 1.1 : « Le monde est la totalité des faits, non des choses ». Plus précisément, le jeune Wittgenstein distingue trois niveaux au sein de cette hiérarchie ontologique : celui de l'objet, celui de l'état de choses [*Sachverhalt*], et celui du fait [*Tatsache*]. Or si les objets « constituent la substance du monde »[1], cela ne signifie nullement qu'ils

1. TLP, 2.021.

soient des entités autonomes, susceptibles d'exister isolément. Bien au contraire, comme le souligne notre auteur à la proposition 2.011 de l'ouvrage, « [i]l fait partie de l'essence d'une chose d'être un élément constitutif d'un état de choses »[1], à tel point que la forme de l'objet est « [la] possibilité de son occurrence dans un état de choses »[2]. En d'autres termes, c'est bien l'état de choses qui, compris comme « une connexion d'objets (entités, choses) »[3], constitue véritablement le niveau fondamental de la réalité ; et c'est également cela qui s'exprime à travers l'idée selon laquelle les états de choses sont « mutuellement indépendants »[4], c'est-à-dire constituent des unités autonomes de réalité. Enfin, ces états de choses peuvent à leur tour être réinscrits dans des ensembles doués d'un degré supérieur de complexité, à savoir les faits, qui consistent en totalités structurées d'états de choses. Citons la proposition 2 de l'ouvrage : « Ce qui a lieu, le fait, est la subsistance d'états de choses »). De même, donc, que l'état de choses n'est pas un simple agrégat de choses, de même le fait ne se contente pas d'être un amas ou un conglomérat d'états de choses car, comme le fait remarquer la proposition 2.034, « [l]a structure du fait consiste dans les structures des états de choses ».

1. Voir également TLP, 2.0123 : « Si je connais l'objet, je connais aussi l'ensemble de ses possibilités d'occurrence dans des états de choses ».

2. TLP, 2.014.

3. TLP, 2.01. Voir également TLP, 2.0272 : « La configuration des objets forme l'état de choses. » ; 2.031 : « Dans l'état de choses les objets sont mutuellement dans un rapport déterminé ».

4. TLP, 2.061.

À travers cette ontologie à trois niveaux, nous parvenons donc effectivement à une caractérisation adéquate de ce qu'est le monde : celui-ci est la totalité close des faits [1], lesquels consistent en ensembles structurés d'états de choses. À présent, comprenons bien que cette ontologie proposée de façon liminaire par le *Tractatus logico-philosophicus* ne constitue pas une fin en soi, mais n'est qu'une première étape dans le cheminement théorique de l'ouvrage, dont l'objectif n'est pas seulement de spécifier la structure du monde mais de comprendre comment le langage peut se rapporter à ce dernier. En effet, comment comprendre qu'un assemblage de signes (la proposition) puisse se rapporter à un ensemble de choses, d'états de choses, de faits (le monde), pour en dire quelque chose qui ait un sens, et qui puisse être tenu pour vrai ou faux ? Dans les termes employés par Wittgenstein dans ses *Carnets 1914-1916* :

> Voilà la difficulté rencontrée par ma théorie de la représentation logique : trouver un lien entre le signe écrit sur le papier et un état de choses du monde extérieur.
> J'ai toujours dit que la vérité est une relation entre la proposition et l'état de choses, mais sans pouvoir jamais arriver à découvrir une telle relation [2].

Or la solution à ce problème de la possibilité de la représentation propositionnelle devait être découverte par Wittgenstein à travers une exploitation de la notion d'image [*Bild*], et plus spécifiquement de la notion

1. *Cf.* TLP, 1.1 : « Le monde est déterminé par les faits et par ceci qu'ils sont *tous* les faits ».

2. *Carnets 1914-1916* (désormais : C), trad. fr. G.-G. Granger, Paris, Gallimard, 1971, 27-10-14.

d'image projective qui lui permettra de penser le rapport existant entre proposition et réalité : si la proposition est en mesure de nous parler d'un état de choses du monde, c'est parce qu'elle en est l'image (logique, projective). À cet égard, on ne peut que mentionner la proposition 2.1 de l'ouvrage, dans laquelle Wittgenstein affirme que « [n]ous nous faisons des images des faits », attendu que la proposition constitue, justement, le cas paradigmatique des images en question. Voilà pourquoi, effectivement la connexion ou la dépendance qui doit nécessairement exister entre proposition et réalité pour que la première puisse exprimer ou décrire la seconde peut être décrite dans les termes d'une relation picturale de l'une à l'autre :

> La proposition nous communique une situation, donc elle doit avoir une interdépendance *essentielle* avec cette situation.
> Et cette interdépendance consiste justement en ce qu'elle est l'image logique de la situation.
> La proposition ne dit quelque chose que dans la mesure où elle est image [1].

C'est à cette thèse d'un rapport pictural entre proposition et réalité que l'on donne en général le nom de théorie de l'*Abbildung* ou de théorie de la « proposition-image ». Pour exprimer cette théorie dans les termes de la proposition 4.022, « [l]a proposition *montre* son sens », c'est-à-dire qu'elle présente directement à l'œil la situation d'un état de choses ou d'un fait possible. En d'autres termes, toute proposition élémentaire [2]

1. TLP, 4.03 (traduction modifiée).

2. On notera en effet qu'en réalité, cette théorie de la proposition-image ne concerne pas toutes les propositions absolument parlant, mais seulement les propositions dites « élémentaires ». Selon l'approche atomiste du *Tractatus*, la proposition élémentaire est celle qui « se

douée de sens présente l'image d'un fait possible, et cette proposition est vraie si le fait possible en question existe effectivement dans l'ordre des choses [1]. De même, comprendre le sens d'une proposition élémentaire, c'est alors visualiser par l'œil de l'esprit ce que serait la réalité si cette proposition était vraie, c'est avoir une intuition directe de l'état de choses possible qu'elle nous figure. On peut ainsi appliquer à la proposition, comprise comme image, ce que Wittgenstein, à la section 2.2 du *Tractatus*, affirme de la relation de picturalité en général :

> 2.201 L'image représente la réalité en figurant une possibilité de subsistance et de non-subsistance d'états de choses.
> 2.202 L'image figure une situation possible dans l'espace logique.
> 2.203 L'image contient la possibilité de la situation qu'elle figure.
> 2.21 L'image s'accorde ou non avec la réalité ; elle est vraie ou fausse.

Cette théorie peut alors se voir étendue, au point de signifier que c'est la logique dans son ensemble,

compose de noms » (TLP, 4.22) et qui « affirme l'existence d'un état de choses » (TLP, 4.21). Elle s'oppose à la proposition complexe, qui est construite à partir de propositions élémentaires et est une « fonction de vérité » de ces dernières (*cf.* TLP, section 5.1). La valeur de vérité de la proposition complexe est ainsi fonction de la valeur de vérité des propositions élémentaires dont elle se compose, là où la valeur de vérité d'une proposition élémentaire consiste en ceci que le fait possible dont elle est l'image existe effectivement dans le monde.

1. *Cf.* TLP, 2.222 au sujet de la proposition élémentaire : « C'est dans l'accord ou le désaccord de son sens avec la réalité que consiste sa vérité ou sa fausseté ».

ou encore le langage, qui est une grande image, un reflet [*Spiegelbild*] du monde. Dans les termes de la proposition 6.13 : « La logique n'est point une théorie, mais une image qui reflète le monde ».

Pourtant, bien qu'elle ait pour avantage majeur de contribuer à la solution du problème de la représentation propositionnelle, la théorie wittgensteinienne de la proposition-image entraîne aussi, à son tour, un certain nombre de difficultés, notamment en vertu de son caractère fortement contre-intuitif. En effet, on constate que la proposition, et notamment la proposition écrite, est généralement notée au moyen d'un symbolisme abstrait (par exemple alphabétique, reposant sur un système de transcription phonétique du langage verbal[2]), dont on peine à apercevoir comment il pourrait entretenir une quelconque relation picturale (ou, *a fortiori*, mimétique), avec ce qu'il symbolise. Il s'agit là d'une difficulté qui est du reste directement thématisée par Wittgenstein dans son ouvrage, notamment à la proposition 4.011 où, immédiatement après avoir affirmé de la proposition qu'elle est une image ou un modèle de la réalité, le philosophe autrichien soulève les possibles objections suivantes :

2. Sur la façon dont Wittgenstein entend maintenir la thèse de la picturalité dans le cas de la notion alphabétique, voir la proposition 4.016 dans laquelle il pose une parenté ou une continuité entre notation alphabétique et notation hiéroglyphique : « Pour comprendre l'essence de la proposition, pensons aux hiéroglyphes qui représentent les faits qu'ils décrivent. / À partir d'eux est advenue l'écriture alphabétique, sans que soit perdu l'essentiel de la représentation » (traduction modifiée).

> À première vue, la proposition – telle qu'elle est imprimée sur le papier, par exemple, ne paraît pas être une image de la réalité dont elle traite[1].

Voilà pourquoi, en définitive, l'un des défis du *Tractatus* sera de démontrer le bien-fondé de la solution qu'il apporte au problème de la représentation propositionnelle, et cela en établissant comment « ces symbolismes se révèlent bien comme étant, même au sens usuel du mot, des images de ce qu'ils présentent »[2]. Or la stratégie adoptée par l'auteur du *Tractatus* en vue d'établir le caractère pictural de la proposition malgré sa notation en un symbolisme abstrait et son absence de rapport mimétique à ce qu'elle représente consiste dans le fait de montrer que les images en question sont, non pas des images « au sens usuel du mot », mais des images au sens où les mathématiques et la mécanique peuvent employer ce terme, c'est-à-dire au sens de « modèles ». Ce point est tout à fait explicite à la proposition 4.01 de l'ouvrage, où la dimension picturale de la proposition est immédiatement interprétée en termes de modélisation :

> La proposition est une image de la réalité.
> La proposition est un modèle [*Modell*] de la réalité, telle que nous la figurons[3].

Dans un tel passage, on ne peut qu'être frappé par la proximité qui existe entre ce vocabulaire wittgensteinien et les thématiques que nous avons déjà eu l'occasion de rencontrer, notamment chez Boltzmann. Et en réalité, il est même tout à fait vraisemblable que Wittgenstein ait eu ici en tête la théorie boltzmannienne des modèles que nous

1. TLP, 4.011.
2. *Ibid.*
3. TLP, 4.01.

avons examinée plus haut. Bien qu'il ne soit pas certain que Wittgenstein ait eu connaissance de l'article précis de l'*Encyclopaedia Britannica* rédigé par Boltzmann au sujet des modèles, il reste que l'auteur du *Tractatus* ne pouvait qu'être familier de ces thématiques, notamment en raison de la formation à la mécanique qu'il avait reçue lors de sa formation d'ingénieur en aéronautique [1]. On notera du reste que Boltzmann figure en première position dans la célèbre liste que dresse Wittgenstein des auteurs l'ayant influencé, immédiatement suivi par Hertz [2], et que l'auteur de *Tractatus* avait un temps envisagé d'étudier sous la direction du physicien, projet qui fut compromis par la mort soudaine de ce dernier en 1906 [3]. Or si l'on tient compte de cette influence, on comprend que le sens de la thèse wittgensteinienne selon laquelle la proposition (ou en tout cas, la proposition élémentaire) est le modèle d'un état de choses possible est tout simplement que pour qu'une proposition puisse signifier l'état de choses en question, il faut pouvoir poser l'existence

1. Sur le rôle joué par cette formation d'ingénieur dans le parcours de Wittgenstein, voir G. Abel, M. Kross, M. Nedo (eds.), *Ludwig Wittgenstein. Ingenieur – Philosoph – Künstler*, Berlin, Parerga, 2007. Sur l'influence plus spécifique de cette formation sur la théorie de la proposition-image du *Tractatus*, voir également S. Sterrett, *Wittgenstein Flies a Kite. A Story of Models of Wings and of Models of the World*, New York, PI Press, 2006.

2. *Cf.* L. Wittgenstein, *Remarques mêlées*, trad. fr. G. Granel, Paris, Flammarion, 2002, p. 19 [nous citons ici les références dans la pagination originale] : « C'est ainsi que m'ont influencé Boltzmann, Hertz, Schopenhauer, Frege, Russell, Kraus, Loos, Weininger, Spengler, Sraffa ».

3. À ce sujet, voir R. Monk, *Wittgenstein, le devoir de génie*, trad. fr. A. Gerschenfeld, Paris, Odile Jacob, 1993, p. 36, et B. McGuinness, *Wittgenstein, Les années de jeunesse*, trad. fr. Y. Tennenbaum, Paris, Seuil, 1991, p. 81.

d'une relation d'analogie entre un complexe *A* (l'état de choses représenté) et un complexe *B* (la proposition qui le signifie). À cet égard, on ne peut que citer ce que Wittgenstein écrit aux propositions 2.1514-2.1515 de son ouvrage :

> La relation représentative consiste dans les coordinations [*Zuordnungen*] des éléments de l'image et des choses.
> Ces coordinations sont pour ainsi dire les antennes [*Fühler*] des éléments de l'image, par le moyen desquelles celle-ci entre en contact avec la réalité[1].

Bien évidemment, on ne peut ici qu'être frappé par le recours wittgensteinien à ce vocabulaire de la coordination qui était central dans la pensée d'Heinrich Hertz ; on ne manquera d'ailleurs pas de remarquer que la remarque du *Tractatus* mentionnée plus haut selon laquelle « [n]ous nous faisons des images des faits » apparaît comme une quasi-paraphrase des remarques liminaires de Hertz dans son introduction aux *Principes de la mécanique*, selon lesquelles « [n]ous nous faisons des images intérieures ou des symboles des objets extérieurs ». Dans ces conditions, il n'est plus du tout surprenant de rencontrer, à la proposition 4.04, une allusion explicite à l'auteur des *Principes de la mécanique*, référence dont on peut considérer qu'elle vient compléter la référence implicite à la mécanique de Boltzmann :

> Dans la proposition, il doit y avoir exactement autant d'éléments distincts que dans la situation qu'elle présente.

1. TLP, 2.1514-2.1515 (traduction modifiée).

> Toutes deux doivent posséder le même degré de multiplicité logique (mathématique). (Comparez avec la « Mécanique » de Hertz, à propos des modèles dynamiques.)[1]

Wittgenstein pense donc ici la relation de signification comme une correspondance entre deux complexes censés posséder le même degré de « multiplicité logique » ou « mathématique » et qui, pour cette raison même, apparaissent comme les modèles (dynamiques) l'un de l'autre. Quant à la possibilité de cette correspondance ou de cet isomorphisme, elle est garantie par ce que Wittgenstein désigne comme une « forme de la représentation », forme qu'il caractérise comme « la possibilité que les choses soient entre elles dans le même rapport que les éléments de l'image »[2]. Dans ces conditions, il est clair que lien qui doit exister entre la proposition et ce qu'elle signifie – mais aussi, plus généralement, entre langage et monde – doit être un lien de nature projective, au sens mathématique par lequel ce terme désigne la translation d'un système dans un autre, ou encore au sens d'une projection géographique produisant un modèle à l'échelle des relations topographiques. Or c'est effectivement un tel processus de projection qui est visé par Wittgenstein lorsqu'il écrit, à la proposition 3.11, que « [n]ous usons du signe sensible (sonore ou écrit, etc.) de la proposition comme projection de la situation possible », de telle que « [l]a méthode de projection est la pensée du sens de la proposition ».

Comprenons bien, à présent, que le recours wittgensteinien à la notion de projection n'a rien de

1. TLP, 4. 04.
2. TLP, 2.151.

métaphorique, mais que l'auteur du *Tractatus* considère que la proposition (écrite) constitue, au sens propre, une projection spatiale des situations représentées. En termes concrets, l'idée qui est la sienne est que l'ordre des signes (des lettres, des mots) tels qu'ils sont couchés sur la feuille de papier doit valoir comme une reproduction de l'ordre des objets qui composent l'état de choses représenté. Cette interprétation de la notion de projection est tout à fait franche à la proposition 3.1431 de l'ouvrage, où l'on procède à une comparaison entre la disposition spatiale de la proposition et la disposition spatiale d'objets matériels :

> L'essence du signe propositionnel devient très claire lorsque nous nous le figurons comme composé d'objets spatiaux (tels des tables, des chaises, des livres) au lieu de signes d'écriture.
> La position spatiale de ces choses exprime alors le sens de la proposition.

Or il existe effectivement un cas dans lequel on procède à une reproduction de l'ordre réel des choses au moyen de la disposition spatiale, non pas de certains signes, mais de certains objets : ce cas est celui des maquettes ou des modèles réduits. À cet égard, il peut alors être tout à fait instructif de rappeler cette célèbre anecdote qui veut que Wittgenstein ait été frappé par l'intuition de la théorie de la proposition-image comme solution au problème de la représentation propositionnelle en lisant, dans un journal, une description de la reconstitution d'un accident de voiture dans un tribunal parisien. C'est à un tel événement que notre auteur fait allusion dans ses *Carnets de 1914-1916*, lorsqu'il explicite le rapport projectif qui existe entre proposition et monde en faisant remarquer que :

> Dans la proposition, un monde est composé en vue d'une épreuve. (Comme lorsque devant un tribunal parisien un accident d'automobile a été représenté au moyen de poupées »[1].

Et si l'on maintient effectivement que la proposition fonctionne comme un modèle réduit ou comme une maquette, il devient tout à fait naturel de la décrire également, en recourant à une autre figure du registre pictural, comme un « tableau vivant » de la situation qu'elle projette. Tel est le sens de la proposition 4.0311 du *Tractatus* :

> Un nom est mis pour une chose, un autre pour une autre, et ils sont reliés entre eux, de telle sorte que le tout, comme un *tableau vivant*, figure un état de choses.

Simplement, dans le cas de la proposition, le tableau en question ne sera pas composé d'objets ni de personnes, mais de signes abstraits et conventionnels, tels les signes alphabétiques. Il n'en reste pas moins qu'à travers une telle compréhension en termes projectifs de leur mode de

1. C, 29-9-14. À ce sujet, voir la façon dont G. H. von Wright, dans sa biographie de référence de Wittgenstein explicite le lien entre un tel événement et l'émergence de la théorie picturale de la proposition : « Cela se passait pendant l'automne de 1914, sur le front de l'Est. Wittgenstein lisait dans une revue le récit du procès d'un accident automobile qui eut lieu à Paris. Lors du jugement, une maquette de l'accident fut présentée à la cour. La maquette tenait lieu, ici, de proposition, c'est-à-dire de description d'un possible état de choses. Elle jouait ce rôle en raison d'une correspondance existant entre les parties de la maquette (des maisons, voitures et personnages miniaturisés) et les choses (maisons, voitures, hommes) dans la réalité. Il apparut alors à Wittgenstein que l'on pouvait renverser l'analogie et dire que la proposition servait de maquette ou d'image, en vertu d'une correspondance du même type existant entre ses parties et le monde. » (G. H. von Wright, *Wittgenstein*, trad. fr. É. Rigal, Mauvezin, TER, 1982, p. 30).

signification, Wittgenstein parvient finalement à relever le défi qu'il s'était fixé, celui de montrer comment « ces symbolismes se révèlent bien comme étant [...] des images de ce qu'ils présentent ». À condition de comprendre le terme d'image, sinon au sens usuel, du moins au sens mathématique, on peut parfaitement affirmer la chose suivante au sujet des « images » propositionnelles :

> Il est patent que nous percevons une proposition de la forme "aRb" comme une image. Il est patent qu'ici le signe est une ressemblance [*Gleichnis*] du dénoté[1].

En d'autres termes, la proposition n'est pas autre chose qu'un fait qui imite un autre fait[2], en vertu de la coordination projective qui les unit. C'est alors à cette condition et à cette condition seulement que la proposition, aux yeux de Wittgenstein, peut acquérir une dimension authentiquement expressive car, comme le souligne la proposition 3.142 de l'ouvrage, c'est uniquement en tant que complexe de signes imitant un complexe réel que la proposition peut véritablement être signifiante, *exprimer* un sens : « Seuls des faits peuvent exprimer un sens, une classe de noms ne le peut pas ». Mais il y a plus : si l'on rappelle que, selon le jeune Wittgenstein, la pensée elle-même n'est pas autre chose que la pensée n'est pas autre chose que « la proposition douée de sens »[3], alors de telles remarques nous permettent de comprendre non seulement la nature coordinative du rapport entre *proposition* et les états de choses du monde,

1. TLP, 4.012 (traduction modifiée).

2. *Cf.* TLP, 3.14 : « Le signe propositionnel consiste en ceci, qu'en lui ses éléments, les mots, sont entre eux dans un rapport déterminé. Le signe propositionnel est un fait ».

3. TLP, 4. Voir également TLP, 3.5 : « Le signe propositionnel employé, pensé, est la pensée ».

mais encore la nature du rapport entre la *pensée* et la pensée des faits en question. C'est ce rapport coordinatif ou projectif de la pensée aux choses que Wittgenstein, à la proposition 3.2 de son ouvrage, présente comme une condition de possibilité de l'*expressivité* propositionnelle proprement dite :

> Dans la proposition la pensée peut être exprimée de telle façon que les objets de la pensée correspondent aux éléments du signe propositionnel.

De ce point de vue, la position de Wittgenstein apparaît presque comme une paraphrase de la proposition spinoziste selon laquelle l'ordre et la connexion des idées est le même que l'ordre et la connexion des choses[1], à cette différence près qu'ici, c'est l'ordre et la connexion des éléments propositionnels qui est le même que celui des pensées et des choses. Or c'est cette approche wittgensteinienne de la proposition en termes de coordination, de projection ou de modélisation que nous souhaitons à présent confronter à la notion leibnizienne d'expression, dans ses possibles applications à la philosophie du langage.

LEIBNIZ EN FILIGRANE CHEZ LE PREMIER WITTGENSTEIN

Proposition et projection

Comme nous avons commencé à le signaler plus haut en mentionnant la proposition 3.2 du *Tractatus*, le concept d'expression [*Ausdruck*] trouve sa place dans la théorie tractarienne de la proposition. Wittgenstein

1. Voir l'*Éthique*, II, 7.

lui consacre même la section 3.31 de son ouvrage[1], l'expression étant alors mise en rapport avec la capacité qu'ont les propositions à exprimer un sens déterminé :

> Chaque partie de la proposition qui caractérise son sens, je la nomme expression (symbole).
> (La proposition elle-même est une expression.)
> Est expression tout ce qui, étant essentiel au sens d'une proposition, peut être commun à des propositions.
> L'expression fait reconnaître une forme et un contenu[2].

Ici, l'expression apparaît donc comme l'élément constant (le symbole)[3] de la proposition, par opposition à cet élément sensible variable qu'est le signe[4] et qui, quant à lui, est « arbitraire »[5]. Cependant, ce n'est pas véritablement cet usage direct par Wittgenstein de la notion d'expression qui nous intéressera ici. Nous chercherons plutôt à revenir sur la notion de coordination et de modélisation que le philosophe autrichien place au cœur de sa théorie de la proposition, et ce sont ces aspects de la pensée du *Tractatus* que nous tenterons à présent de présenter comme des métamorphoses de la notion leibnizienne d'expression. Or à l'appui de ce rapprochement, c'est là encore le texte du « *Quid sit idea ?* » qui nous servira de meilleur point de départ, texte que nous avons déjà commenté plus haut mais dont nous

1. Sur ces passages, voir É. Rigal, « Wittgenstein, formes d'expression et pouvoir d'expressivité », *op. cit.*, p. 166 *sq*.

2. TLP, 3.31.

3. *Cf.* TLP, 3.312 : « [L'expression] est donc figurée par la forme générale des propositions qu'elle caractérise. / Et alors, dans cette forme, l'expression sera *constante*, et tout le reste *variable* ».

4. *Cf.* TLP 3.32 : « Le signe est ce qui est perceptible aux sens dans le symbole ».

5. TLP, 3. 322.

voudrions à présent souligner les résonances spécifiquement wittgensteiniennes. Rappelons brièvement ce passage :

> Est dit *exprimer* une chose ce en quoi il y a des rapports qui répondent aux rapports de la chose à exprimer. Mais ces expressions sont variées ; par exemple le modèle exprime la machine, le dessin perspectif exprime le volume sur un plan, le discours exprime les pensées et les vérités ; les caractères expriment les nombres, l'équation algébrique exprime le cercle ou toute autre figure : et ce qui est commun à ces expressions est que, à partir du seul examen des rapports de l'exprimant nous pouvons parvenir à la connaissance des propriétés correspondantes de la chose à exprimer. On voit ainsi qu'il n'est pas nécessaire que ce qui exprime soit semblable à la chose exprimée, pourvu que soit préservée une certaine analogie des rapports [1].

De même que nous avions repéré dans le précédent chapitre les similitudes entre ce passage et certaines approches propres à la philosophie de la mécanique, de même on ne peut que se rendre sensible à la proximité qui existe ces remarques et plusieurs caractéristiques de la première théorie wittgensteinienne de la proposition. Nous avons déjà commenté les résonances de l'insistance leibnizienne sur le modèle ou la représentation perspective, et nous n'aurons donc pas besoin d'y revenir ici. Qu'il nous suffise de signaler ici à nouveau la proximité de ces idées avec l'insistance wittgensteinienne sur ces mêmes notions dans le *Tractatus*. D'une façon plus spécifique à Wittgenstein, on remarque que ce passage

1. « Qu'est-ce qu'une idée ? », dans *Recherches générales sur l'analyse des notions et des vérités*, *op. cit.*, p. 445-446. Voir *supra*, chap. II.

du « *Quid sit idea?* » souligne la façon dont la notion d'expression comporte une dimension représentative, mais où la représentativité n'exige nullement l'existence d'un rapport de reproduction directe, mimétique (« il n'est pas nécessaire que ce qui exprime soit semblable à la chose exprimée, pourvu que soit préservée une certaine analogie des rapports »). Il en va de même dans le *Tractatus logico-philosophicus*, au sujet du rapport qui existe entre la proposition et ce qu'elle signifie : car bien que le complexe propositionnel ne puisse guère être considéré comme une reproduction directe de ce qu'il signifie [1], il n'en reste pas moins que, grâce à la présence de ce rapport de parenté structurelle entre complexe signifiant et complexe signifié, il y a effectivement un rapport de représentativité entre l'un et l'autre : c'est en ce sens que « ces symbolismes se révèlent bien, même au sens usuel du mot, des images de ce qu'ils présentent » [2]. De ce point de vue, Wittgenstein emploie bien, pour rendre compte de la représentativité de la proposition, un schéma théorique analogue à celui que proposait Leibniz avec la notion d'expression.

On nous objectera peut-être que jusqu'à présent, nous avons comparé la conception wittgensteinienne de la représentation propositionnelle à un mode de représentation expressif que Leibniz employait quant à lui du rapport entre les *idées* et les choses, non pas entre le *langage* et les choses. Pourtant, ce rapprochement entre Leibniz et le premier Wittgenstein peut justement être poursuivi à travers la mise en évidence d'une analogie

1. Rappelons le texte de la proposition 4.011 : « À première vue, la proposition – telle qu'elle est imprimée sur le papier, par exemple, ne paraît pas être une image de la réalité dont elle traite ».

2. *Ibid.*

entre la façon dont ces deux auteurs conçoivent le rapport d'expression/coordination existant entre les signes et les pensées qu'ils expriment ; à travers une mise en évidence de la façon dont Leibniz, non moins que Wittgenstein après lui, pense l'organisation des signes du *langage* comme une reproduction isomorphe de l'ordre des idées. Chez Wittgenstein, nous avons vu que le langage (et la logique) n'étaient pas seulement isomorphes à l'ordre des choses, mais encore isomorphes à l'ordre de la pensée, au point que celle-ci se confondait en définitive avec la proposition douée de sens. C'est là apparaissait notamment à travers la mention de la proposition 4 selon laquelle « [l]a pensée est la proposition douée de sens » : en d'autres termes, la pensée n'est, au même titre que le langage qui l'exprime, pas autre chose qu'un ensemble de complexe unis par une relation de coordination aux faits pensés. Or on s'aperçoit qu'il en va de même chez Leibniz, qui considère lui aussi la logique comme une image isomorphe de la pensée. C'est là ce que souligne par exemple Herbert Knecht dans son ouvrage consacré à *La Logique de Leibniz* lorsqu'il affirme que, chez cet auteur :

> [I]l y a correspondance exacte entre les concepts de la pensée et les signes que trace le logicien. Les éléments qui constituent le formalisme (signes manipulés selon des règles algorithmiques), la combinatoire (objets combinés entre eux de façon exhaustive), la machine (pièces, roues, cylindres mus par des mécanismes déterminés) trouvent, dans la raison, leurs répondants exacts, et en constituent des modèles. L'isomorphisme entre la raison et la logique est donc une double identité de structure : identité entre les règles de la pensée et les règles opératoires de la logique, identité entre les objets de la pensée et les signes sur lesquels opère la logique.

La logique est l'image de la raison[1].

La logique, donc, est chez Leibniz l'image de la raison, et cela pour la même raison qu'elle est l'image du monde chez Wittgenstein. Plus spécifiquement, de même que, chez le premier Wittgenstein, « le signe est arbitraire »[2] tandis que seul l'agencement des signes confère à la proposition un pouvoir représentationnel, de même chez Leibniz qui affirme, dans ses *Nouveaux essais*, que « l'arbitraire se trouve seulement dans les mots et nullement dans les idées »[3]. Cela implique alors que l'ordre des idées en question est adéquatement restitué par l'ordre des signes puisque, dans les termes même du « *Quid sit idea?* », « le discours exprime les pensées et les vérités ». Cette idée selon laquelle bien que les signes en eux-mêmes soient arbitraires, l'ordre dont ils font preuve pour exprimer adéquatement l'ordre des idées apparaît également de façon tout à fait franche dans cet extrait du *Dialogue sur la connexion des mots et des choses* que commente W. Kneale dans son

1. H. Knecht, *La Logique chez Leibniz. Essai sur le rationalisme baroque*, *op. cit.*, p. 59.

2. TLP, 3.322.

3. G. W. Leibniz, *Nouveaux essais sur l'entendement humain*, Livre III, chap. IV, *op. cit.*, p. 233. Sur le rapport entre cette approche et celle qui est proposée par les penseurs de Port-Royal, *cf.* A. Charrak, *Empirisme et métaphysique. L'*Essai sur l'origine des connaissances humaines *de Condillac*, Paris, Vrin, 2003, p. 73. A. Charrak commente notamment ce passage de la *Logique de Port-Royal* : « […] il y a une grande équivoque dans ce mot d'*arbitraire*, quand on dit que la signification des mots est arbitraire, car il est vrai que c'est une chose purement arbitraire que de joindre une telle idée à un tel son plutôt qu'à un autre; mais les idées ne sont point des choses arbitraires qui dépendent de notre fantaisie, au moins celles qui sont claires et distinctes. » (Livre I, chap. I).

étude consacrée au rapport entre Leibniz et le premier Wittgenstein :

> Bien que les signes eux-mêmes puissent être arbitraires, leur usage et leur connexion a quelque chose qui n'est pas arbitraire, à savoir une certaine proportion entre les symboles et les choses, et les relations mutuelles des différents symboles qui expriment les mêmes choses. Et cette proportion ou relation est le fondement de la vérité. Car elle garantit que, que nous utilisions ces symboles ou ceux-ci, le résultat sera toujours le même, ou équivalent ou correspondant en proportion[1].

Voilà pourquoi on peut affirmer qu'en définitive, un point commun entre Leibniz et Wittgenstein est qu'ils défendent tous deux une conception de la vérité qui n'est qu'en apparence une théorie de la vérité-correspondance[2]. Chez Wittgenstein, nous avons vu plus haut que la vérité de la proposition élémentaire était définie comme un accord entre la proposition et son objet, telle qu'elle a lieu lorsque cette proposition représente un fait non seulement possible mais effectivement réalisé. C'est la raison pour laquelle, comme le souligne la proposition 2.224 de l'ouvrage, « [à] partir de la seule image [propositionnelle], on ne peut reconnaître si elle est vraie ou fausse ». Chez Leibniz également, il semble que l'on puisse dégager une théorie de la vérité-correspondance, puisque celui-ci nous demande par exemple dans les *Nouveaux essais* de « chercher la vérité dans la correspondance des propositions qui sont dans

1. G VII, p. 192, cité par W. Kneale *in* « Leibniz and the picture theory of language », *op. cit.* p. 208.

2. Sur ces questions, voir la préface de J. Bouveresse à l'ouvrage de J.-B. Rauzy, *La Doctrine leibnizienne de la vérité*, *op. cit.*, p. VI-VII.

l'esprit avec les choses dont il s'agit »[1]. Pourtant, dans les deux cas, cette prétendue relation de correspondance renvoie en réalité moins à un simple accord sur le mode de la désignation qu'à une correspondance expressive ou coordinative, l'élément décisif étant alors constitué par la présence de cette relation de projection adéquate entre complexe propositionnel et complexe réel.

Cette idée selon laquelle la « connexion » qui « n'est pas arbitraire » entre les signes et la réalité rend possible l'établissement de « relations mutuelles des différents symboles qui expriment les mêmes choses » nous renvoie de même à ce qu'écrit Leibniz au § 357 des *Essais de Théodicée*, paragraphe dont l'objet est de montrer que « la même chose peut être représentée mais différemment », mais qu'« il doit toujours y avoir un rapport exact entre la représentation et la chose, et par conséquent entre les différentes représentations d'une même chose »[2]. Or ces considérations sont là encore tout à fait proches de certaines idées développées dans le *Tractatus logico-philosophicus*, en particulier lorsque Wittgenstein, à la proposition 4.014, décrit la façon dont différents systèmes symboliques peuvent exprimer un même représenté, et donc aussi s'exprimer les uns les autres :

> Le disque de gramophone, la pensée musicale, la notation musicale, les ondes sonores sont tous, les uns par rapport aux autres, dans la même relation représentative interne que le monde et la langue.

1. G. W. Leibniz, *Nouveaux essais sur l'entendement humain*, Livre IV, chap. v, *op. cit.*, p. 313.

2. G. W. Leibniz, *Essais de Théodicée. Sur la bonté de Dieu, la liberté de l'homme et l'origine du mal*, Paris, Flammarion, 1969, § 357, p. 327-328.

> À tous est commune la structure logique.
> (Comme dans le conte, les deux jeunes gens, leurs deux chevaux et leurs lis. Ils sont tous, en un certain sens, un.)[1]

À travers celle allusion au conte des frères Grimm intitulé *Die Goldkinder* (conte qui relate l'histoire de deux frères partis chercher fortune dans le monde, et dont on connaît l'état de prospérité grâce à deux lys d'or censés croître ou dépérir en même temps qu'eux), Wittgenstein décrit ici la façon dont différents systèmes symboliques (le disque de gramophone, la pensée musicale, la notation sur la partition, les ondes sonores) peuvent constituer différentes modélisations isomorphes entre elles d'un même représenté. Or le rapport d'entr'expression croisé qui s'établit entre ces différents systèmes semble effectivement correspondre assez bien aux applications leibniziennes de la catégorie de l'expression à la sphère du discours.

« Je suis mon monde (le microcosme) »

Mais un tel rapprochement entre Leibniz et Wittgenstein peut être poursuivi plus avant si l'on rappelle la façon dont la théorie wittgensteinienne de la proposition comme expression coordonnée d'un état de choses présupposait la mise en place d'une ontologie spécifiant la structure du monde, et destinée à préparer le terrain à une caractérisation de la proposition et du discours comme transposition structurelle de ce même monde. De ce point de vue, on pourrait déjà comparer la cosmologie

1. TLP, 4.014 (traduction modifiée). Sur la façon dont la notion leibnizienne d'expression pourrait se laisser interpréter sur le modèle de l'enregistrement musical, voir B. Mates, *The Philosophy of Leibniz. Metaphysics and Language*, *op. cit.*, p. 37-38.

wittgensteinienne (en tant qu'elle nous présente un monde complexe et hiérarchisé) à la conception leibnizienne de ce qu'est un monde comme complexe dont la structure confère une unité à la multiplicité des choses qui le composent[1]. Mais il y a plus : on pourrait en effet considérer qu'aux yeux de Wittgenstein, non seulement le langage dans son ensemble est, comme nous l'avons vu, une « image en miroir » [*Spiegelbild*] du monde, mais que chaque proposition particulière reconstruit à son tour son petit monde, à l'instar de ce microcosme qu'est la monade leibnizienne. C'est là ce qui, en particulier, se dégage de cette remarque des *Carnets* que nous avons déjà eu l'occasion de citer et selon laquelle « [d]ans la

1. Sur ce point, voir B. Mates, *The Philosophy of Leibniz. Metaphysics and Language*, *op. cit.*, p. 71. On notera cependant une différence significative entre les ontologies respectivement leibnizienne et wittgensteinienne quant au statut qu'il convient d'accorder au principe de causalité. Chez Leibniz, le principe selon lequel toutes les substances s'entr'expriment selon le principe de l'harmonie préétablie conduit certes à repenser la question de la causalité qui ne peut plus être envisagée sur le modèle classique de l'influence causale. Voir par exemple cette Lettre à Foucher de 1686, *in* GP I, p. 382f : « Je croy que toute substance individuelle exprime l'univers tout entier à sa maniere, et que son estat suivant est une suite (quoyque souvent libre) de son estat precedent… ; mais comme toutes les substances sont une production continuelle du souverain Estre, et expriment le même univers ou les mêmes phenomenes, elle s'entraccordent exactement, et cela nous fait dire que l'une agit sur l'autre, parce que l'une exprime plus distinctement que l'autre la cause ou raison des changemens… ». Cependant, les propositions causales conservent une forme de nécessité dans la mesure où elles sont justifiées par le principe de raison suffisante. Chez Wittgenstein, en revanche, la thèse de l'indépendance des états de choses implique un scepticisme plein et entier au sujet du principe de causalité, qui se révèle n'être qu'une forme de « superstition ». *Cf.* TLP, 5.1361 : « La croyance en un lien causal est un préjugé. » ; TLP, 6.37 : « Rien ne contraint une chose à arriver du fait qu'autre chose soit arrivé. Il n'est de nécessité que logique ».

proposition, un monde est composé en vue d'une épreuve [*wie probeweise*] »[1] ; c'est également cette idée qui est formulée à la proposition 4.023 du *Tractatus*, lorsque Wittgenstein écrit que « [l]a proposition construit un monde au moyen d'un échafaudage logique ». On peut ne peut alors que se rendre sensible à la tonalité leibnizienne de la façon dont Wittgenstein pense le langage comme une faculté de construire des mondes possibles, en produisant des propositions dont chacune est l'image projective d'un fait possible, et n'est vraie que si le fait possible en question est réalisé[2]. Voilà pourquoi, également, on peut comparer l'idée wittgensteinienne selon laquelle « [c] e qui est pensable est aussi possible »[3] à la façon dont Leibniz, dans ses *Nouveaux essais*, caractérise l'idée réelle en affirmant qu'« [u]ne idée sera aussi réelle quand elle est possible, quoique aucun existant n'y réponde »[4].

Pour toutes ces raisons, il semble que l'on puisse appliquer à la conception wittgensteinienne de la proposition et de la pensée qu'elle exprime ces remarques de Novalis que cite Claude Imbert dans son texte intitulé « Sur l'expression : incertitudes philosophiques, déterminations anthropologiques », remarques qui semblent envisager les propositions du langage comme autant de microcosmes exprimant l'univers tout entier, à l'image de ce que sont les substances leibniziennes :

1. C, 29-9-14.

2. Voir les propositions 2.201 à 2.21 citées plus haut, ainsi que TLP, 2.0121 : « La logique traite de chaque possibilité, et toutes les possibilités sont ses faits ».

3. TLP, 3.02.

4. G. W. Leibniz, *Nouveaux essais sur l'entendement humain*, Livre II, chap. XXX, *op. cit.*, p. 202.

> Il en va du langage comme des formules mathématiques : elles constituent un monde en soi, pour elles seules. Elles jouent entre elles exclusivement, n'expriment rien, sinon leur nature merveilleuse. Ce qui fait justement qu'elles sont si expressives, que justement en elles se reflète le jeu étrange du rapport entre les choses[1].

Mais on peut même aller plus loin et montrer comment l'aboutissement de cette idée wittgensteinienne d'une correspondance entre langage et monde aboutit à l'idée d'une coordination entre le sujet de la pensée lui-même et le monde qui est le sien. Pour cela, on prendra là encore pour point de départ l'idée selon laquelle, chez Wittgenstein, la pensée dans son ensemble n'est pas autre chose que le discours qui l'exprime. Mais qu'en est-il, à présent, du *sujet* qui pense ces pensées, en formulant les propositions qui les expriment ? Aux yeux de Wittgenstein, le sujet dont il s'agit ici n'a pas besoin d'être compris comme étant autre chose que l'ensemble complexe de ces complexes que sont ses pensées-propositions : le sujet n'est pas autre chose que le complexe de ses pensées, qui ne sont pas autre chose que des complexes des signes coordonnés aux états de choses du monde. Tel est le sens de la proposition 5.542 du *Tractatus*, qui insiste sur le fait que la relation entre un sujet et ce qu'il pense n'est jamais qu'une relation de coordination :

> Il est cependant clair que « A croit que p », « A pense que p », « A dit p » sont de la forme « "p" dit p », et il ne s'agit pas ici de la coordination d'un fait et d'un objet,

1. Novalis cité par Cl. Imbert dans « Sur l'expression : incertitudes philosophiques, déterminations anthropologiques », *Kairos*, 1, 1990, p. 112.

mais de la coordination de faits par la coordination de leurs objets.

Or sous l'hypothèse où le sujet de la pensée n'est que le complexe des pensées-propositions qu'il formule, en tant que ces dernières sont coordonnées avec la réalité, on comprend qu'en définitive, affirmer que la proposition construit son monde à mesure qu'elle se coordonne avec lui, c'est finalement affirmer que le sujet lui-même construit son propre monde, au point de s'identifier avec ce dernier. Or c'est justement cette thèse solipsiste que propose Wittgenstein à la proposition 5.63 du *Tractatus* à travers l'image du microcosme : « Je suis mon monde (le microcosme) »[1]. Ce sont également ces idées qui se dégagent des propositions 5.6-5.61 :

> 5.6 – *Les frontières de mon langage* sont les frontières de mon monde.
> 5.61 – La logique remplit le monde; les frontières du monde sont aussi ses frontières.

Dans ces conditions, on ne peut qu'être tenté d'opérer un rapprochement entre ces considérations wittgensteiniennes et certains aspects de la métaphysique leibnizienne, et cela parce que cette idée d'un sujet comme microcosme qui exprime son propre monde en formulant des pensées-propositions coordonnées à des faits possibles semble correspondre assez bien avec la métaphysique de la monadologie leibnizienne, où chaque monade exprime l'univers tout entier. Rappelons par exemple le texte du § 56 de la *Monadologie* au sujet des monades comme « miroirs vivants » de l'univers,

1. Sur la question du solipsisme chez le premier Wittgenstein, voir notre article : « Le Moi peut-il être sauvé ? La subjectivité, de Mach au premier Wittgenstein », *Philonsorbonne*, n°1, p. 49-59.

image qui ne peut qu'évoquer ce « grand miroir » qui « embrasse toute chose et reflète le monde » dont il est justement question à la proposition 5.51 du *Tractatus* :

> Or cette liaison ou cet accommodement de toutes les choses créées à chacune et de chacune à toutes les autres, fait que chaque substance simple a des rapports qui expriment toutes les autres, et qu'elle est par conséquent un miroir vivant perpétuel de l'univers.

On peut également mentionner cette Lettre à la Reine Sophie-Charlotte dans laquelle Leibniz décrit le rapport d'expression qui unit chaque âme à l'univers, rapport d'expression qui semble correspondre assez bien à ce que vise Wittgenstein à travers l'idée selon laquelle « je suis mon monde » :

> Et il ne faut point s'émerveiller de cet accord primordial des âmes et des corps, tous les corps étant arrangés suivant les intentions d'un esprit universel, et toutes les âmes étant essentiellement des représentations ou miroirs vivants de l'univers suivant la portée et le point de vue chacune, et par conséquent aussi durables que le monde lui-même. C'est comme si Dieu avait varié l'univers autant de fois qu'il y a d'âmes, ou comme s'il avait créé autant d'univers en raccourci convenants dans le fond, et diversifiés par les apparences. [...] Et l'on peut juger si chaque âme à part doit être parfaitement bien ajustée, puisqu'elle est une certaine expression de l'univers, et comme un univers concentré, ce qui se vérifie encore de ce que chaque corps et le nôtre aussi par conséquent, souffre quelque chose de tous les autres, et par conséquent l'âme y prend part aussi [1].

1. G. W. Leibniz, Lettre à la Reine Sophie-Charlotte, dans *Principes de la nature et de la grâce, Monadologie et autres textes 1703-1716*, *op. cit.*, G III, p. 343-348.

De même, l'intérêt wittgensteinien pour l'importance de la « méthode de projection » qui garantit le rapport de la proposition au monde et qui conduit le sujet lui-même à projetter l'univers tel un microcosme peut tout à fait être comparé à ce qu'écrit Leibniz au § 357 des *Essais de Théodicée* que nous avons déjà eu l'occasion de mentionner, lorsqu'il présente la façon dont chacun exprime l'univers comme un miroir en faisant appel au modèle de la projection :

> Les projections de perspective, qui reviennent dans le cercle aux sections coniques, font voir qu'un même cercle peut être représenté par une ellipse, par une hyperbole, et même par un autre cercle et par une ligne droite et par un point. Rien ne paraît si différent ni si dissemblable que ces figures ; et cependant il y a un rapport exact de chaque point à chaque point. Aussi faut-il avouer que chaque âme se représente l'univers suivant son point de vue, et par un rapport qui lui est propre ; mais une parfaite harmonie y subsiste toujours [1].

Cependant, on peut clore ce chapitre en faisant valoir que la philosophie du premier Wittgenstein est non seulement une philosophie de l'expression, mais également une pensée de l'inexprimable [2]. En effet, le propre de la théorie de la signification et de la proposition proposée dans le *Tractatus* est d'introduire une distinction

1. *Essais de Théodicée. Sur la bonté de Dieu, la liberté de l'homme et l'origine du mal*, *op. cit.*, § 357, p. 328. Sur ce passage et l'idée de la projection perspective comme paradigme de l'expression, *cf.* C. Swoyer, « Leibnizian expression », *The Journal of History of Philosophy*, 33 (1), 1995, p. 65-99.

2. Sur la question de l'inexprimable chez Wittgenstein, voir É. Rigal, « Wittgenstein, formes d'expression et pouvoir d'expressivité », *op. cit.*, p. 199.

entre ce qui peut véritablement être *dit* (à savoir les faits du monde), et ce qui ne peut que *se montrer*, c'est-à-dire apparaître implicitement dans les propositions douées de sens, mais non pas faire *l'objet* d'un discours doué de sens. Parmi les choses qui ne peuvent que se montrer, on trouve notamment la forme logique de la proposition, c'est-à-dire ce que celle-ci doit avoir de commun avec la réalité, ce dont elle est le miroir mais qu'elle ne peut exprimer directement :

> La proposition ne peut figurer la forme logique, elle en est le miroir.
> Ce qui se reflète dans la langue, celle-ci ne peut l'exprimer.
> Ce qui *s'exprime* dans la langue, nous ne pouvons par elle l'exprimer.
> La proposition montre la forme logique de la réalité.
> Elle l'indique [1].

Or ce qui, dans cet ensemble de remarques, ne peut qu'attirer notre attention est cette idée selon laquelle ce qui *s'*exprime dans le discours est quelque chose que nous-mêmes, en tant que locuteurs, ne pouvons exprimer. Autrement dit, ce qui s'exprime relève pour cette raison même de l'inexprimable (pour nous). C'est l'échec principiel de ce type de discours qui fait l'objet de la section 6 du *Tractatus*, où l'on comprend que cet inexprimable comprend non seulement la sphère du discours impossible sur le langage pris comme un tout ou sur la forme logique, mais inclut encore l'impossible discours sur le monde « comme un tout » : le discours éthique ou encore le discours mystique. Selon Wittgenstein, en effet, « [l]e sentiment du monde comme

1. TLP, 4.121.

totalité bornée est le Mystique »[1], et c'est cela qui explique cette remarque proposée en 6.522, selon laquelle « [i]l y a assurément de l'indicible. Cela se montre. C'est le Mystique ». Dans le même ordre d'idées, on constate que tandis que l'éthique (à l'instar de l'esthétique) porte non pas sur des faits du monde mais sur leur sens ou la valeur, ce qui les rend inexprimables puisque les seules propositions douées de sens sont celles qui décrivent une réalité factuelle. Dans les termes des propositions 6.42-6.421 :

> C'est pourquoi il ne peut y avoir de propositions éthiques. Les propositions éthiques ne peuvent rien exprimer de Supérieur.
> Il est clair que l'éthique ne se laisse pas énoncer. L'éthique est transcendantale. (Éthique et esthétique sont une seule et même chose.)

En conséquence, il faut effectivement se rallier à l'idée selon laquelle certaines choses, et peut-être même les choses les plus importantes pour nous, sont et demeurent inexprimables au sein d'un discours doué de sens. Dans les termes tractariens :

> Nous sentons que, à supposer que toutes les questions scientifiques possibles soient résolues, les problèmes de notre vie demeurent encore intacts. À vrai dire, il ne reste plus alors aucune question; et cela même est la réponse[2].

Or on sait évidemment que parmi ces impossibles propositions qui relèvent de l'inexprimable, on trouve par excellence les propositions du *Tractatus logico-*

1. TLP, 6.45.
2. TLP, 6.52.

philosophicus lui-même, en tant qu'elles se donnent pour ambition de décrire la structure du langage dans son ensemble, de parler de la forme logique (au moins pour dire que l'on ne peut pas en parler), ou encore de nous proposer la « forme générale de la proposition » comme Wittgenstein affirme le faire à la proposition 5 de l'ouvrage. De là ce retournement final du traité qui, avant de s'achever par l'injonction au silence de la proposition 7 [1], propose les remarques suivantes :

> Mes propositions sont des éclaircissements en ceci que celui me comprend les reconnaît à la fin comme dépourvues de sens, lorsque par leur moyen – en passant sur elles – il les a surmontées. (Il doit pour ainsi dire jeter l'échelle après y être monté.)
> Il lui faut dépasser ces propositions pour voir correctement le monde [2].

En cela, la pensée du premier Wittgenstein apparaît effectivement comme une pensée qui, étant une pensée de l'expression, est aussi et pour cette raison même une pensée de l'inexprimable. Peut-être est cela que veut dire Wittgenstein dans ses Carnets préparatoires au *Tractatus* lorsqu'il écrit que « [s]a difficulté n'est rien qu'une difficulté – énorme – d'expression » [3].

1. *Cf.* TLP, 7 : « Sur ce dont on ne peut parler, il faut garder le silence ».
2. TLP, 6.54.
3. C, 8-3-15.

CHAPITRE IV

SYNOPTICITÉ, EXPRESSIVITÉ ET VUES DE SURPLOMB

LEIBNIZ ET LE SECOND WITTGENSTEIN

La notion d'expression n'occupe pas seulement une place importante dans la pensée du jeune Wittgenstein, mais elle constitue également une notion cardinale de ce que l'on désigne ordinairement comme sa « seconde philosophie », c'est-à-dire dans ses écrits postérieurs aux années trente. Ce concept est employé dans différents contextes. En un premier sens, le terme d'expression peut revêtir une dimension linguistique, et désigner une façon de parler [*Ausdrucksweise*] : la réflexion wittgensteinienne sur l'expression est alors souvent corrélative de la démarche philosophico-thérapeutique consistant à identifier dans nos formes de discours l'origine de nos embarras philosophiques[1]. En un

1. Voir par exemple RP, § 94 : « Car nos formes d'expression nous empêchent de bien des manières de voir que [les signes propositionnels sont] des choses habituelles, et cela parce qu'elles nous lancent à la chasse aux chimères. » ; *ibid.*, § 194 : « Nous faisons attention aux modes d'expression que nous employons pour parler de ces choses-là, mais nous ne les comprenons pas, et nous les interprétons de travers. Lorsque nous philosophons, nous ressemblons à des sauvages, à des primitifs qui entendent les modes d'expression d'hommes civilisés, les interprètent de travers, et tirent ensuite de leurs interprétations les conclusions les plus étranges ». Voir encore *ibid.*, § 356, 402, 426.

second sens, la notion d'expression reçoit une portée psychologique[1], où le terme d'*Ausdruck* s'articule au terme souvent employé par Wittgenstein d'*Äusserung* (manifestation, extériorisation)[2]. La notion reçoit également une portée esthétique, où elle renvoie alors à une forme de justesse dans la forme qui se trouve à la racine du plaisir pris aux œuvres d'art[3]. Enfin, l'idée d'expression ou d'expressivité peut revêtir une portée méthodologique, dans la mesure où elle renvoie au mode de représentation que peut adopter l'analyse du langage lorsqu'elle essaie de comprendre la structure de notre grammaire.

Or ce sont ces différents usages de la notion d'expression dans la seconde philosophie de Wittgenstein que nous voudrions à présent tenter de ressaisir. Nous

1. Sur la philosophie de la psychologie de Wittgenstein dans son rapport à la question de l'expression, on ne peut que renvoyer à l'ouvrage de référence de J. Schulte, *Erlebnis und Ausdruck. Wittgensteins Philosophie der Psychologie*, Munich, Philosophia Verlag, 1987.

2. *Cf.* RP, II, II, p. 249 : « Je parle des références essentielles de l'expression verbale [*Äusserung*] pour les distinguer des autres particularités de notre expression [*Ausdruck*] » [traduction modifiée].

3. Voir par exemple les *Leçons sur l'esthétique*, in *Leçons et conversations sur l'esthétique, la psychologie et la croyance religieuse*, trad. fr. J. Fauve, Paris, Gallimard, 1992, p. 70 : « Reconnaître une expression. En architecture : – on dessine une porte. – "Elle est un peu trop grande" – Vous diriez : "il a le compas dans l'œil". – Non : il voit que la porte n'a pas l'expression correcte – elle n'a pas l'attitude correcte ». Voir également les « Remarques mêlées », *op. cit.*, p. 156 : « L'expression pleine de sentiment en musique. On ne saurait la décrire d'après les degrés de force et de *tempo*. Tout aussi peu que l'on peut décrire une expression pleine de sentiment sur un visage par des mesures dans l'espace. Il n'est pas davantage possible de l'expliquer à l'aide d'un paradigme, car le même morceau peut être joué, avec une expression juste, d'un nombre incalculable de manières différentes »

chercherons à explorer l'articulation de ces figures wittgensteiniennes de l'expression avec le sens que reçoit cette même notion chez Leibniz, de façon à montrer que le philosophe Viennois, jusque dans sa seconde philosophie, réactive un certain nombre de solutions théoriques qui se trouvaient déjà au cœur de la philosophie classique ; ce qui nous permettra, par ce même geste, de souligner la continuité qui existe dans la pensée de Wittgenstein, depuis sa « première » vers sa « seconde » philosophie. Nous commencerons pour cela par montrer comment le paradigme de la coordination expressive perdure dans la philosophie de Wittgenstein même après son renoncement à sa première théorie de la proposition image, et cela à travers son intérêt pour les « présentations synoptiques ». Puis nous examinerons l'usage que fait Wittgenstein de la notion d'expression dans sa philosophie de la psychologie.

RENONCER À LA THÉORIE PICTURALE DE LA PROPOSITION ? LA PHILOSOPHIE COMME CARTOGRAPHIE

Le renoncement à la première théorie de la proposition

Comme on a eu l'occasion de l'établir, il existe un nombre important de correspondances entre la pensée de Leibniz (en métaphysique et en philosophie du langage) et la théorie de la proposition proposée par le jeune Wittgenstein dans le *Tractatus logico-philosophicus* : tel était le point d'aboutissement de notre précédent chapitre, à savoir que la notion leibnizienne d'expression (dans ce qu'elle a d'opératoire pour penser le rapport entre les signes, la pensée et le monde), rencontre un analogue, sous une forme métamorphosée, dans la pensée du philosophe viennois. Or il est bien connu qu'à partir des années trente, Wittgenstein devait opérer un tournant consistant principalement en un renoncement à sa première philosophie, et en particulier à sa première théorie de la représentation propositionnelle. C'est ainsi, après avoir rédigé le *Tractatus logico-philosophicus*, le philosophe autrichien observa une période de silence d'une durée de dix ans pour ne revenir à la philosophie qu'en 1929, date où, sous la pression amicale de ses amis, il s'installa à Cambridge en vue de travailler en collaboration avec Bertrand Russell. Or l'un des aspects importants de ce tournant de 1929 tient à la façon dont Wittgenstein choisit désormais de s'intéresser à la « grammaire » des mots et des propositions du langage, c'est-à-dire aux règles plurielles et polymorphes qui gouvernent leurs usages en contexte. Et c'est effectivement contre l'ancienne théorie de la proposition-image que ce tournant grammatical est dirigé, la conception tractarienne de la proposition étant ici critiquée au nom de son dogmatisme excessif qui généralise à toutes les propositions des remarques qui ne valent que pour certaines d'entre elles, de sorte qu'elle est incapable de rendre compte de la variété du langage et de ses fonctions. Une telle critique est particulièrement explicite au § 444 des *Fiches* :

> La tendance à généraliser le cas qui nous est clair semble trouver dans la logique sa stricte justification : il semble qu'on y soit *entièrement* justifié à conclure : « Si *un* énoncé est une image, alors tout énoncé doit en être une, car celles-ci doivent être toutes de même nature ». Car nous tombons sous l'illusion que ce qu'il y a de

sublime, d'essentiel dans notre recherche, consiste à saisir *une* essence susceptible de tout embrasser[1].

Dans ces conditions, on pourrait s'attendre à ce que toutes nos analyses précédentes au sujet de l'intérêt wittgensteinien pour la modélisation, la coordination, et de la connexion de ces thématiques avec la pensée leibnizienne de l'expression cesse de s'appliquer à la conception du langage partagée par Wittgenstein à partir des années trente. Cet apparent désintérêt pour la question des modèles semble au demeurant confirmé par certains passages de la *Grammaire philosophique*, ouvrage qui recueille des textes des années trente et où l'on peut lire que « [p]as plus les mots que les modèles ne sont essentiels à ce que nous appelons langage »[2], ou encore que « ce n'est pas le même jeu que se conformer aux mots et se conformer aux modèles »[3]. Pourtant, on s'aperçoit en réalité que ce tournant wittgensteinien et ce renoncement à la première théorie de la proposition n'entraînent pas le rejet du paradigme de la coordination ou de l'expression. En effet, il est important de bien comprendre le sens que le philosophe confère à ce rejet de son ancienne théorie de la proposition-image. Ce rejet ne signifie nullement un abandon de la volonté de penser la démarche de la pensée et du discours en termes picturaux : bien au contraire, Wittgenstein va même jusqu'à écrire, toujours dans la *Grammaire philosophique*, que « [l]'acte de penser est tout fait comparable à celui de dessiner des images »[4] ;

1. L. Wittgenstein, *Fiches*, trad. fr. J.-P. Cometti, É. Rigal, Paris, Gallimard, 2008, § 444 (traduction modifiée).

2. L. Wittgenstein, *Grammaire philosophique*, trad. fr. M.-A. Lescourret, Paris, Gallimard, 1980, I, IV, § 51.

3. *Ibid.*

4. L. Wittgenstein, *Grammaire philosophique*, *op. cit.*, I, IX, § 113.

simplement, la compréhension de la pensée du discours en termes picturaux ne doit pas se transformer en dogme, ni nous empêcher de percevoir la diversité des usages que l'on peut faire d'une proposition.

Voilà pourquoi, également, cette apparente réserve de Wittgenstein face à son ancienne conception de la proposition en termes de modèle est en fait compensée par une reconnaissance de l'intérêt crucial qui s'attache à ces mêmes images lorsqu'elles sont employées correctement. Si tel n'était pas le cas, on ne pourrait pas comprendre que le philosophe autrichien revendique pour lui-même un tel usage des images schématiques ou des modèles dans le cadre de sa propre méthode philosophique, y compris après les années trente. Or c'est là ce qu'il fait en particulier dans ce passage remarquable des *Dictées à Waismann et pour Schlick*, dans lequel il définit « le point de vue duquel [il veut] considérer le langage » en affirmant qu'il veut « laisser le langage être tel qu'il est et le mettre en parallèle avec une image grammaticale »[1]. D'après ce passage, donc, la méthode philosophique doit savoir s'appuyer sur des « images grammaticales », sur des modèles qui, loin de soumettre le langage à des déformations dogmatiques, vaudront au contraire comme des objets de comparaison susceptibles de nous aider à y voir plus clair dans la complexité de nos usages linguistiques.

En conséquence, s'il est effectivement incontestable qu'en renonçant à son ancienne théorie picturale de la proposition, Wittgenstein abandonne l'idée de définir de

1. L. Wittgenstein, *Dictées à Waismann et pour Schlick*, éd. A. Soulez, Paris, P.U.F., 1997, « Notre méthode », p. 140 ; *Dictées à Friedrich Waismann et pour Moritz Schlick, Années 1930*, édition revue et augmentée, Paris, Vrin, 2015, « Notre méthode ».

façon unilatérale la relation du langage au monde comme un rapport de correspondance objective (ou expressive au sens leibnizien) entre les complexes de signes et les états de choses réels, cela n'implique pourtant nullement qu'il perde de vue tout intérêt pour la notion de coordination ou de correspondance expressive. Simplement, cet intérêt se voit désormais transposé à un autre niveau : au niveau des représentations que la philosophie doit pouvoir fournir au sujet de notre langage lui-même, en cartographiant les règles et les usages qui sont les siens au moyen de ses analyses grammaticales. C'est ce mode de représentation propre à la philosophie comprise comme exposition synoptique des règles de notre langage[1] que nous souhaitons examiner à présent, en montrant comment elle continue à s'articuler à certains des présupposés de l'expression leibnizienne : la philosophie, aux yeux du « second » Wittgenstein, reçoit pour tâche d'exprimer la grammaire de notre langage au sens fort que nous entendons conférer à ce terme.

Représentations synoptiques et diagrammes

Si la notion de projection était déjà au cœur de la conception de la proposition adoptée par le premier Wittgenstein dans le *Tractatus logico-philosophicus*, elle n'en est pas moins présente dans sa pensée postérieure aux années trente, à travers le modèle de la cartographie qui est employé pour rendre compte de la tâche qui incombe à la philosophie comprise comme enquête grammaticale. En effet, il est bien connu que l'une des idées-maîtresses du second Wittgenstein est que la

1. Sur la philosophie comme *Darstellungsweise* douée d'une fonction expressive, voir à nouveau É. Rigal, « Wittgenstein, formes d'expression et pouvoir d'expressivité », *op. cit.*, p. 189 *sq.*

philosophie doit assumer une fonction « thérapeutique », nous guérir des façons fautives de poser les problèmes qui nous rendent victimes de toutes sortes de « crampes mentales »[1]. Or c'est dans le cadre de ces ambitions thérapeutiques que Wittgenstein prescrit à la philosophie de produire autant que possible des représentations « synoptiques » [*übersichtliche Darstellungen*] de notre langage et de ses règles. C'est de ce « problème de la représentation synoptique » qu'il est question, par exemple, au manuscrit 153b :

> Difficulté de nos recherches : grande longueur des chaînes de pensée. […] C'est là une difficulté que je ne saurais lever en te faisant voir les problèmes.
> Je ne peux pas te fournir une solution immédiate qui supprimera instantanément toutes les difficultés. Je ne peux pas trouver une seule clé qui ouvrira tous les verrous de notre coffre. Ce déverrouillage doit être opéré en toi au moyen d'une procédure difficile de représentation de certains faits sous une forme synoptique [*by a process of synoptizing certain facts*][2].

1. Voir par exemple Wittgenstein, *Le Cahier bleu et le cahier brun*, *op. cit.*, p. 59 : « Notre langage ordinaire, qui de toutes les notations possibles est celle qui imprègne notre vie tout entière, maintient pour ainsi dire fermement notre esprit dans une seule position et dans cette position l'esprit se sent parfois pris par une crampe, et désire alors adopter aussi d'autres positions ».

2. Ms 153b : 30 r-v. Voir également le Ms 162b : 66v – 67r : « Quelle est la difficulté ? La difficulté est que nous nous méprenons sur le cas en question. Pourquoi est-il difficile de le comprendre correctement ? Nous ne le voyons pas à travers le médium des bons exemples. Nous ne voyons pas les aspects importants. Nous ne formulons pas ce thème de la façon dont il serait instructif de le formuler. Les aspects les plus importants de ce cas me sont inaccessibles, parce que je

De là cette remarque des *Cours de Cambridge* du début des années trente qui présente la philosophie comme une « synopsis de trivialités », comme une vision synoptique de ce que nous avons déjà sous les yeux :

> La pensée n'est pas quelque chose de caché ; elle est là, ouverte devant nous. Ce que nous découvrons en philosophie est trivial ; la philosophie ne nous apprend pas de nouveaux faits, ce que seule la science fait. Mais la juste synopsis de ces trivialités est extrêmement difficile et d'une importance considérable. En fait, la philosophie est la synopsis des trivialités [1].

De telles remarques permettent alors de donner un sens concret à cette idée d'une vocation fondamentalement descriptive de la philosophie que Wittgenstein expose par exemple au § 129 des *Recherches philosophiques*, en écrivant que la philosophie « se contente de placer toute chose devant nous, sans rien expliquer ni déduire » [2] : une telle remarque ne fait que préciser ce qui était déjà

n'ai pas une vue d'ensemble des possibilités [*weil ich die Möglichkeiten nicht übersehe*]. Examine les choses d'une nouvelle manière, à travers un nouveau schéma. Procède à un autre type de comparaison ! ».

1. L. Wittgenstein, *Cours de Cambridge 1930-1932*, trad. fr. É. Rigal, Mauvezin, TER, 1988, p. 26 ; voir également, p. 34 : « Notre difficulté tient à ce que notre malaise mental ne peut être dissipé avant que nous n'ayons obtenu une synopsis de toutes les espèces de trivialités. Si l'un des articles nécessaires à la synopsis fait défaut, nous avons encore l'impression qu'il y a quelque chose qui ne va pas ».

2. Sur le rapport entre démarche descriptive et enquête synoptique, voir D, p. 61 : « Nous ne voulons donner, en philosophie, aucune explication parce qu'il n'y a pas d'explication qui puisse nous satisfaire. Ce que nous voulons produire est une description. La méthode qui est la nôtre est la méthode de la présentation synoptique. Tout ce qui paraît être une explication est en fait déjà faussé et ne saurait nous satisfaire totalement. Nous ne cherchons jamais, par nos questions, après un pourquoi ».

formulé au § 125 du même ouvrage, à travers l'idée selon laquelle, en philosophie, « nous ne proposons aucune explication. Nous indiquons une règle et rien d'autre. Nous fournissons une présentation synoptique d'un système de règles »[1].

Il ne fait donc ici aucun doute que la démarche descriptive et synoptique qui revient à la philosophie doit prendre la forme d'une enquête grammaticale relative à l'organisation de nos systèmes de règles : c'est une telle enquête qui confère une portée apaisante à cette démarche, qui lui permet de « lever certains scrupules », d'« extirper du monde une certaine espèce d'*inquiétude* [...] en indiquant des règles »[2]. À cet égard, on pourrait citer plusieurs fragments des *Dictées à Waismann et pour Schlick*, notamment dans celui qui s'intitule « Vision synoptique », où Wittgenstein corrèle sans équivoque démarche synoptique et enquête grammaticale sur les règles :

> Ce que nous réclamons est une vision synoptique. Nous devons voir le *système* des règles. Tant que nous n'avons que quatre règles particulières, nous demeurons inquiets et posons la question : n'y en aurait-il pas peut-être d'autres ? Ce qui nous inquiète est la pensée d'*être privé de règles*[3].

La philosophie est donc là pour répondre à un besoin, à une inquiétude du philosophe : comme le souligne encore Wittgenstein, « [c]'est un besoin en nous : connaître le système de règles », car « [c]e qui nous inquiète, c'est

1. L. Wittgenstein, *Cours de Cambridge 1930-1932*.
2. RP, § 125.
3. L. Wittgenstein, *Dictées à Friedrich Waismann et pour Moritz Schlick, Années 1930*, *op. cit.*, « Vision synoptique », p. 116.

la pensée de l'*absence de règles* »[1]. C'est à ce besoin ou à cette inquiétude que répond la philosophie lorsqu'elle nous présente cette *Übersicht*, cette vision de surplomb dont nous ressentons le manque au sujet des règles de notre propre langage[2] :

> La description philosophique tire son importance du fait qu'elle nous permet une vision d'ensemble [*Übersicht*] qui nous prémunit contre l'adoption d'un autre système uniquement pour cette raison que nous ne voyons pas le « bon » système. Nous désirons une présentation synoptique, c'est-à-dire un système, nous ne voyons pas le bon ; nous sommes entraînés par le langage ou des circonstances quelconques, à supposer un système faux, et voici que la philosophie nous délivre [*erlöst*] en nous proposant la vision synoptique correcte[3].

C'est donc en proposant au penseur égaré l'*Übersicht* qui lui permettra de retrouver son chemin que le philosophe contribuera à résoudre le problème philosophique par excellence tel qu'il est décrit au § 123 des *Recherches philosophiques*, à travers l'idée selon laquelle « [u]n problème philosophique est de la forme : "Je ne m'y retrouve pas" ». Dans ces conditions, la tâche qui

1. *Ibid.*, « Justification de la grammaire », p. 117.

2. On notera au demeurant que les règles dont la philosophie doit nous procurer une représentation synoptique ne sont pas uniquement celles du langage ou de sa grammaire, mais incluent également les règles mathématiques. *Cf.* RP, § 125 : « L'affaire de la philosophie n'est pas de résoudre la contradiction par une découverte mathématique ou logico-mathématique, mais de permettre une vue synoptique de l'état des mathématiques qui nous préoccupe, de leur état *avant* la résolution de la contradiction. [...] Le fait que nous soyons empêtrés dans nos règles est ce que nous voulons comprendre, c'est-à-dire ce dont nous voulons avoir une vision synoptique ».

3. L. Wittgenstein, *Dictées à Friedrich Waismann et pour Moritz Schlick, Années 1930*, *op. cit.*, « Regard pacifié », p. 63.

revient au philosophe n'est en définitive pas si éloignée de celle que décrit Gilles Deleuze dans ses réflexions sur l'œuvre de Michel Foucault, où il présente cet auteur comme un « nouveau cartographe », visant en particulier à produire des diagrammes des rapports de force en jeu dans les organisations sociales[1]. En effet, bien que les diagrammes et les cartes en question ne portent pas chez lui sur des rapports de pouvoir, c'est bien une démarche analogue que cherche à adopter Wittgenstein au sujet de notre langage lorsqu'il cherche à en quadriller les règles.

Une telle association wittgensteinienne entre synopsis et diagramme doit d'ailleurs être parfois prise au sens propre, puisque l'on connaît certaines tentatives proposées dans les années trente pour proposer d'authentiques images diagrammatiques de l'articulation de nos concepts. C'est notamment le cas dans les *Remarques philosophiques*, où différents graphiques sont avancés en vue de fournir une symbolisation topologique directe des relations entre les noms de couleurs, à savoir le « cône double »[2], la « règle à curseur »[3], et surtout le célèbre « octaèdre des couleurs »[4] :

IMAGE

L'objectif de ces figures n'est autre que de proposer une transposition topologique et diagrammatique du système de règles de la grammaire chromatique. Dans

1. *Cf.* G. Deleuze, « Un nouveau cartographe », in *Foucault*, Paris, Minuit, 1986, p. 42.

2. L. Wittgenstein, *Remarques philosophiques*, trad. fr. J. Fauve, Paris, Gallimard, 1975, § 221.

3. *Ibid.*, § 220.

4. *Ibid.*, § 221. Voir également *Wittgenstein et le Cercle de Vienne*, éd. B. McGuinness, trad. fr. G. Granel, Mauvezin, TER, 1991, p. 43-44.

les termes même de Wittgenstein : « La représentation octaédrique est une représentation synoptique des règles grammaticales »[1]. Les représentations synoptiques proposées par la philosophie au sujet des règles de notre grammaire ne seront pourtant pas toujours aussi directement visuelles, et seront le plus souvent médiatisées par un exposé dans le langage. Il n'en reste pas moins que même dans ce cas, la juste méthode à adopter sera d'adopter une méthode perspectiviste consistant à démultiplier les points de vue sur le système à représenter de façon à obtenir un point de vue global complet[2]. À cet égard, on peut tout à fait comparer les techniques de représentation synoptique à celles qui sont mises en œuvre dans divers courants de la peinture moderne, notamment dans les tableaux cubistes[3], ou encore dans la peinture impressionniste que Wittgenstein mentionne en 1947 dans le cadre d'une critique de l'excessive recherche du détail au détriment de l'image d'ensemble :

1. L. Wittgenstein, *Remarques philosophiques*, § 1 (traduction modifiée). Voir également *The Big Typescript, TS 213*, éd. C. G. Luckhardt, M.A.E. Aue, Londres, Blackwell, 2005, § 94, p. 441 : « L'octaèdre des couleurs est grammaire, car il dit que nous pouvons parler d'un bleu tirant sur le rouge, mais non pas d'un vert tirant sur le rouge, etc. ».

2. On notera cette remarque de 1930 où Wittgenstein décrit la façon dont cette méthode s'applique à son propre mode d'écriture : « Chaque phrase que j'écris vise toujours et déjà le tout, donc toujours à nouveau la même chose, et toutes ne sont pour ainsi dire que des aspects d'un objet considéré sous des angles différents. » (*Remarques mêlées*, *op. cit.*, p. 7).

3. Voir le Ms 134 : 172 : « Pense à une représentation d'un visage vu à la fois de face et de profil, comme dans de nombreux tableaux modernes de Picasso. » (cité par P. Keicher dans « Aspekte malerischer Gestaltung bei Ludwig Wittgenstein. Studienfragmente zum Vergleich der Arbeitsweise Wittgensteins mit der bildnerischen Praxis der Malerei der frühen Moderne », in *Wittgenstein-Studien*, 2004, 10, p. 157-200).

> C'est comme si je *voulais* peindre un tableau impressionniste, mais que j'étais encore trop lié par l'ancienne manière de peindre et que, malgré tout mes efforts, je continuais à peindre ce que l'on ne voit *pas*. Par exemple, je m'efforce d'aller beaucoup plus loin dans le détail qu'il ne le faudrait et que je ne le devrais [1].

Dans le même ordre d'idée, le travail grammatical de recherche de représentations synoptiques et diagrammatiques s'apparente à un travail d'interprétation du rêve tel que le comprend Wittgenstein à la suite de Freud. Dans un cas comme dans l'autre, en effet, il s'agit de trouver un arrangement éclairant pour des données en elles-mêmes fragmentaires [2], et composer ainsi une image d'ensemble à partir de représentations éparses. C'est là ce que souligne Wittgenstein dans ses *Conversations sur Freud* :

> Nous pourrions dire d'un rêve une fois interprété qu'il s'insère dans un contexte où il cesse d'être troublant. En un sens le rêveur rêve à nouveau son rêve dans un environnement tel que le rêve change d'aspect. C'est comme si on nous présentait un fragment de toile sur lequel un artiste aurait peint une main, une portion de visage et certaines autres formes dans un arrangement qui nous paraisse incongru et qui nous rende perplexes. Supposez que ce fragment se situe au cœur d'une grande toile vierge et que nous nous mettions à peindre selon des formes – telles un bras, un tronc, etc. – qui

1. Ms 135 : 186, cité par J. Schulte in *Erlebnis und Ausdruck. Wittgensteins Philosophie der Psychologie*, *op. cit.*, p. 34.

2. Cf. *Remarques mêlées*, *op. cit.*, p. 68 : « Ce qui est fascinant, avec le rêve, ce n'est pas son lien causal avec les événements de ma vie, etc., mais bien plutôt le fait qu'il agit comme un fragment, et un fragment très *vivant*, d'une histoire dont le reste demeure obscur ».

rejoignent celles qui préexistent sur le fragment original et qui s'y adaptent; et que nous parvenions maintenant à un résultat qui nous permette de dire : « Je vois maintenant pourquoi ce fragment se présente ainsi, je vois comment tout cela s'arrange et de quelle façon, et ce que représentent ces divers détails… » et ainsi de suite[1].

Or c'est également en adoptant une telle démarche de reconfiguration des éléments en les unifiant dans un contexte éclairant que l'on parvient aux représentations synoptiques visées par la philosophie dans le domaine grammatical. Et c'est en ce sens précis que la représentation synoptique peut être considérée comme un diagramme, qui unifie les données fragmentaires en un tout circonscriptible, et nous libère ainsi des points de vue partiels que nous pourrions avoir sur les choses. Ce sont de semblables considérations qui s'expriment dans la célèbre préface aux *Recherches philosophiques*, lorsque Wittgenstein fait état de son parcours répété des « mêmes points […] à partir de directions différentes », parcours

1. L. Wittgenstein : *Conversations sur Freud*, in *Leçons et conversations sur l'esthétique, la psychologie et la croyance religieuse op. cit.*, p. 94. Voir également *Remarques mêlées*, *op. cit.*, p. 68 : « On pourrait aussi représenter les choses ainsi : on dessine une image sur une grande feuille de papier : la feuille serait alors pliée et dépliée de telle façon que les morceaux qui dans la première page n'avaient aucun rapport entre eux s'offriraient maintenant au regard en contiguïté les uns avec les autres, et qu'une nouvelle image, pourvue de sens ou non, prendrait naissance. (Ce serait alors le rêve effectivement rêvé, la première page étant "l'idée latente du rêve") ».

Or je puis fort bien imaginer qu'un homme, voyant l'image déployée, s'écriât : "Oui, *voilà* la solution ! C'est cela que j'ai rêvé, mais sans lacunes ni distorsions" ».

qui l'a conduit à ébaucher sans cesse de « nouveaux tableaux » regroupés dans un « album » de la pensée[1].

Cartographie et généalogie

Sans trop anticiper sur le rapprochement que l'on approfondira plus bas, on peut d'ores et déjà souligner l'écho dont résonnent ces remarques wittgensteiniennes par rapport à la célèbre métaphore leibnizienne de la ville, qui nous a servi de point de départ dans notre introduction. Nous avons déjà mentionné la présence de cette métaphore dans le *Discours de métaphysique*; mentionnons également la façon dont elle s'exprime au § 57 de la *Monadologie*, lorsqu'il est question de la façon dont l'infinité des points de vue sur le monde propres aux différentes monades peut être dépassée dans ce point de vue « synoptique » que serait le point de vue divin :

> Et comme une même ville regardée de différents côtés paroist tout autre et est comme multipliée *perspectivement*, il arrive de même, que par la multitude infinie des substances simples, il y a comme autant de differens univers, qui ne sont pourtant que les perspectives

1. On peut citer le texte complet du passage concerné : « Les remarques philosophiques de ce livre sont, en quelque sorte, des esquisses de paysage nées de ces longs parcours compliqués. / Sans cesse les mêmes points, ou presque les mêmes, ont été abordés à nouveau à partir de directions différentes, et sans cesse de nouveaux tableaux ont été ébauchés. Nombre d'entre eux dessinés de façon maladroite ou imprécise trahissaient tous les défauts d'un médiocre dessinateur. Et une fois ces tableaux-là écartés, il en restait un certain nombre qui étaient à demi-réussis, mais qu'il fallait réorganiser ou même retoucher pour qu'ils présentent à l'observateur le tableau d'un paysage. – Ce livre n'est donc en réalité qu'un album ».

> d'un seul selon les differens *points de veue* de chaque Monade[1].

De ce point de vue, donc, il semble que l'on puisse d'ores et déjà affirmer que la façon dont Wittgenstein envisage sur un mode topographique et perspectiviste la façon dont la philosophie doit quadriller le langage au moyen de ses représentations synoptiques s'inscrivit dans une continuité avec ces mêmes thématiques leibniziennes relatives à l'expression que nous étudions dans cet ouvrage. Or on s'aperçoit que le lexique topgraphique et cartographique n'est rien moins qu'accidentel dans la pensée de Wittgenstein, qui y recourt de façon récurrente dans ses textes méthodologiques. Ainsi, c'est encore cette même métaphore qui est proposée par le philosophe de Cambridge dans ses *Cours sur les fondements des mathématiques*, cette fois-ci au sujet du symbolisme mathématique :

> Je tente de vous faire voyager dans un certain pays. Je tenterai de montrer que les difficultés philosophiques qui apparaissent en mathématiques comme celles qui apparaissent ailleurs surgissent parce que nous nous trouvons dans une ville étrange et que nous ne connaissons pas notre chemin. Aussi nous faut-il

1. G. W. Leibniz, « Monadologie », dans *Principes de la nature et de la grâce, Monadologie et autres textes 1703-1716*, *op. cit.*, § 57. Voir également les « Principes logico-métaphysiques » (dans *Recherches générales sur l'analyse des notions et des vérités. 24 thèses métaphysiques et autres textes logiques et métaphysique*, trad. fr. E. Cattin, L. Clauzade, F. de Buzon, M. Fichant, J.-B. Rauzy et F. Worms, Paris, P.U.F., 1998), p. 462, C521 : « [T]outes les substances singulières créées sont des expressions différentes du même univers et de la même cause universelle, savoir Dieu ; mais elles varient par la perfection de l'expression, comme des représentations scénographiques différentes de la même ville vue de différents points ».

> apprendre la topographie en nous déplaçant d'un lieu de la ville à un autre, et de celui-ci à un autre encore, et ainsi de suite[1].

Au vu de ces métaphores topographiques, il n'est alors plus surprenant de constater que le problème de la représentation synoptique soit chez cet auteur rapporté de façon constante à un ensemble de considérations relatives à la nécessité, pour l'enquête grammaticale, de recourir à cette forme de projection qu'est la cartographie. Cela ressort par exemple de la suite du passage que nous venons de mentionner, et dans lequel Wittgenstein spécifie ce que serait un bon « guide » philosophique :

> C'est là une excellente comparaison. Pour être un bon guide, il faut d'abord montrer aux gens les artères principales. Mais je suis, pour ma part, un très mauvais guide, susceptible de se laisser égarer par des sites pleins d'intérêt mais minuscules, et de dévaler les rues adjacentes avant de vous faire visiter les artères principales.
>
> En philosophie, la difficulté est de trouver son chemin[2].

De la même manière, le lien entre représentation synoptique et travail de cartographie est établi très clairement au début du *Cahier jaune*, lorsque Wittgenstein écrit que « [l]'une des difficultés rencontrées en philosophie est qu'une vue synoptique nous fait défaut », de sorte que « [n]ous rencontrons le genre de difficultés que nous aurions avec la géographie d'un pays dont nous n'aurions pas la carte, ou dont nous ne posséderions

1. L. Wittgenstein, *Cours sur les fondements des mathématiques, Cambridge 1939*, trad. fr. É. Rigal, Mauvezin, TER, 1995, p. 44.

2. L. Wittgenstein, *Cours sur les fondements des mathématiques*, *op. cit.*, p. 44.

que des fragments de carte isolés »; la seule différence entre ce travail de cartographie et la cartographie au sens classique étant que « [l]e pays dont nous parlons est le langage et la géographie est sa grammaire »[1]. Voilà pourquoi également, dans ses *Notes sur l'expérience privée et les sense-data*, Wittgenstein va jusqu'à affirmer qu'« [u]n livre de philosophie pourrait s'intituler "les merveilles de la jungle" »[2]. Là encore, il apparaît donc que la tâche du philosophe, dans son élaboration de représentations synoptiques, est de nous procurer une vision d'ensemble du paysage grammatical. Cette vision d'ensemble doit être suffisamment modélisée et schématique pour nous aider à nous y retrouver, mais suffisamment précise pour éviter les simplifications abusives, les découpages malheureux ou les topologies faussées[3]. Pour dire les choses en termes leibniziens, les représentations synoptiques dont il est question chez Wittgenstein doivent pouvoir exprimer adéquatement la structure de notre langage, de notre grammaire. Elles doivent pouvoir constituer un symbolisme coordonné

1. L. Wittgenstein, « Le cahier jaune », dans *Cours de Cambridge 1932-1935*, trad. fr. É. Rigal, Mauvezin, TER, 1992, p. 43. Voir également la suite de ce passage : « En philosophie, les sujets ne sont pas assez simples pour que nous puissions dire : "Faisons-nous en une idée approximative", car nous n'avons connaissance du pays que par la connaissance des connexions entre les routes ».

2. L. Wittgenstein, « Notes sur l'expérience privée et les sense-data », dans *Philosophica II*, trad. fr. J.-P. Cometti, É. Rigal, Mauvezin, TER, 1999, p. 37.

3. Sur la nécessité d'éviter les topologies faussées, voir le *Big Typescript*, *op. cit.*, § 90, p. 423 : « L'enseignement de la philosophie fait intervenir ces mêmes immenses difficultés que l'on éprouverait dans une leçon de géographie si l'élève amenait avec lui tout un ensemble de représentations fausses et faussement simplifiées sur le cours et sur les rapports [*Zusammenhänge*] des fleuves et des montagnes ».

à la structure des systèmes grammaticaux étudiés, et c'est alors qu'elles nous permettront de nous y orienter efficacement.

Pour toutes ces raisons, on pourrait être tenté de rapprocher la conception wittgensteinienne de la méthode cartographique au projet de cartographie des connaissances développé par les encyclopédistes, projet qui était porté en germe dans l'encyclopédisme leibnizien. Citons par exemple ces remarques de d'Alembert qui associe lui aussi la métaphore de l'arbre à celle de la cartographie, remarques que commente Umberto Eco dans son ouvrage intitulé *De l'arbre au labyrinthe* :

> Mais comme dans les cartes générales du globe que nous habitons, les objets sont plus ou moins rapprochés, et présentent un coup d'œil différent selon le point de vue où l'œil est placé par le Géographe qui construit la carte, de même la forme de l'arbre encyclopédique dépendra du point de vue où l'on se mettra pour envisager l'univers littéraire. On peut donc envisager autant de systèmes différents de la connaissance humaine, que de mappemondes de différentes projections [1].

Cette métaphore de la cartographie comme remède à la désorientation s'articule alors tout naturellement à cette métaphore typiquement leibnizienne qu'est l'image du labyrinthe. Il est à peine nécessaire ici de citer la Préface aux *Essais de Théodicée* :

1. D'Alembert, *Discours préliminaire de l'Encylopédie*, éd. M. Malherbe, Paris, Vrin, 2000, p. 108 ; cité par U. Eco dans *De l'arbre au labyrinthe. Études historiques sur le signe et l'interprétation*, trad. fr. H. Sauvage, Paris, Grasset, 2003, p. 69. Sur la préfiguration de ces considérations par l'encyclopédisme de Leibniz visant une encyclopédie polydimensionnelle traversée d'interconnexions multiples, voir *ibid.*, p. 66-67.

> Il y a deux labyrinthes fameux où notre raison s'égare bien souvent : l'un regarde la grande question *du libre et du nécessaire*; surtout dans la production et dans l'origine du mal ; l'autre consiste dans la discussion de la *continuité* et des *indivisibles* qui en paraissent les éléments, et où doit entrer la considération de l'infini. Le premier embarrasse presque tout le genre humain, l'autre n'exerce que les philosophes. J'aurai peut-être une autre fois l'occasion de m'expliquer sur le second, et de faire remarquer que faut de bien concevoir la nature de la substance et de la matière, on a fait de fausses positions qui mènent à des difficultés insurmontables, dont le véritable usage devrait être le renversement de ces positions mêmes[1].

Or c'est cette même image du labyrinthe qui, à son tour, intervient de façon récurrente dans les textes de Wittgenstein à partir des années trente. C'est le cas en particulier au § 203 des *Recherches philosophiques* où l'on peut lire que : « Le langage est un labyrinthe de chemins. Tu arrives à tel endroit par un certain côté, et tu t'y reconnais ; tu arrives au même endroit par un autre côté, et tu ne t'y reconnais plus »[2]. Le moyen le plus adapté de nous faire sortir d'un tel labyrinthe sera alors, pour le philosophe, de réaliser un travail de signalétique en vue de nous aider à nous réorienter. Dans les termes de notre auteur : « Ma tâche est de vous enseigner la géographie d'un labyrinthe de telle sorte que vous vous y retrouviez entièrement »[3]. Cette même vocation « signalétique » de la philosophie est décrite par Wittgenstein dans cette remarque de 1931 :

1. G. W. Leibniz, *Essais de Théodicée*, Préface, *op. cit.*, p. 29-30.
2. Voir une remarque analogue au Ms 180a : 35v.
3. Ms 162b : 6v.

> La langue a préparé les mêmes pièges à tous ; un immense réseau de faux chemins, où il est aisé de s'engager. Ainsi voyons-nous les hommes s'engager l'un après l'autre sur les mêmes chemins, et nous savons déjà où ils vont dévier, continuant à marcher droit devant eux sans avoir remarqué la bifurcation, etc., etc. À tous les endroits d'où partent de faux chemins je devrais donc placer des pancartes, qui les aideraient à franchir les points dangereux[1].

Dès lors, ce travail « diagrammatique » ou, en termes leibniziens, « expressif » qu'est la cartographie grammaticale de notre langage peut être mis en rapport avec un autre type d'élaboration de diagrammes philosophiques chez Wittgenstein, à savoir avec la construction d'« arbres généalogiques » de nos concepts. Il pourrait d'ailleurs sembler assez surprenant que cette image apparaisse dans les textes wittgensteiniens relatifs à la signification, dans la mesure où le philosophe autrichien récuse en général toute approche dogmatique de cette dernière, de sorte qu'il devrait également se méfier d'un modèle de l'arbre généalogique apparemment destiné à retracer la genèse des significations vers une souche sémantique unique[2]. Malgré cela, et comme le

1. L. Wittgenstein, *Remarques mêlées*, *op. cit.*, p. 18.

2. On peut par exemple mentionner ce qu'écrit Wittgenstein dans le *Cahier bleu* au sujet du concept de personnalité, dont il affirme que sa signification peut être ramifiée en une multitude d'« héritiers », et non se prolonger dans un héritier unique : « Si je suppose, comme je viens de le faire, que ces circonstances ont changé, l'application des termes "personne" et "personnalité" a par là même changé, et si je souhaite conserver ce terme et lui donner une utilisation analogue à son utilisation précédente, j'ai la liberté de choisir parmi de nombreuses utilisations, c'est-à-dire parmi de nombreuses sortes d'analogies différentes. On pourrait dire dans un tel cas que le terme de "personnalité" n'a pas un héritier légitime unique. » (*op. cit.*, p. 62).

montre Jean-Jacques Rosat dans son article consacré à « L'indétermination des concepts psychologiques »[1], Wittgenstein favorise bien cette image de l'arbre généalogique, c'est-à-dire d'un mode de représentation diagrammatique qui, non moins qu'une représentation cartographique, puisse schématiser de façon synoptique les relations entre concepts. C'est ainsi que, dans un passage des *Cours de Cambridge* des années quarante, le philosophe envisage la possibilité d'une synopsis des significations du concept d'identité à travers l'idée d'une « carte familiale » [*family map*]. Cette cartographie familiale présenterait ainsi les ressemblances de famille qui existent entre les usages de ce terme, et c'est à ce titre qu'elle s'apparenterait effectivement à une forme d'arbre généalogique :

> « [M]ême » et « identique » forment une famille d'emplois. […] L'ensemble forme une famille. […] On « établit » l'identité ou la non-identité en mettant le cas à la place qui lui revient sur la carte de sa famille [*family map*][2].

Mais c'est en particulier dans le domaine de la psychologie que Wittgenstein devait chercher à appliquer un tel projet de quadrillage de l'espace conceptuel au moyen de schémas généalogiques. Dans ce cas, en effet, on pourrait vouloir dresser une typologie des catégories psychologiques (émotions, attitudes mentales…), catégories qui, à leur tour, pourraient constituer les racines d'un « arbre généalogique » des concepts, ces derniers

1. Ch. Chauviré, S. Laugier, J.-J. Rosat (éd.), *Wittgenstein : Les mots de l'esprit. Philosophie de la psychologie*, Paris, Vrin, 2001.

2. L. Wittgenstein, *Cours de Cambridge 1946-1947*, trad. fr. É. Rigal, Mauvezin, TER, 2001, p. 239.

étant selon cet auteur susceptibles de connaître de nombreuses « ramifications » au sein desquelles il convient d'apprendre à s'orienter. On lira par exemple ce qui est souligné dans les *Remarques sur la philosophie de la psychologie*, au sujet du concept de « pensée » :

> « Penser », un concept largement ramifié [*wertzweigter*]. Un concept qui renferme de nombreuses manifestations de vie. Les phénomènes de la pensée sont dispersés [1].

Or c'est cette idée de s'orienter au moyen de ces ramifications au moyen d'un arbre généalogique que défend Wittgenstein dans les Cours des années quarante, lorsqu'il fait valoir que « [l]es sentiments sont l'une des rubriques de l'arbre généalogique » [2], et que « [l]'arbre généalogique (inclut) les impressions des sens » [3]. C'est également à un tel programme que se réfère notre auteur dans *Remarques sur la philosophie de la psychologie*, lorsqu'il compare l'arbre généalogique des concepts psychologiques à celui du concept de nombre :

> Je parlerais volontiers d'un arbre généalogique des concepts psychologiques. (Y a-t-il ici une similitude avec l'arbre généalogique des différents concepts de nombre ?) [4]

Un tel arbre généalogique des concepts psychologiques pourrait à son tour gouverner l'organisation d'un manuel

1. L. Wittgenstein, *Remarques sur la philosophie de la psychologie*, trad. fr. G. Granel, Mauvezin, TER, vol. II, 1994, § 221.

2. *Cours de Cambridge 1946-1947*, *op. cit.*, p. 197.

3. *Ibid.*

4. L. Wittgenstein, *Remarques sur la philosophie de la psychologie*, trad. fr. G. Granel, Mauvezin, TER, vol. I, 1989, § 722.

de psychologie idéal[1], dont les différents chapitres correspondraient aux catégories psychologiques ainsi identifiées :

> Pour continuer sur la notion d'arbre généalogique des concepts. Ceux-ci diffèrent du point de vue catégorial. [...] Supposez que vous écriviez un livre de psychologie : dans quel ordre traiteriez-vous des différents sujets ? Naturellement, vous adopteriez un certain ordre. Peut-être diriez-vous : Les cinq sens ont certains points en commun, aussi en traiterons-nous en même temps. Mais cela ne fait que suggérer un quelque-chose-en-commun[2].

Pourtant, malgré cet intérêt pour un modèle en apparence hérité de la biologie évolutionniste et de ses schémas dérivatifs d'explication, il faut bien comprendre le sens que confère Wittgenstein au modèle de l'arbre généalogique : selon Wittgenstein, l'objectif d'une telle représentation n'est pas tant d'expliquer l'origine des significations que d'*exprimer* adéquatement le spectre de leurs différents usages. Tel que Wittgenstein le comprend, ce mode de représentation remplit en effet uniquement une fonction heuristique de cartographie et de schématisation, et cela sans posséder véritablement de

1. *Cf.* L. Wittgenstein, *Cours de Cambridge 1946-1947*, *op. cit.*, p. 216 : « Si je voulais écrire un livre de psychologie, il me faudrait traiter des catégories psychologiques. (L'expression "phénomènes psychologiques" est elle-même bizarre.) ». Sur la question de la classification des concepts psychologiques chez Wittgenstein, voir J. Schulte, *Erlebnis und Ausdruck*, *op. cit.*, chap. 3 (« Klassifizierung psychologischer Begriffe »).

2. L. Wittgenstein, *Cours de Cambridge 1946-1947*, *op. cit.*, p. 317 (traduction modifiée).

sens dérivatif[1]. C'est ainsi que dans les Cours des années quarante, notre auteur insiste sur le fait que ce schéma que constitue l'arbre généalogique des concepts doit toujours être tenu pour ce qu'il est, à savoir un outil heuristique éclairant; au même titre que la théorie picturale de la proposition, il demeure un schéma de pensée qui ne doit jamais se transformer en représentation unilatérale des phénomènes mais au contraire nous orienter dans leur diversité :

> Nous nous servons d'un schéma pour représenter nos différents concepts. [...] « Toute proposition traite d'objets. » « Tout est appris par la sensation. » « La douleur est une sensation. » « C'est également la sensation qui nous apprend la position de nos membres. » C'est ce schéma, selon lequel les concepts psychologiques sont essentiellement des sensations, que nous avons examiné et critiqué[2].

Et c'est en ce sens précis, comme guide d'orientation agissant non pas comme un facteur de dogmatisme, mais comme un outil de prévention contre ce dernier, que l'arbre généalogique des concepts remplit cette même fonction synoptique ou expressive qui est cruciale à la démarche philosophique. Ce point est tout à fait explicite dans le passage suivant des *Remarques sur la philosophie de la psychologie* :

1. Voir justement les critiques que Wittgenstein adresse aux schémas dérivatifs de Darwin, lorsqu'il rejette la façon dont « [d]es ressemblances dans l'apparence externe ont conduit Darwin à l'hypothèse que des espèces animales différentes se seraient développées à partir d'une forme originelle commune. » (*Dictées à Friedrich Waismann et pour Moritz Schlick, Années 1930*, *op. cit.*, « Regard pacifié », p. 156).

2. L. Wittgenstein, *Cours de Cambridge 1946-1947*, *op. cit.*, p. 208 (traduction modifiée).

> L'arbre généalogique des phénomènes psychologiques : ce n'est pas à l'exactitude que je tends, mais à une vue synoptique[1].

Autrement dit, la véritable fonction d'un arbre généalogique des concepts n'est pas de nous faire remonter à l'origine unique de ces derniers, mais bien de nous aider à obtenir une vision claire et expressive des relations et connexions qui existent entre eux, de servir de guide d'orientation au sein des variations conceptuelles, et cela selon un schéma horizontal plutôt que vertical, de telle sorte que les différents concepts aient la faculté de s'éclairer les uns les autres. Dans les termes mêmes de notre auteur :

> L'importance que j'attache à tous ces phénomènes de la vie psychique ne tient pas à ce que je vise à les traiter dans leur intégralité, mais en ce que *chacun* m'apporte un éclairage sur le traitement correct de tous les autres[2].

Examinons à présent plus en détail le rapport qui existe entre ces idées et le perspectivisme qui, chez Leibniz, est corrélatif de l'intérêt pour la notion d'expression.

1. L. Wittgenstein, *Remarques sur la philosophie de la psychologie*, vol. I, *op. cit.*, § 895 (traduction modifiée). Voir un passage semblable dans les *Fiches*, § 464. Ces passages sont commentés par J.-J. Rosat dans « L'indétermination des concepts psychologiques », *op. cit.*, p. 17, et par J. Schulte dans *Erlebnis und Ausdruck*, *op. cit.*, p. 33 *sq*.

2. L. Wittgenstein, *Fiches*, *op. cit.*, § 465.

LEIBNIZ ET WITTGENSTEIN : SYNOPSIS ET PERSPECTIVISME

Synopsis et multiplicité logique

Nous voudrions à présent montrer comment cette valorisation par Wittgenstein des représentations synoptiques et cartographiques s'inscrit en parfaite continuité avec son premier intérêt pour les modèles expressifs tel que nous l'avons présenté au chapitre précédent, et donc aussi avec le modèle de l'expression caractéristique de la pensée classique de Leibniz. À l'appui de cette lecture, on soulignera que malgré l'apparente rupture que l'on allègue souvent entre ces considérations du second Wittgenstein et les idées développées par lui dans sa première philosophie, les influences qui s'y expriment se trouvent être justement les mêmes que celles que nous avons rencontrées plus haut au sujet de la théorie picturale de la proposition, et dont nous avons fait valoir la parenté avec les idées leibniziennes relatives à l'expression. En effet, lorsqu'il met en avant l'importance des représentations synoptiques, Wittgenstein réactive manifestement, et parfois explicitement, la pensée de ces auteurs dont nous avons déjà montré les affinités avec la réflexion classique sur l'expression comme coordination, à savoir Ludwig Boltzmann et Heinrich Hertz. Ainsi, l'exigence de présentations synoptiques ne constitue pas à proprement parler un point d'originalité de la pensée du second Wittgenstein, quelle que soit par ailleurs la tonalité singulière que celui-ci lui confère. Elle était au contraire presque devenue un lieu commun de la théorie de la connaissance du tournant du siècle[1], et c'est ce

1. Pour une généalogie chez Frege, Boltzmann et Hertz de la notion wittgensteinienne d'*Übersicht*, voir G. Baker, P. M. S. Hacker,

topos qui se trouve justement exprimé chez Boltzmann dans divers textes, dont ses *Cours sur la physique expérimentale* où il défend une exigence scientifique de présentation intuitivement claire pour les phénomènes :

> Les phénomènes naturels qui se présentent à nos sens sont d'une diversité si extraordinaire, qu'il serait impossible d'y mettre de l'ordre, s'il n'existait entre eux *des lois de plus grande simplicité* qui gouvernent tout le chaos apparent des phénomènes naturels. La tâche de la science est de rechercher ces lois et de les représenter de façon synoptique [*übersichtlich darzustellen*] [1].

De même, la référence à Hertz est tout à fait franche et explicite lorsque Wittgenstein présente l'ambition thérapeutique qui s'attache à l'élaboration des représentations synoptiques. C'est ainsi que, dans le *Cahier brun*, Wittgenstein fait référence à l'œuvre du physicien pour décrire la façon dont on pourrait soulager nos malaises mentaux provoqués par l'absence de vision claire au sujet d'un problème :

> Et cette question demande réellement : « Qu'est-ce qui s'ajoute au simple fait de voir le dessin quand on le voit tridimensionnellement ? ». Et cependant quelle réponse pouvons-nous attendre à cette question ? C'est la forme de cette question qui cause notre perplexité. Ainsi

An Analytical Commentary on the Philosophical Investigations : Wittgenstein, Understanding and Meaning, Oxford, Blackwell, 1980 (vol. 1), p. 531-545.

1. L. Boltzmann, *Vorlesungen über Experimentalphysik in Graz*, éd. I. M. Fasol-Boltzmann, W. Höflechner, Graz, Akademische Ausdruck, 1998, 3.321. Voir également « Über die Prinzipien der Mechanik », in *Populäre Schriften, op. cit.*, p. 334 : « Or c'est partout la tâche de la science que d'expliquer le compliqué par le plus simple ; ou, si l'on préfère, de le représenter de façon intuitive au moyen d'images empruntées à un domaine plus simple des phénomènes ».

> Hertz dit-il : « *Aber offenbar irrt die Frage in Bezug auf die Antwort, welche sie erwartet* [Mais il est évident que cette question se méprend quant à la réponse qu'elle attend] » (p. 9, *Einleitung, Die Prinzipien der Mechanik*). La question elle-même plaque l'esprit sans recul contre un mur aveugle, l'empêchant par là même de jamais trouver l'issue. Pour montrer à quelqu'un comment sortir, il faut d'abord le libérer de l'influence trompeuse de la question [1].

Or le passage auquel Wittgenstein fait allusion se trouve justement dans les *Principes de la mécanique*, lorsque Hertz défend, comme nous l'avons vu, la nécessité pour la pensée scientifique d'élaborer une image du monde adéquate à ce dernier, exprimant de façon efficace et économique les rapports qui ont cours au sein de la réalité. C'est alors que Hertz critique, par contraste, les images faussées qu'une physique inconséquente attache à certains de ses concepts, comme celui de force. Citons ce passage que Wittgenstein, très significativement, avait un temps projeté de le faire figurer en exergue de ses *Recherches philosophiques* [2] :

> Nous avons associé aux signes de « force » et d'« électricité » bien plus de relations qu'il n'y en a véritablement entre eux. Nous éprouvons cela

1. L. Wittgenstein, *Le Cahier bleu et le cahier brun*, *op. cit.*, p. 169. Voir également *ibid.*, p. 26, où Wittgenstein propose des considérations analogues au sujet de nos embarras relatifs à la notion de temps : « "Qu'est-ce que ?" Cette question témoigne d'une obscurité, d'un inconfort mental ; et elle est comparable à la question "Pourquoi ?" telle que les enfants la posent si souvent. Cela aussi est l'expression d'un inconfort mental, et cela n'appelle pas nécessairement en réponse une cause, ni une raison. (Hertz, *Principes de la mécanique*) ».

2. Ce point est rapporté par exemple par R. Monk, *Wittgenstein, le devoir de génie*, *op. cit.*, p. 36.

> obscurément, nous réclamons un éclaircissement, et exprimons ce souhait confus en posant une question confuse quant à l'essence de la force et de l'électricité. Mais il est évident que cette question se méprend quant à la réponse qu'elle attend. Elle ne saurait être satisfaite par la connaissance de relations et connexions nouvelles et supplémentaires, mais bien par la suppression des contradictions entre celles qui existent déjà ; et donc peut-être par une réduction du nombre des relations existantes. Une fois supprimées ces douloureuses contradictions, la question de l'essence de la force et de l'électricité n'appellera plus de réponse ; mais notre esprit, n'étant plus au supplice, cessera de poser des questions pour lui illégitimes [1].

Le fait que le second Wittgenstein propose ses réflexions sur la synopticité à travers une référence aux mêmes auteurs qui servaient déjà d'arrière-plan à sa première théorie de la proposition n'est donc nullement un hasard : cela témoigne du fait que c'est toujours ce même paradigme de l'expression coordinative qui gouverne sa conception de la représentation et de la pensée, de telle sorte que sa seconde philosophie ne s'articule pas

1. H. Hertz, *Die Prinzipien der Mechanik*, introduction, *op. cit.*, p. 9. On notera déjà que de telles considérations relatives aux difficultés théoriques qui s'enracinent dans un usage fautif des mots et des images prolongent déjà certains lieux de la pensée classique, et singulièrement dans celle de Leibniz. Voir notamment les *Nouveaux essais sur l'entendement humain*, Livre II, chap. XXIX, *op. cit.*, p. 200-201 : « Et de là naissent une infinité de disputes vagues et vaines dans la conversation, dans les auditoires et dans les livres, qu'on veut vider quelquefois par les distinctions, mais qui le plus souvent ne servent qu'à embrouiller davantage en mettant à la place d'un terme vague et obscur d'autres termes encore plus vagues et plus obscurs, comme sont souvent ceux que les philosophes emploient dans leurs distinctions, sans en avoir de bonnes définitions. »

moins que la première aux notions classiques qui nous intéressent ici.

Or il est à cet égard frappant de constater que la pensée de la synopticité proposée par le Wittgenstein postérieur au tournant de 1929 repose sur l'idée de projection d'une multiplicité logique dans une autre, idée qui était, comme nous l'avons vu, au cœur de sa première théorie de la coordination expressive entre modèle propositionnel et réalité [1]. Lisons, en particulier, ce passage des *Remarques sur la forme logique* de 1929 qui définit la tâche de la philosophie comme un travail de transposition d'une multiplicité logique dans une autre, dans un but de synopticité :

> L'idée est d'exprimer dans un symbolisme approprié ce qui, dans le langage ordinaire, conduit à des méprises sans fin. Cela veut dire que là où le langage ordinaire masque la structure logique, là où il autorise la formation de pseudo-propositions, là où il emploie un terme dans une infinité de significations différentes, nous devons lui substituer un symbolisme qui donne à voir clairement la structure logique, exclut les pseudo-propositions, et emploie les termes d'une façon qui ne soit pas ambiguë. Ou nous ne pouvons substituer un symbolisme clair à un symbolisme imprécis qu'en examinant les phénomènes

1. De ce point de vue, on peut souligner que la formation d'ingénieur de Wittgenstein et son intérêt corrélatif pour le dessin perspectif n'a pas moins influencé sa seconde que sa première philosophie. Ce point est développé par M. Kross dans son article : « Wittgensteins Techniken oder : der Ingenieur als Philosoph », *in* R. Haller, K. Puhl (eds.), *Wittgenstein und die Zukunft der Philosophie. Eine Neubewertung nach 50 Jahren*, Vienne, Hölder-Pichler-Tempsky, 2002.

que nous souhaitons décrire, et en essayant par ce biais de saisir leur multiplicité logique[1].

Ces remarques sont tout à fait remarquables, dans la mesure où elles reprennent à leur compte l'idée fondamentale du *Tractatus* d'une projection d'une multiplicité logique dans une autre, ou dans un autre symbolisme ; à cette différence près qu'il ne s'agit plus désormais de présenter par son biais le fonctionnement de la proposition, mais de décrire la méthode adoptée par la philosophie comme clarification des pensées par l'adoption d'un symbolisme synoptique. En d'autres termes, on peut considérer qu'à partir de 1929, Wittgenstein continue à approuver le modèle de la projection expressive d'une multiplicité logique dans une autre, sauf qu'il se sert désormais de ce modèle, non plus pour rendre compte du rapport de la proposition au monde, mais en vue d'expliciter la tâche et la méthode de la philosophie lorsqu'elle recherche un mode d'expression synoptique et éclairant. Or de telles approches peuvent sans difficulté être rapprochées de certaines considérations leibniziennes qui, à leur tour, insistent sur la nécessité d'adopter un symbolisme expressif approprié en vue de résoudre les problèmes théoriques qui s'imposent à la pensée. Citons ce texte de 1676 qui est analysé par W. Kneale dans son article déjà mentionné :

> J'apprends chaque jour par des exemples frappants que tout l'art de résoudre des problèmes et de découvrir des théorèmes, lorsque la chose examinée ne se prête pas à l'imagination ou est trop vaste, en revient à faire en sorte que la chose soit soumise à l'imagination au

1. L. Wittgenstein, *Remarques sur la forme logique*, trad. fr. É. Rigal, Mauvezin, TER, 1985, p. 16.

> moyen de symboles ou de résumés [*characteribus sive compendiis*], et que ces objets qui ne peuvent être dépeints, comme les intelligibles, soient néanmoins dépeints par quelque méthode hiéroglyphique, mais qui soit uniforme et scientifique. Cela se produit si nous ne poursuivons pas, comme les peintres, les mystiques ou les Chinois, certaines ressemblances particulières, mais suivons l'idée de la chose elle-même[1].

Dans ce passage également, Leibniz insiste donc sur la nécessité de découvrir un symbolisme approprié permettent de résoudre les problèmes en aidant l'imagination à se figurer l'ordre des questions sous un jour synoptique et synthétique (« hiéroglyphique »), et cela en produisant une représentation non pas mimétique mais expressive pour les problèmes à aborder. Il semble effectivement que ce soit cette méthode que poursuive à son tour le second Wittgenstein, en demandant à la philosophie d'élaborer un symbolisme synoptique capable de restituer la multiplicité logique du langage, et d'exclure par là les faux problèmes issus de méprises quant à sa structure logique. Examinons alors plus en détail quelles pourraient être les médiations entre cet héritage leibnizien et la conception wittgensteinienne de la synopticité.

Expression et synopticité : une médiation goethéenne

Avant d'étudier le rapprochement qui peut être effectué entre le perspectivisme de Wittgenstein et celui que Leibniz associe à sa philosophie de l'expression, on peut commencer par montrer que la démarche

1. GM V, p. 216, cité par W. Kneale dans « Leibniz and the picture theory of language », *op. cit.*, p. 208.

synoptique proposée par le philosophe autrichien se fait bien l'héritière d'une certaine tradition de la pensée allemande, notamment à travers la médiation de Goethe. En effet, il est tout à fait connu que les réflexions wittgensteiniennes sur la synopticité se mettent en place à l'occasion d'un dialogue implicite avec les orientations adoptées par le savant allemand dans le cadre de sa méthode morphologique[1]. La volonté d'obtenir une vision d'ensemble de la nature et de la structure de son développement est ainsi quelque chose dont Goethe lui-même fait état dans ses Mémoires relatifs à l'histoire de ses idées botaniques :

> Lors d'un voyage hâtif à travers l'Allemagne du sud pour franchir les Alpes et gagner la Lombardie, un regard calme et modeste pouvait aussitôt faire naître la conviction *qu'il faudrait toute une vie pour avoir une vue d'ensemble* et mettre en ordre la vivante et libre activité d'un domaine particulier de la nature. [...] Je m'imaginais donc d'une part banni de ce champ infini et ne pouvais accepter un tel bannissement. Je pressentais, je sentais qu'il pouvait se trouver une autre voie pour moi, analogue à ce qu'avait été le reste de mon itinéraire dans la vie[2].

C'est donc effectivement cette préoccupation pour l'obtention d'une « vue d'ensemble » et pour la mise en ordre de « la vivante et libre activité d'un domaine

1. Nous renvoyons par exemple à notre article : « Synoptic Views vs. Primal Phenomena : Wittgenstein on Goethe's Morphology », in *Wittgenstein : Issues and Debates*, éd. J. Padilla Galves, E. Lemaire, Ontos Verlag, 2010.

2. J. W. von Goethe, *Geschichte meines botanischen Studium* (*Entwurf*), cité par E. Cassirer dans *Liberté et forme. L'idée de la culture allemande*, *op. cit.*, p. 226 (nous soulignons).

particulier de la nature » qui devait animer la méthode morphologique de Goethe, méthode que le savant définit comme une étude de la forme, de la formation et de la transformation des corps. La tâche essentielle de ce mode d'enquête sur la nature consistera alors à étudier les métamorphoses des phénomènes naturels à partir d'un phénomène originel [*Urphänomen*] [1] compris comme paradigme ou comme image primitive [*Urbild*] des différentes formes qui peuvent se développer à partir de lui. C'est ainsi une telle image primitive qui est recherchée dans cette « plante originelle » dont Goethe, dans un passage célèbre, rapporte avoir eu l'intuition en visitant le jardin botanique de Palerme [2]. Cependant, si le savant a pu initialement partager une approche

1. Voir par exemple le § 175 du *Traité des couleurs* : « C'est à partir de là que, peu à peu, tous les phénomènes apparaissent soumis à des règles et à des lois supérieures qui se révèlent non par des mots et des hypothèses, mais par des phénomènes à notre vue intuitive. Nous nommons ceux-ci phénomènes originels, car rien dans ce qui se manifeste visiblement n'est au-dessus d'eux, tandis qu'ils sont en revanche parfaitement aptes à nous faire revenir par degrés le long de la voie par laquelle nous nous étions élevés jusqu'au cas le plus commun de l'expérience quotidienne. », trad. fr. H. Bideau, Paris, Triades, 1973).

2. *Cf.* J. W. von Goethe, *La Métamorphose des plantes et autres écrits botaniques*, trad. fr. H. Bideau, Paris, Triades, 1992, « Objet et méthode de la morphologie », p. 101 : « Dès lors que je pouvais rassembler [les plantes] sous un concept unique, il m'apparut peu à peu de plus en plus clairement que le regard pourrait être vivifié jusqu'à atteindre un mode d'observation plus élevé encore, exigence qui à cette époque était présente à mon esprit sous la forme sensible d'une plante primordiale suprasensible. Je suivais toutes les transformations telles que je les rencontrais, et c'est ainsi qu'au terme ultime de mon voyage, en Sicile, apparut clairement à mes yeux l'*identité originelle* de toutes les parties du végétal, que je cherchais dès lors à retrouver partout, à percevoir partout ».

réaliste des paradigmes, le fait est qu'il devait évoluer toujours davantage vers une approche heuristique faisant de l'*Urphänomen* une simple idée destinée à favoriser l'obtention de représentations synoptiques dans les sciences naturelles. C'est une telle évolution qu'il relate notamment dans son texte intitulé « Un événement heureux », en rapportant la façon dont, en 1793, il devait sous l'influence de Schiller se convertir à l'interprétation selon laquelle l'*Urpflanze* ne serait pas une plante réelle, mais plutôt une idée en un sens kantien. Car tandis que le savant venait d'exposer avec enthousiasme cette hypothèse de la plante primordiale au jeune Schiller, celui-ci lui opposa la remarque suivante : « Ce n'est pas une expérience, c'est une idée »[1]. Dès lors, on comprend aussi que la fonction véritable d'une telle idée est, en définitive, de rendre possible l'obtention d'une vision synoptique des formes naturelles et de leur développement. C'est cette fonction synoptique propre à cette idée typique qu'est l'*Urbild* que Goethe explicite également dans certains de ses textes consacrés à l'anatomie, où l'élaboration d'une « image universelle » est présentée comme la condition de possibilité pour l'obtention d'une « vue d'ensemble » des phénomènes étudiés :

> On a comparé les animaux avec l'homme, ainsi que les animaux entre eux; ce travail faisait toujours apparaître quelque chose de particulier, de sorte que, par cette accumulation des détails, l'obtention d'une quelconque vue d'ensemble [*Überblick*] devenait toujours plus impossible. C'est pourquoi on trouvera

1. J. W. von Goethe, « Un événement heureux », dans *La Métamorphose des plantes*, *op. cit.*, p. 195.

> ici la proposition d'un type anatomique, d'une image universelle, dans laquelle seraient contenues les formes des animaux dans leur ensemble, selon ce qui est possible, et en fonction de laquelle on décrirait chaque animal dans un certain ordre [1].

Or c'est effectivement d'une telle démarche morphologique associant images primitives et visions d'ensemble que s'inspire Wittgenstein dans le cadre de l'élaboration de sa propre méthode synoptique. C'est là ce qu'il signale explicitement dans ses *Dictées à Waismann et pour Schlick* en affirmant que ce qu'il fait « rejoint d'une certaine manière les vues goethéennes sur la métamorphose des plantes » [2]. Cette remarque est alors explicitée par le philosophe autrichien à travers une allusion à la conversation avec Schiller dont le point est de montrer la valeur strictement synoptique de l'idée d'image originelle :

> La conception des « plantes originelles » vient de Goethe ; encore y a-t-il vu seulement une idée, et rien de réel. Mais quel problème cette idée résout-elle au juste ? *Le problème de la présentation synoptique* [3].

Dans le cas de Wittgenstein, l'application de cette méthode goethéenne reposant sur l'emploi de paradigmes ou *Urbilder* en vue de ressaisir de façon unitaire la multiplicité des phénomènes se réalise à travers la méthode des jeux de langage. Avec ce mode d'analyse, il s'agit en

1. J. W. von Goethe, « Entwürfe zu einem osteologischen Typus », in *Schriften zur Morphologie*, éd. D. Kuhn, Deutscher Klassiker Verlag, 1987, p. 229.

2. L. Wittgenstein, *Dictées à Friedrich Waismann et pour Moritz Schlick, Années 1930*, « Regard pacifié », *op. cit.*, p. 156.

3. *Ibid.*

effet de comprendre le fonctionnement pluriel de notre langage à travers l'invention de situations fictives ayant valeur de modèles permettant au philosophe d'isoler tel ou tel trait de la grammaire de nos concepts[1]. C'est en ce sens que « [l]'étude des jeux de langage est l'étude de formes primitives du langage, ou de langages primitifs », de même que la morphologie goethéenne repose sur une étude des formes naturelles primitives. Et c'est alors également que les jeux de langage peuvent, au même titre que les paradigmes goethéens, valoir comme centres de variations ou comme pôles de regroupement en vue de percevoir de façon unitaire les usages pluriels du discours. On peut à cet égard se référer à ce passage de la *Grammaire philosophique* :

> Quand nous considérons l'usage réel d'un mot, nous voyons quelque chose de fluctuant.
> Dans nos considérations, à ce fluctuant, nous opposons quelque chose de plus ferme. Tout comme sur le tableau [*Abbild*] on fixe l'aspect [*Bild*] toujours changeant d'un paysage[2].

Ici, donc, il s'agit de comprendre comment la pluralité du sens des mots peut être reconduite à un paradigme se laissant décliner en une pluralité d'images. On comprend ainsi que la référence wittgensteinienne à la méthode goethéenne n'est pas une simple déclaration de principe, mais qu'elle se traduit à travers une méthode

1. Voir la définition du jeu de langage dans *Le Cahier bleu* : « À l'avenir, j'attirerai inlassablement votre attention sur ce que j'appellerai des jeux de langage. Ce sont des manières d'utiliser des signes plus simples que celles dont nous utilisons les signes de notre langage quotidien, qui est extrêmement compliqué » (*Le Cahier bleu et le cahier brun*, p. 17).

2. L. Wittgenstein, *Grammaire philosophique*, I, III, § 36.

concrète visant à regrouper dans ce paradigme qu'est le jeu de langage les différents emplois des mots qui, si différents qu'ils puissent sembler, continuent malgré tout à « s'entrexprimer ». Voilà pourquoi également, dans ses *Remarques sur le Rameau d'or de Frazer*, Wittgenstein fait écho au célèbre poème adressé à Christiane Vulpius par lequel Goethe, en annexe des *Cahiers de morphologie*[1], cherche à décrire le dépassement de l'apparente multiplicité des formes naturelles au sein de l'image originelle : « Toutes ces formes sont semblables, aucune à l'autre n'est pareille ; / Ainsi renvoie ce chœur à une loi secrète, / Une énigme sacrée »[2]. Or ce sont ces vers que Wittgenstein réinvestit à son tour lorsqu'il s'efforce de révéler le véritable sens de la démarche anthropologique de Frazer et des hypothèses d'évolution sur lesquelles elle repose, sens qui est synoptique plutôt qu'historique ou empirique :

> « Et ainsi le chœur *indique* une loi secrète » a-t-on envie de dire de la manière dont Frazer groupe les faits. Cette loi, cette idée, je peux la représenter maintenant par une hypothèse d'évolution ou encore, de façon analogue au schéma d'une plante, par le schéma d'une cérémonie religieuse, mais aussi par le groupement du matériau factuel seul, dans une présentation « *synoptique* »[3].

On notera au reste que méthode wittgensteinienne appuyée sur une application au langage des principes morphologiques de Goethe n'est pas sans évoquer la façon dont Claude Lévi-Strauss, dans ses études

1. In *La Métamorphose des plantes*, *op. cit.*, p. 179.
2. *Ibid.*, p. 181.
3. L. Wittgenstein, *Remarques sur le Rameau d'or de Frazer*, trad. fr. J. Lacoste, Paris, L'Âge d'homme, 1982, p. 21.

mythologiques, étudie les relations d'expression et de symétrie qui existent entre les différents mythes en les reconduisant, eux aussi, à un paradigme se laissant décliner en différentes images. On mentionnera ainsi ce passage de *L'Homme nu* dans lequel Lévi-Strauss compare les mythes klamath et modoc en soulignant qu'ici, « la pensée mythique imprime à une série de variantes des déformations successives qui préservent l'unité du groupe, tout en maintenant une physionomie originale à chaque état », de sorte que « leur paradigme, déformé par l'idéologie des tribus adjacentes, projette sur cet écran autant d'images dont la structure globale relève toujours du même groupe de transformation »[1]. Ainsi, la méthode identifie un mythe ayant valeur de paradigme ou de pôle de variations (dans les *Mythologiques*, le mythe du « dénicheur d'oiseau »). Le mythe en question apparaît alors comme une sorte d'*Urphänomen* du mythe, dont les différents récits mythologiques étudiés par l'anthropologue se révèlent progressivement être des variations reposant sur des procédures d'homologie voire de symétrie ou d'inversion vis-à-vis de ce centre de regroupement. Ce n'est alors pas un hasard si, à la toute fin de *L'Homme nu*, Lévi-Strauss revient sur sa méthode structuraliste visant à dégager l'unité du mythe au sein même de sa diversité foisonnante en se référant précisément à ces mêmes vers de Goethe que choisit Wittgenstein pour illustrer sa propre méthode :

> [N]ul mythe ou version de mythe n'est identique aux autres, et […] chaque mythe, en paraissant insister gratuitement sur un détail insignifiant et s'y appesantir

1. C. Lévi-Strauss, *L'Homme nu* (*Mythologiques IV*), Paris, Plon, 1971, rééd. 2009, p. 123.

> sans raison avouée, cherche en fait à dire le contraire de ce que dit à ce sujet un autre mythe : aucun mythe n'est semblable. Pourtant, pris dans leur ensemble, ils reviennent tous à la même chose et, comme Goethe l'affirme des plantes, « leur chœur guide vers une loi cachée » [1].

Or il est significatif que, dans un passage de *Liberté et forme*, Cassirer présente ces mêmes vers de Goethe que citent tout à la fois Wittgenstein et Lévi-Strauss comme un héritage de la pensée leibnizienne, qui culmine à ses yeux non pas dans la doctrine moderne de l'évolution, mais bien davantage dans la pensée goethéenne de la métamorphose :

> Grâce à cette harmonie, chaque forme est en rapport avec les autres tout en préservant son caractère original. Ce n'est pas la doctrine moderne de l'évolution mais le concept goethéen de « métamorphose » qu'il faut anticiper si l'on veut se représenter cette vision fondamentale qui gouverne la biologie de Leibniz.

1. C. Lévi-Strauss, *L'Homme nu*, *op. cit.*, p. 620. Voir également *ibid.*, p. 605 au sujet de cette comparaison entre étude de la transformation des mythes et étude morphologique des transformations biologiques : « Ce qui précède aide à comprendre pourquoi les spéculations de Dürer dans ses *Livres... des portraits des corps humains*, celles de Goethe dans la *Métamorphose de plantes*, reprises et généralisées par D'Arcy Mentworth Thompson qui leur a donné un statut scientifique, conservent aujourd'hui leur portée. Le biologiste anglais a montré qu'en faisant varier les paramètres d'un espace de coordonnées, on pouvait, par une série de transitions continues, passer d'une forme vivante à une autre forme vivante, et déduire à l'aide d'une fonction algébrique les contours sensibles – on aimerait presque dire le graphisme irremplaçable et le style – qui permettent de distinguer par leur forme, au premier coup d'œil, deux ou plusieurs sortes de feuilles, de fleurs, de coquilles ou d'os, ou même des animaux entiers, pourvu que les êtres comparés appartiennent à la même classe botanique ou zoologique ».

> Toutes les figures sont analogues et aucune n'est identique aux autres et ainsi le chœur laisse présager une loi secrète, une sainte énigme[1].

Si, donc, on suit jusqu'au bout cette généalogie ; si l'on prend au sérieux l'idée selon laquelle ces mêmes idées goethéennes sur lesquelles s'appuie Wittgenstein dans le cadre de ses idées sur la synopticité s'enracinent à leur tour dans la doctrine leibnizienne et, singulièrement, dans sa pensée de l'expression, alors il ne semble effectivement pas absurde de considérer les conceptions adoptées par le second Wittgenstein comme héritières de la théorie classique de l'expression. Là encore, il ne fait aucun doute que l'intérêt du second Wittgenstein pour une cartographie grammaticale de nos systèmes conceptuels n'est en aucune manière privée d'historicité, mais s'enracine au contraire dans l'histoire fondamentale de la pensée germanophone, histoire dont nous allons voir à présent comment on peut la faire remonter non seulement jusqu'à Goethe, mais même jusqu'à Leibniz[2].

Expression, perspectivisme et « ressemblances de famille »

Une première façon possible de rapprocher Wittgenstein et Leibniz lorsqu'il s'agit de l'intérêt pour la synopticité comme expression de la structure de notre langage serait de comparer le projet wittgensteinien

1. E. Cassirer, *Liberté et forme. L'idée de la culture allemande*, *op. cit.*, p. 59.

2. Pour l'esquisse d'une telle généalogie, voir l'ouvrage de R. Fabbrichesi Leo et F. Leoni, *Continuità e variazione : Leibniz, Goethe, Peirce, Wittgenstein con un'incursione kantiana*, Milan, Mimesis, 2005.

de grammaire philosophique au projet leibnizien d'établissement d'une grammaire rationnelle tel qu'il s'associe à l'idée d'une langue universelle[1], projet qui envisage d'identifier une structure syntaxique fondamentale dont on pourrait ensuite dériver celle des langues naturelles. Ce n'est pourtant pas un tel point de départ que nous adopterons ici. En effet, ces deux démarches sont en réalité fort différentes puisque, chez Wittgenstein, la grammaire philosophique consiste à cartographier l'organisation conceptuelle du langage au moyen de représentations synoptiques tandis que, chez Leibniz, le projet de grammaire rationnelle vise à dégager, sur la base d'une analyse de notions primitives, une structure formelle commune aux différentes langues en usage[2]. En revanche, il reste possible de comparer la recherche de synopticité perspective que Wittgenstein associe à son projet de grammaire philosophique à des thématiques leibniziennes. Plus fondamentalement, ce type de considérations relatives à l'idéal de synopticité peuvent se laisser réinscrire dans des idéaux encore antérieurs, notamment à l'idéal de *perspicuitas* caractéristique de la Renaissance, aspirant à un regard mathématisé et intelligent capable de saisir d'un seul coup d'œil les multiples facettes des choses[3]. Or ce sont des finalités

1. Voir en particulier G. W. Leibniz, « *Lingua rationalis* », *in* GVII, p. 28 *sq*. Le projet leibnizien de grammaire rationnelle est présenté en détail par H. Knecht dans *La logique chez Leibniz*, *op. cit*., p. 158 *sq*.

2. Sur ce projet, voir G. Romeyer Dherbey, « Leibniz et le projet d'un langage exclusivement rationnel », in *Analyses et réflexions sur le langage*, Paris, Ellipses, 1986, vol. 2.

3. Sur ces questions, voir notamment B. van Fraassen, *Scientific Representation : Paradoxes of Perspectives*, Oxford, Clarendon Press, 2008, p. 62 *sq*., où il est question du perspectivisme développé par Leon Battista Alberti.

comparables qui s'expriment dans le perspectivisme de Leibniz, perspectivisme dont les principes sont par exemple formulés dans l'Appendice à la Lettre à Des Bosses du 5 février 1712, à travers une opposition entre le point de vue situé de la scénographie et le point de vue géométrique de l'ichnographie (lequel est aussi celui de Dieu) :

> Si les corps sont des phénomènes dont nous jugeons d'après nos apparences, ils ne seront pas réels, puisqu'ils apparaissent autrement à chacun. C'est pourquoi la réalité des corps, de l'espace, du mouvement et du temps consiste, me semble-t-il, en ce qu'ils sont phénomènes de Dieu, ou objet de la science de vision. Et entre la façon dont apparaissent les corps à nous et à Dieu, il y a une différence du même ordre qu'entre la scénographie et l'ichnographie. Car les scénographies sont diverses en fonction du *situs* du spectateur, mais l'ichnographie ou représentation géométrique est unique ; aussi bien, Dieu voit-il exactement les choses telles qu'elles sont suivant la vérité géométrique, bien qu'il sache aussi comment chaque chose apparaît à chacun ; et ainsi, il contient en lui éminemment toutes les autres apparences [1].

Dès lors, la monade qui, quant à elle, ne possède pas un tel point de vue géométrique apparaît, comme une sorte de « centre de variation » doué d'un point de vue dont la qualité pourra s'accroître à mesure que l'on croisera les différentes projections perspectives possibles. C'est ce point que souligne par exemple Rossella Fabbrichesi Leo :

1. G. W. Leibniz, Appendice à la Lettre du 5 février 1712, dans *L'être et la relation. Lettres de Leibniz à Des Bosses*, *op. cit.*

> La substance leibnizienne n'est pas entendue comme un substrat, mais comme un nœud de relations, une occasion de traversée. C'est la relation, le transit, le passage qui domine la scène : non pas le point comme élément discret, cause de nombreux effets successifs, mais le point comme résultat d'angles et de tracés différents, comme pur *centre de variations*. Privée de parties, la monade est traversée par la continuité de ses projections relationnelles, infinis anneaux intermédiaires qui l'identifient au monde entier, qui annulent toute distance, toute dyscrasie entre elle et n'importe quelle altérité[1].

Or cette idée de centres de variation est justement centrale à la méthode du second Wittgenstein, chez qui l'élaboration de représentations synoptique suppose essentiellement que l'on s'appuie sur certains concepts ou « jeux de langage » primitifs qui serviront effectivement de pivot pour ressaisir la variété des formes que peut revêtir le discours. Lisons par exemple ces remarques relatives à la façon dont le philosophe peut analyser les jeux de langage relatifs au désir :

> Mais si je décris le jeu de langage primitif relatif à l'expression du désir, je donne un centre de variation. Si un mur possédait un éventail de couleurs, je pourrais indiquer des emplacements purs du champ. Je puis donc indiquer *un emploi simple* ; je ne m'en sers pas comme paradigme[2].

1. R. Fabbrichesi Leo, *Continuità e variazione : Leibniz, Goethe, Peirce, Wittgenstein con un'incursione kantiana*, *op. cit.*, p. 25.

2. L. Wittgenstein, *Cours de Cambridge 1946-1947*, *op. cit.*, p. 25. Voir également la *Grammaire philosophique*, I, III, § 36 « Quand nous considérons l'usage réel d'un mot, nous voyons quelque chose

Chez Wittgenstein comme chez Leibniz, c'est donc la mise en place de tels centres de variation qui, à défaut d'une vision géométrique parfaite, rendra possible l'élaboration de représentations perspectives exprimant au mieux les relations propres à ce qui est exprimé. Dès lors, nous pourrions également mettre en lumière certains rapprochements entre le perspectivisme leibnizien et la philosophie des « ressemblances de famille » que propose Wittgenstein, philosophie pluraliste qui est corrélative de cette insistance sur la nécessaire multiplication perspective des points de vue. Selon Wittgenstein, en effet, la signification des concepts est quelque chose de fondamentalement complexe, pluriel et fluctuant, que l'on ne peut embrigader au sein d'une définition unique ou définitive. C'est la raison pour laquelle l'enquête sur les significations ne pourra que prendre la forme d'un « album » regroupant une pluralité de figures au sein de portraits de famille :

> [L]e résultat de cet examen est que nous voyons un réseau complexe de ressemblances qui se chevauchent et s'entrecroisent. Des ressemblances à grande et à petite échelle.
>
> Je ne saurais mieux caractériser ces ressemblances que par l'expression d'« air de famille »; car c'est de cette façon-là que les différentes ressemblances existant entre les membres d'une même famille (taille, traits du visage, couleur des yeux, démarche, tempérament, etc.) se chevauchent et s'entrecroisent[1].

de fluctuant. / Dans nos considérations, à ce fluctuant, nous opposons quelque chose de plus ferme. Tout comme sur le tableau [*Abbild*] on fixe l'aspect [*Bild*] toujours changeant d'un paysage ».

1. RP, § 66-67.

Et c'est justement une telle situation qui, à son tour, justifie que l'on applique à l'analyse conceptuelle la méthode cartographique et généalogique au sens que nous avons explicité plus haut, comme étude schématisante des variations auxquelles se prête un seul et même concept. C'est ce point qu'illustre Wittgenstein à travers l'image empruntée à William James des variations dont peut faire l'objet un motif au sein d'un tapis :

> Si la vie était un tapis, le motif dans celui-ci [...] ne serait pas le lieu de variations constantes, complètes et multiples. Mais nous, dans notre monde conceptuel, ce que nous voyons toujours, c'est le Même qui revient sans cesse avec des variations. C'est la façon que nos concepts ont d'appréhender le Même. Car la destination de nos concepts n'est pas de n'être employés qu'en une occasion.
>
> Et dans un tapis, un motif est entrelacé de nombreux autres motifs [1].

Si l'on en croit cette métaphore, l'étude des formes linguistiques devra là encore se présenter comme la recherche d'une représentation synoptique exprimant de façon synthétique et structurelle les infinies variations dont un concept peut faire l'objet au gré de ses applications. Or on pourrait voir dans cette insistance wittgensteinienne sur les variations continues des motifs une application à la sphère du langage de la loi de continuité proposée par Leibniz [2], loi selon laquelle « la nature ne

1. L. Wittgenstein, *Fiches*, § 567-568. Cette métaphore et son origine jamesienne sont étudiées par J.-J. Rosat dans son article : « Les motifs dans le tapis », dans *Wittgenstein, dernières pensées*, éd. J. Bouveresse, S. Laugier, J.-J. Rosat, Marseille, Agone, 2002

2. Telle est l'interprétation de R. Fabbrichesi Leo dans *Continuità e variazione : Leibniz, Goethe, Peirce, Wittgenstein con un'incursione kantiana*, *op. cit.*, p. 23.

fait pas de sauts »[1]. Bien entendu, on peut faire valoir certaines différences entre perspective wittgensteinienne et leibnizienne, notamment quant au refus radical de l'essentialisme qui se voit ou non associé à une telle loi de continuité. Chez Wittgenstein, en effet, la corrélation qui existe entre démarche synoptique et insistance sur le modèle des ressemblances de famille exprime un franc refus de l'essentialisme[2] : c'est parce que les concepts ne renvoient pas à une essence fixe ou unique que la philosophie, dans son travail d'analyse, peut au mieux cartographier les systèmes conceptuels en produisant des représentations qui en expriment la multiplicité logique. Chez Leibniz, en revanche, l'insistance sur la loi de continuité n'implique pas une adhésion complète à la doctrine nominaliste, et reste compatible avec l'idée selon laquelle il existe des espèces objectives fondées dans la possession de caractères internes chez les individus : c'est pourquoi le rapport d'entr'expression qui s'établit entre les différentes substances s'établit ici sur la base d'une détermination d'essence[3]. Mais malgré

1. Voir les *Nouveaux essais sur l'entendement humain*, Livre IV, chap. XVI, *op. cit.*, p. 374 : « Tout va par degrés dans la nature, et rien par saut, et cette règle à l'égard des changements est une partie de ma loi de continuité ».

2. C'est cette critique de l'essentialisme qui est au fondement du rejet par Wittgenstein de ce qu'il désigne comme une « soif de la généralité », celle-ci étant comprise comme une « tendance à chercher quelque chose de commun à toutes les entités que nous subsumons communément sous un terme général », *Le cahier bleu et le cahier brun*, *op. cit.*, p. 17.

3. *Cf.* G. W. Leibniz, *Nouveaux essais sur l'entendement humain*, Livre IV, chap. XVI, *op. cit.*, p. 255-256 : « Je ne sais pourquoi on veut toujours chez vous faire dépendre de notre opinion ou connaissance les vertus, les vérités et les espèces. Elles sont dans la nature, soit que nous le sachions et approuvions, ou non. En parler autrement, c'est changer le nom des choses et le langage reçu sans aucun sujet.

l'abandon plus radical par Wittgenstein de toute forme d'essentialisme dans sa philosophie de la synopticité, il reste que le principe wittgensteinien des ressemblances de famille (qui insiste sur l'infinie variété des nuances de sens qui peuvent s'attacher à un concept) peut être mis en corrélation avec le principe leibnizien de l'identité des indiscernables, qui repose lui aussi sur l'idée d'une gradation continue entre les différents individus regroupés au sein d'une espèce, et dont aucun n'est parfaitement semblable à l'autre. Dans les termes des *Nouveaux essais* :

> De cette façon deux individus physiques ne seront jamais parfaitement d'une espèce, car ils ne seront jamais semblables, et, qui plus est, le même individu passera d'espèce en espèce, car il n'est jamais semblable en tout à soi-même au-delà d'un moment. Mais les hommes établissant des espèces physiques ne s'attachent point à cette rigueur et il dépend d'eux de dire qu'une masse qu'ils peuvent faire retourner eux-mêmes sous la première forme demeure d'une même espèce à leur égard [1].

Dans un cas comme dans l'autre, c'est donc en définitive cette variabilité potentiellement infinie des formes (naturelles chez Leibniz, linguistiques chez Wittgenstein) qui justifie l'adoption d'une méthode

[…] Entre les différences spécifiques purement logiques, où la moindre variation de définition assignable suffit, quelque accidentelle qu'elle soit, et entre les différences spécifiques, qui sont purement physiques, fondées sur l'essentiel ou immuable, on peut mettre un milieu, mais qu'on ne saurait déterminer précisément ; on s'y règle sur les apparences les plus considérables, qui ne sont pas tout à fait immuables, mais qui ne changent pas facilement, l'une approchant plus de l'essentiel que l'autre ».

1. *Ibid.*, Livre III, chap. VI, p. 240.

permettant d'acquérir une vision synoptique exprimant adéquatement leurs rapports et analogies [1]. Voilà pourquoi on pourrait, pour finir, comparer l'apparente tension qui existe chez Wittgenstein entre cette revendication de synopticité et la réalité d'une écriture fondamentalement fragmentaire, discontinue et asystématique à la façon dont Leibniz lui-même, tout en conférant une place majeure à l'idée d'une perfection du regard géométrique, ne recourt que rarement à une écriture linéaire ou systématique [2]. Or chez Wittgenstein, c'est en définitive le croisement des différentes perspectives proposées par un tel style d'écriture qui permet d'obtenir la vision synoptique recherchée, comme il le fait valoir par exemple dans sa préface aux *Recherches philosophiques* :

> Sans cesse les mêmes points, ou presque les mêmes, ont été abordés à nouveau à partir de directions différentes, et sans cesse de nouveaux tableaux ont été ébauchés. Nombre d'entre eux dessinés de façon maladroite ou imprécise trahissaient tous les défauts d'un médiocre dessinateur. Et une fois ces tableaux-là écartés, il en restait un certain nombre qui étaient à demi réussis, mais qu'il fallait réorganiser ou même retoucher

1. Voir les remarques qui, dans les *Nouveaux essais*, suivent immédiatement les considérations relatives à la loi de continuité (G. W. Leibniz, *Nouveaux essais sur l'entendement humain*, Livre IV, chap. XVI, *op. cit.*, p. 374) : « Au reste, j'approuve fort la recherche des analogies : les plantes, les insectes et l'anatomie comparative des animaux les fourniront de plus en plus, surtout quand on continuera à se servir du microscope plus qu'on ne fait ».

2. Ce point est notamment mis en avant par M. Serres qui défend l'idée d'une systématicité non systématique de l'écriture leibnizienne, et plus fondamentalement du système de Leibniz qui se pose comme un ordre non rigidement systématique. Cf. *Le Système de Leibniz et ses modèles mathématiques*, *op. cit.*, p. 18.

> pour qu'ils présentent à l'observateur le tableau d'un paysage. – Ce livre n'est donc en réalité qu'un album[1].

L'album obtenu au terme de la mise en perspective de ces différentes images n'est alors peut-être pas autre chose que ce « point de vue géométrique » leibnizien dont nous avons fait état plus haut, et qui constituerait le point culminant de l'idéal d'expressivité des représentations. Examinons à présent, pour clore cette étude, le sens (leibnizien) que peut recevoir la notion d'expression dans ce domaine plus spécifique qu'est la philosophie de la psychologie du second Wittgenstein.

WITTGENSTEIN ET LE PROBLÈME DE L'EXPRESSION
EXPRESSION ET EXPRESSIVITÉ PSYCHOLOGIQUE

L'expressivité comme relation interne

Le titre de cette dernière section a été choisi en écho à l'ouvrage de Gilles Deleuze, *Spinoza et le problème de l'expression* : notre objectif y sera, *mutatis mutandis*, de réaliser au sujet de la pensée de Wittgenstein quelque chose d'analogue à ce que Deleuze propose dans cet ouvrage à propos du concept d'expression chez Spinoza. Deleuze y examine en effet la place centrale qu'occupe la notion d'expression dans la pensée de cet auteur, et cela d'une façon qui cherche à articuler la signification qu'elle reçoit en métaphysique (où la notion d'expression permet de comprendre le rapport entre la substance et ses attributs), et ses implications en morale, en matière de théorie des passions (puisque la joie en tant qu'augmentation de la puissance d'agir peut par exemple être décrite comme une augmentation de la puissance

1. RP, Préface, p. 21-22.

expressive[1], tandis que le mal apparaît en revanche comme une négation de cette force d'exprimer[2]). Or bien que notre objet ne soit pas ici de traiter de la philosophie de Spinoza, notre démarche sera cependant analogue à celle de Deleuze en ceci que nous chercherons à approfondir le sens que reçoit la notion d'expression dans la philosophie de la psychologie de Wittgenstein, et cela en montrant comment elle rejoint là encore certains présupposés propres à sa première théorie de la proposition. En d'autres termes, de même que Deleuze cherchait à mettre en évidence la permanence de la théorie de l'expression dans la métaphysique et dans la morale spinoziste, de même nous chercherons à interpréter le concept d'expression comme un trait d'union entre la première philosophie du langage de Wittgenstein et sa philosophie plus tardive de la psychologie.

Dans ce but, nous convoquerons là encore la référence à l'expression leibnizienne, que nous ferons jouer comme un fil d'Ariane dans cet itinéraire philosophique wittgensteinien. En effet, la clé qui nous permettra d'opérer un lien entre la première théorie de la proposition et la seconde philosophie de la psychologie de Wittgenstein consistera de nouveau à comprendre le terme d'« expression » en un sens leibnizien, au sens

1. Cf. *Spinoza et le problème de l'expression*, *op. cit.*, p. 251 : « Le naturalisme de Spinoza se définit par l'affirmation spéculative dans la théorie de la substance, par la joie pratique dans la conception des modes. Philosophie de l'affirmation pure, l'*Éthique* est aussi philosophie de la joie qui correspond à cette affirmation ».

2. Cf. *ibid.*, p. 232 : « En aucun sens, le mal n'est quelque chose. Être, c'est s'exprimer, ou exprimer, ou être exprimé. Le mal n'est rien, n'étant expressif en rien. Et surtout il n'exprime rien. Il n'exprime aucune loi de composition, aucune composition de rapports; il n'exprime aucune essence; il n'exprime aucune privation d'un état meilleur dans l'existence ».

d'une correspondance structurelle et réglée entre deux systèmes. En ce sens précis, il nous semble que les expressions des pensées et sentiments telles qu'elles sont abordées par le second Wittgenstein dans sa philosophie de la psychologie ont pour particularité de s'inscrire dans une relation interne avec ce qu'elles expriment, de sorte qu'elles relèvent à leur tour de la catégorie de l'expression comme correspondance structurelle entre deux systèmes telle que nous l'avons examinée jusqu'à présent. Dès lors, on peut effectivement affirmer que cette catégorie de l'expression fonctionne bien comme un opérateur de continuité entre ces domaines apparemment éloignés (thématiquement et chronologiquement) que sont la première philosophie du langage et la seconde philosophie de la psychologie chez Wittgenstein.

Afin d'établir cela, intéressons-nous à ce qu'entend Wittgenstein dans sa philosophie de la psychologie postérieure aux années trente lorsqu'il traite de l'expression de l'intériorité (sentiments, pensées, intentions)[1], en essayant de montrer que la notion d'expression renvoie alors au même type de relation de coordination qui a été décrit plus haut au sujet de sa première théorie de la proposition. L'expression à laquelle nous nous intéresserons ici sera l'expression au sens psychologique, comprise comme expression spécifique d'une émotion ou d'un sentiment. Celle-ci peut à son tour recevoir différentes formes : celle d'une expression « primitive » spontanée (expression faciale, comportementale), susceptible d'être manifestée aussi bien par l'animal

1. Sur cette question, voir à nouveau l'ouvrage de J. Schulte, *Erlebnis und Ausdruck. Wittgensteins Philosophie der Psychologie*, *op. cit.* Voir également D. Finkelstein, *Expression and the Inner*, Harvard, Harvard UP, 2008.

que par l'homme (en tant qu'« animal primitif »)[1]; ou bien une forme plus sophistiquée, articulée, concrétisée dans des propositions du langage[2]. Dans ce second cas, l'un des axes récurrents de la philosophie wittgensteinienne de l'expression tient à la volonté d'élucider la grammaire de ce type d'énoncés expressifs, en montrant notamment leur différence à l'égard des énoncés descriptifs[3]. Mais l'expression comprise comme extériorisation d'un état d'esprit n'est alors pas limitée à l'expression des sentiments : elle peut également concerner l'expression des pensées[4]; ou encore l'expression d'une

1. Voir la célèbre remarque proposée dans *De la certitude*, trad. fr. D. Moyal-Sharrock, Paris, Gallimard, 2006, § 475 : « Je veux considérer l'homme ici comme un animal ; comme un être primitif à qui l'on accorde l'instinct, mais non le raisonnement ».

2. Sur le rapport entre expression naturelle et expression langagière des émotions, voir les *Études préparatoires à la seconde partie des Recherches philosophiques* (trad. fr. G. Granel, Mauvezin, TER, 1985, § 899) où l'on montre à la fois la continuité qui existe entre ces deux modes d'expressivité, et le mode de fonctionnement spécifique qu'acquiert l'expression lorsqu'elle revêt la forme du langage : « Mais le mot dans l'expression primitive et le mot dans la phrase ne se rapportent-ils pas à la même chose, à savoir au même sentir ? Si fait, mais pas à la même technique ».

3. Voir par exemple les *Remarques sur la philosophie de la psychologie* (trad. fr. G. Granel, Mauvezin, TER, 1989, vol. I; 1994, vol. II), I, § 464 : « Le cri "au secours" est-il une description de mon état d'esprit ? Et *n*'est-il *pas* l'expression d'un désir ? Ne l'est-il pas aussi fortement que toute autre expression ? ».

4. Voir RP, § 317 sur la différence entre expression (naturelle) d'un sentiment et expression (propositionnelle) d'une pensée : « Parallèle trompeur : le cri, expression de la douleur – la proposition, expression de la pensée ! / Comme si le but de la proposition était de faire savoir à quelqu'un ce que quelqu'un d'autre ressent, mais en quelque sorte dans l'appareil de la pensée, et non dans l'appareil digestif ».

intention[1]. Dans ces différents cas, la question de l'expressivité porte plusieurs enjeux en matière de philosophie de la psychologie : en posant la question fondamentale du rapport entre l'intérieur et l'extérieur, elle ne se contente pas d'interroger la possibilité même de penser une intériorité psychologique indépendamment de toute représentation « mythologique » de cette dernière[2], mais elle pose encore le problème corrélatif de la sincérité ou de la simulation, celui d'un possible désaccord entre l'extériorité expressive et l'intériorité exprimée[3]. Or nous souhaitons ici nous interroger sur la nature du lien qui, aux yeux de Wittgenstein, unit ces différentes formes d'expression à ce qu'elles expriment. À cet égard, la question que nous poserons sera somme toute équivalente à celle qui est formulée par Wittgenstein au § 308 du premier volume de ses *Remarques sur la philosophie de la psychologie*, lorsqu'il s'interroge sur la nature du lien existant entre l'expression et l'état d'esprit exprimé :

1. Voir par exemple les *Études préparatoires*, *op. cit.*, § 829 : « L'intention n'a pas d'expression dans des mines, des gestes, ni dans la voix, mais la résolution en a une » ; RP, § 647 : « Quelle est l'expression [*Ausdruck*] naturelle d'une intention [*Absicht*] ? – Regarde un chat qui s'approche furtivement d'un oiseau, ou un animal qui veut s'échapper. (Connexion avec des phrases portant sur des sensations [*Empfindungen*].) ».

2. On aura à cet égard à peine de besoin de mentionner le célèbre ouvrage de J. Bouveresse, *Le Mythe de l'intériorité. Expérience, signification et langage privé chez Wittgenstein*, Paris, Minuit, 1987.

3. Sur ce problème, voir par exemple les *Études préparatoires*, *op. cit.*, § 944 : « Un adulte, il est vrai, peut simuler ou être sincère sans prononcer un mot, par des expressions du visage, des gestes ou des sons inarticulés » ; les *Remarques sur la philosophie de la psychologie*, *op. cit.*, I, § 145 : « Ainsi une souffrance feinte et une souffrance vraie ont onc la même expression ? Et comment les différencie-t-on ? ».

> Imagine que nous puissions apprendre ce que l'on nomme une sensation, par exemple une « souffrance », et qu'on nous apprît ensuite à exprimer cette sensation. Quelle sorte de lien cette activité devrait-elle avoir avec la sensation pour pouvoir être appelée son « expression » ? !

Et la réponse que nous apporterons à cette question consistera à affirmer que la relation dont il s'agit consiste en une correspondance interne assez proche de ce que le premier Wittgenstein, dans sa théorie de la proposition, désignait comme une relation de coordination. Bien entendu, on n'est pas sans connaître les critiques que le second Wittgenstein adresse de façon récurrente à l'idée d'une intériorité privée, où les manifestations ne seraient qu'une expression externe d'un vécu intérieur quant à lui incommunicable[1]. Une telle critique ne porte cependant nullement atteinte à l'idée d'un rapport expressif entre vie de l'esprit et comportement. En effet le cœur de la critique wittgensteinienne des conceptions mythologiques du rapport intérieur/extérieur tient en réalité, non pas à la notion d'intériorité en tant que telle, mais au refus de l'idée selon laquelle le sujet possèderait des sentiments, émotions ou pensées préexistants, lesquels seraient ensuite ou non exprimés, de façon contingente, par une manifestation verbale ou comportementale. Ce que Wittgenstein critique alors, ce n'est donc nullement l'idée générale d'une intériorité qui s'exprimerait dans l'extériorité : c'est bien plutôt l'opinion selon laquelle ce rapport d'expression serait purement externe ou contingent, tandis qu'aux yeux du philosophe autrichien,

1. Sur ces critiques, on renverra bien sûr à l'ouvrage de J. Bouveresse, *Le Mythe de l'intériorité*.

un tel rapport consiste au contraire en une correspondance interne entre l'exprimant et l'exprimé. Tel est le sens de cette remarque de 1931 souvent citée, selon laquelle « [i]l est honteux de devoir se montrer comme une outre vide, qui serait simplement gonflée par l'esprit » [1].

L'expression, donc, n'est pas quelque chose qui se *surajoute* à la vie intérieure exprimée, en lui permettant de se manifester ; comme le remarque Wittgenstein dans ses *Études préparatoires*, « [o]n "vit" [*erlebt*] l'*expression* de la pensée » [2], et c'est justement ce vécu expressif qui, à son tour, donne vie à la pensée, à l'intériorité elle-même en nous permettant de l'incorporer. À cet égard, il serait tout à fait justifié de comparer la façon dont Wittgenstein traite la relation d'expression comme garant de l'accord entre intériorité psychique et extériorité physique à la façon dont Rudolf Carnap, dans sa *Construction logique du monde*, envisage lui aussi cette relation comme condition de l'accès au psychisme d'autrui. L'une des ultimes étapes de la reconstruction logique du monde dans un système formel telle qu'il la présente dans cet ouvrage consiste en effet dans la constitution du psychisme d'autrui (ou hétéropsyschisme) sur la base des objets physiques, lesquels ont eux-mêmes été constitués à partir des sense-data. Or le moyen le plus adéquat qui

1. *Remarques mêlées*, *op. cit.*, p. 64. C'est également le refus par Wittgenstein de l'idée d'un rapport externe entre l'exprimant et l'exprimé qui le conduit, contre W. James pour qui l'expression est la cause des sentiments exprimés, à refuser l'idée d'un rapport simplement causal de l'un à l'autre. Voir notamment les *Fiches*, *op. cit.*, § 525 : « De quelqu'un qui se comporte, en telle ou telle circonstance, de telle ou telle façon, nous disons qu'il est triste (même d'un chien). Dans cette mesure, on ne peut pas dire que le comportement est la *cause* de la tristesse, il en est le symptôme ».

2. *Études préparatoires*, *op. cit.*, § 809.

nous permettra d'opérer cette constitution sera de faire intervenir une relation d'expression, par où l'on pourra considérer que les mouvements du corps d'autrui tels qu'ils nous sont donnés dans l'expérience correspondent à ce qui se produit réellement dans son psychisme :

> Pour la constitution ultérieure du psychisme d'autrui, la « relation d'expression » est d'une importance fondamentale. [...N]ous entendons par là la relation entre les mouvements expressifs comme les mines, gestes, mouvements corporels, processus organiques aussi, et les processus psychiques simultanés qui « s'expriment » à travers eux[1].

C'est la raison pour laquelle également, aux yeux de Carnap, il « ressort du mode de constitution du psychisme d'autrui qu'il n'y a pas d'hétéropsychisme sans corps »[2] : en d'autres termes, on ne peut procéder à la reconstruction du psychisme d'autrui à partir du donné phénoménal à moins d'avoir un accès empirique au corps qui est censé exprimer le psychisme en question[3]. De là, donc, chez Wittgenstein comme chez Carnap, l'idée d'une relation interne, d'une correspondance réglée et structurelle entre l'expression et ce qu'elle exprime, correspondance qui ne peut que nous rappeler le sens précédemment étudié de la notion d'expression. À l'appui de cette idée, citons le

1. R. Carnap, *La Construction logique du monde*, *op. cit.*, § 138, p. 231.

2. *Ibid.*, § 140, p. 233.

3. Cf. *ibid.*, p. 233-234 : « le psychisme d'autrui ne peut être constitué que par l'intermédiaire d'un corps, dans lequel apparaissent certains processus semblables à ceux de mon corps, les processus d'expression ; [...] le psychisme d'autrui qui ne serait pas lié à un corps au moyen duquel il se manifeste serait fondamentalement inconnaissable et par suite ne pourrait être un objet d'énoncé scientifique ».

§ 318 des *Recherches philosophiques*, qui examine cette idée de correspondance réglée ainsi que les différentes variations dont elle peut faire l'objet :

> Quand nous parlons ou même écrivons en pensant – je veux dire, comme nous le faisons d'habitude –, en général nous ne disons pas que nous pensons plus vite que nous ne parlons ; ici, au contraire, la pensée semble *n'être pas dissociée de l'expression.* Mais par ailleurs on parle de la rapidité de la pensée, de la manière fulgurante dont une pensée traverse notre esprit, de la façon dont les problèmes s'éclaircissent d'un coup, etc. On est alors tenté de se demander s'il se passe dans la pensée fulgurante la même chose, mais accélérée à l'extrême, que quand nous parlons en pensant. De sorte que, dans le premier cas, le mécanisme d'horlogerie avancerait pour ainsi dire d'un coup, tandis que dans le second, il n'avancerait que pas à pas, parce qu'il serait entravé par les mots.

De telles remarques peuvent bien sûr être comparées à ce que rapporte Wittgenstein lorsqu'il affirme qu'il « pense en fait avec [sa] plume. Car [sa] tête bien souvent ne sait rien de ce que [sa] main écrit »[1] : il y a ici une telle connexion de la pensée avec son expression que la première n'existe véritablement qu'en corrélation avec la seconde, qu'il s'agisse du cas standard ou des cas-limites de « pensée fulgurante » dans lesquels l'expression semble même précéder l'existence de la pensée. C'est en ce sens, également, que l'expression des pensées ne peut être comprise comme une simple « traduction » de ces dernières, en tout cas si l'on comprend la traduction comme une transposition *a posteriori* et contingente

1. *Remarques mêlées, op. cit.*, p. 16-17.

d'un système dans un autre. Ce point se dégage très nettement du § 335 des *Recherches philosophiques*, où Wittgenstein se demande ce qui arrive « quand nous nous efforçons – en rédigeant une lettre par exemple – de trouver l'expression juste de nos pensées ». C'est alors qu'il examine la validité d'un compte rendu de cette expression des pensées en termes de traduction : « Parler ainsi, c'est comparer ce processus à celui de la traduction ou de la description : Les pensées sont là (peut-être y étaient-elles déjà au préalable), et nous ne cherchons plus que leur expression ». Or ce que l'examen révèle, c'est qu'une telle description de l'expression des pensées comporte quelque chose d'inadéquat, non seulement dans son incapacité à rendre compte de tous les cas existants, mais encore et surtout en vertu de son présupposé abusif selon lequel la pensée existerait indépendamment de son expression :

> Cette image convient plus ou moins bien dans divers cas. – Mais ici, ne peut-il pas se passer toutes sortes de choses ? – Je me mets dans une certaine disposition d'esprit, et l'expression *me vient*. Ou : J'ai à l'esprit une expression anglaise dont je cherche à me rappeler l'équivalent français. Ou encore : Je fais un geste et je me demande : « Quels mots correspondent à ce geste ? », etc.
>
> Si maintenant l'on te demandait : « As-tu la pensée avant d'en avoir l'expression ? » – que faudrait-il répondre ? Et à la question : « En quoi consistait la pensée telle qu'elle existait avant l'expression ? »[1]

Voilà pourquoi, par exemple, le rapport d'expressivité entre une pensée et le discours qui l'exprime exclut

1. RP, § 335.

la possibilité d'un choix alternatif et indifférent entre différentes expressions possibles, sur la simple base de l'adoption d'un système donné de conventions. Cette connexion interne, structurelle et irremplaçable vaut également dans le domaine de l'expression des sentiments, où le rapport entre l'exprimé et le comportement exprimant relève bien d'une correspondance objective, et non d'une manifestation arbitraire et modifiable en droit. Citons, à cet égard, le § 508 des *Fiches*, qui souligne le lien interne entre un sentiment et son expression, et l'absurdité que nous éprouvons intuitivement à l'idée d'une modification de ces rapports :

> Mais le plaisir est toujours lié à une expression du visage, que nous ne voyons pas en nous, bien que nous le sentions.
> Essaie seulement de penser à quelque chose de très triste avec une expression radieuse sur le visage [1].

De là, en particulier, l'insistance de Wittgenstein sur l'impossibilité qu'il y a à se tromper ou à mésinterpréter certaines manifestations obvies du sentiment. Dans ses propres termes : « Il existe une expression de la

1. Sur le refus de l'idée d'un arbitraire dans l'expression des sentiments sur un visage, voir également les *Remarques mêlées*, *op. cit.*, p. 115, qui rapportent leur correspondance interne à une dimension de vécu : « Suivre une phrase musicale *en la comprenant*, en quoi cela consiste-t-il ? Est-ce observer un visage en étant sensible à son expression ? Est-ce s'imprégner de l'expression de ce visage ? / Pense à la manière d'agir de celui qui dessine un visage d'une façon qui témoigne qu'il en comprend l'expression. Pense au visage, aux mouvements du dessinateur – qu'est-ce donc qui exprime que chaque trait qu'il pose est dicté par le visage qu'il dessine, que rien dans son tracé n'est arbitraire, qu'il est un instrument de *précision* ? / Ce quelque chose est-il donc véritablement un *vécu* ? Je veux dire : peut-on affirmer que cela exprime un vécu ? ».

joie qui n'est pas méconnaissable; de même pour son contraire. [...] Il *existe* pourtant des cas dans lesquels il faudrait être fou pour récuser l'expression de la douleur (par exemple). »[1]. Et c'est alors que se dissout le faux problème sceptique lié à la prétendue impossibilité d'accéder à l'intériorité d'autrui : attendu que celle-ci est rendue immédiatement visible dans ses expressions, on peut considérer qu'« [i]l existe seulement certains cas particuliers dans lesquels l'intérieur m'est caché », mais que « s'il m'est alors caché, ce n'est pas parce qu'il est l'intérieur »[2]. Examinons alors, plus fondamentalement, comment le recours wittgensteinien à la notion d'expression psychologique comme correspondance lui permet de penser une unité fondamentale de l'âme et du corps (de l'intérieur et de l'extérieur) qui pourrait, là encore, être interprétée comme une transposition de l'usage que fait Leibniz de cette même notion lorsqu'il s'agit de résoudre le « problème de l'union ».

L'expression et le problème de l'union

C'est donc en vertu de cette idée d'une correspondance interne, structurelle et réglée entre l'expression et ce qu'elle exprime que nous souhaitons affirmer que la notion d'expressivité psychologique employée par le

1. L. Wittgenstein, *L'Intérieur et l'extérieur, Derniers écrits sur la philosophie de la psychologie*, trad. fr. G. Granel, Mauvezin, TER, 2000, p. 32-33.

2. *Ibid.*, p. 33 ; voir également p. 39-40, où l'on souligne que le jeu de la simulation, s'il reste possible, constitue un jeu de langage différent de celui de l'expression juste : « Moi seul puis exprimer mes pensées, mes sentiments, etc. / La façon dont j'exprime mes sentiments peut être fausse. En particulier, elle peut être feinte. C'est un jeu de langage autre que l'expression primitive, authentique ».

second Wittgenstein est une déclinaison de cette relation de coordination-expression qui, dans sa première philosophie, garantissait le rapport entre langage et monde. Peut-être voudra-t-on cependant opposer à cette interprétation l'idée selon laquelle, dans la philosophie de la psychologie wittgensteinienne, le rapport interne qui existe entre l'expression et ce qu'elle exprime va même au-delà d'une simple correspondance réglée ou projective, pour prendre la forme d'une quasi-identification où l'exprimé se résout entièrement dans son expression. Et il est vrai qu'au § 56 des *Fiches*, par exemple, Wittgenstein semble se refuser à penser la relation entre un état d'esprit (en l'occurrence, l'attente) et son expression comportementale dans les termes d'une relation de projection :

> Ma pensée est ici : Si quelqu'un pouvait voir l'attente même – il devrait voir *ce qui* est attendu. (Mais de telle façon qu'aucune méthode de projection – ou méthode de comparaison – ne soit requise pour passer de ce qu'il voit au fait attendu.)
>
> Mais il en est effectivement ainsi : si tu vois l'expression de l'attente, tu vois « ce qui est attendu ».

Dans un tel passage, le philosophe autrichien semble donc considérer que l'expression n'est pas seulement une projection de ce qu'elle exprime, mais qu'elle s'identifie presque à ce qu'elle rend immédiatement visible (« si tu vois l'expression de ce l'attente, tu vois "ce qui est attendu" »)[1]. Cependant, le fait que Wittgenstein critique

1. Sur la question de l'identification entre le sentiment et son expression, voir également les *Remarques sur la philosophie de la psychologie*, I, § 68 : « "L'expression semblable au sentiment" – la nourriture amère semblable à la tristesse amère. "Ils sont semblables

dans une certaine mesure un type de compte rendu en termes de projection ne fait qu'aller dans le sens de sa critique de l'image de la « traduction-transposition », et vise en définitive à renforcer l'idée selon laquelle la relation de correspondance entre l'exprimant et l'exprimé est une relation structurelle et interne. En cela, la mise en évidence de la relation en question rejoint certaines considérations que cet auteur a pu développer sur l'expressivité, cette fois-ci dans le domaine esthétique : car la façon dont notre comportement exprime nos états d'esprits s'apparente à l'expressivité qui peut s'attacher aux œuvres d'art. Citons, à cet égard, cette remarque proposée par Wittgenstein au sujet de l'expressivité en architecture :

> Souviens-toi de l'impression que t'a faite une bonne architecture, à savoir l'impression d'exprimer une pensée. Elle aussi, on aimerait la suivre du geste [1].

Or afin d'achever cette mise en lumière du sens que reçoit la notion d'expression comme relation interne dans la philosophie de la psychologie du second Wittgenstein, et de l'unité que présente cette catégorie avec l'usage qui a pu en être fait aussi bien dans la pensée classique que dans la pensée du premier Wittgenstein, nous souhaitons alors nous appuyer sur certaines remarques de l'article de Christiane Chauviré intitulé « Le corps

au point d'être interchangeables" – que serait-ce s'ils n'étaient pas seulement semblables, mais identiques ? ».

1. *Remarques mêlées, op. cit.*, p. 79. Sur la question de l'expression en architecture chez Wittgenstein, *cf.* M. Marion, « L'architecture de Wittgenstein : métaphysique, style et expression », dans C. Poisson (éd.), *Penser, dessiner, construire. Wittgenstein et l'architecture*, Paris, Éditions de l'Éclat, 2007.

humain est la meilleure image de l'âme humaine »[1]. Christiane Chauviré y revient en effet sur cette relation structurelle entre l'expression et ce qu'elle exprime, notamment en soulignant que la « relation d'expression entre une émotion et un "air" qu'on a sur le visage » est « une relation, non pas causale, ou empirique, mais, pourrait-on dire, interne. [...] C'est le caractère interne de cette relation qui fonde l'intelligibilité immédiate d'une expression spontanée du visage [...] »[2]. Or le fait de poser une telle relation interne entre intériorité et extériorité est ce qui, selon Christiane Chauviré, permet non seulement de résoudre le problème philosophique relatif à l'authenticité ou à la sincérité ou à l'authenticité de nos manifestations[3] mais, de façon plus importante encore, d'apporter des éléments de solution à la question métaphysique traditionnelle de l'union de l'âme et du corps, union qui sera désormais pensée dans les termes d'une relation d'expression. C'est en effet sur la seule base d'une dissociation artificielle entre l'âme et le corps que les philosophes se sont enfermés dans la difficulté insoluble que constitue la pensée de leur réunion :

> En scindant la personne humaine, les philosophes dualistes, comme Platon et Descartes, ont peut-être commis un mal irréparable : comment repenser l'union

1. Ch. Chauviré, S. Laugier, J.-J. Rosat (éd.), *Wittgenstein : Les mots de l'esprit*, *op. cit.*

2. *Ibid.*, p. 65.

3. Cf. *ibid.*, p. 67 : « Tel est le commerce humain, et il nous enseigne que le corps est plus fondamentalement fiable que le langage comme source d'intelligibilité immédiate. Tous nos gestes ne sont d'ailleurs pas voulus, certains nous échappent, nous trahissent, en tout cas nous expriment bien mieux que nos discours. D'une certaine façon, Wittgenstein réhabilite le corps contre la tradition occidentale qui fait de lui un écran opaque cachant les pensées et les sentiments d'autrui ».

> de l'âme et du corps après leur dissociation. Comment retrouver l'unité première de l'homme instinctif d'avant la dissociation philosophique ?[1]

En défaisant ces difficultés philosophiques, Wittgenstein parvient au contraire à penser l'union principielle de l'âme et du corps, de l'intérieur et de l'extérieur, et cela à travers un recours à la notion d'expression en tant que relation d'unité structurelle fondamentale. Comme le souligne encore Christiane Chauviré : « [o]bsédés par une imagerie philosophique très ancienne, nous avons tendance à dissocier ce qui en réalité est harmonieusement uni par un lien d'expression : l'âme et le corps »[2]. Or un tel lien d'harmonie expressive entre l'âme et le corps, l'intérieur et l'extérieur, n'est en définitive pas autre chose que ce que décrit Leibniz dans son *Système nouveau de la nature et de la communication des substances*, lorsqu'il fait valoir que « c'est ce rapport mutuel réglé par avance dans chaque substance de l'univers, qui produit ce que nous appelons leur *communication*, et qui fait uniquement l'union de l'âme et du corps »[3]. C'est pourquoi nous souhaitons

1. *Ibid.*, p. 69.

2. *Ibid.*, p. 68.

3. G. W. Leibniz, *Système nouveau de la nature et de la communication des substances et autres textes 1690-1703*, *op. cit.*, p. 73-74. Voir également les *Nouveaux essais sur l'entendement humain*, Livre II, chap. I, *op. cit.*, p. 92 : « [J]e crois qu'il y a toujours une exacte correspondance entre le corps et l'âme, et puisque je me sers des impressions du corps dont on ne s'aperçoit pas, soit en veillant ou en dormant, pour prouver que l'âme en a de semblables. Je tiens même qu'il se passe quelque chose dans l'âme qui répond à la circulation du sang et à tous les mouvements internes des viscères, dont on ne s'aperçoit pourtant point, comme ceux qui habitent auprès d'un moulin à eau ne s'aperçoivent point du bruit qu'il fait ».

non seulement adhérer à cette interprétation de la façon dont Wittgenstein pense l'union de l'âme et du corps en termes de relation d'expression, mais y ajouter deux points. Tout d'abord, en soulignant que par un tel geste, Wittgenstein semble bien renouveler le mouvement de la philosophie leibnizienne que nous avons étudié plus haut, et qui consistait à faire jouer la notion d'expression comme garant de l'union fondamentale de ces deux substances que sont l'âme et le corps ; ensuite, en faisant valoir que cet usage de la notion d'expression applique au questionnement psychologique portant sur le rapport entre intérieur et extérieur une catégorie conceptuelle qui, dans le domaine de la première philosophie du langage, était opératoire pour garantir la possibilité principielle d'un accord entre langage et monde.

Assurément, on pourra sans doute nous objecter que Wittgenstein ne va peut-être pas si loin que Leibniz dans la mise en avant d'une telle correspondance interne entre l'intérieur et l'extérieur, entre l'âme et le corps. Il ne va pas, en particulier, jusqu'à supposer une stricte correspondance terme à terme entre les séries internes et externes, mentales et physiques[1], là où Leibniz, au contraire, va jusqu'à présenter l'âme comme un « automate spirituel » dont les séries consécutives seraient principiellement coordonnées à celles du corps selon la doctrine du parallélisme[2] (l'automatisme en

1. Je remercie très vivement Pascale Gillot qui a attiré mon attention sur cette dissymétrie Leibniz/Wittgenstein, et sur la question de l'automate spirituel. Nous renvoyons ici à son ouvrage : *L'esprit. Figures classiques et contemporaines*, Paris, CNRS Éditions, 2007, notamment p. 94 *sq*. (« La reprise du thème de l'automate spirituel »).

2. Voir les *Essais de Théodicée*, § 52, *op. cit*., p. 132 : « Tout est donc certain et déterminé par avance dans l'homme, comme partout

question étant alors la garantie de la nature expressive de l'âme, non seulement à l'égard de son propre corps, mais à l'égard de l'univers tout entier[1]). En matière de philosophie de la psychologie de la psychologie, la position de Wittgenstein est effectivement plus modérée, et il est vrai que celui-ci n'envisage pas le rapport entre l'âme et le corps comme un rapport réglé selon le modèle de ces « horloges » leibniziennes dont les mouvements respectifs se répondent mutuellement conformément au principe de l'harmonie préétablie[2].

ailleurs, et l'âme humaine est une espèce d'*automate spirituel*, quoique les actions contingentes en général, et les actions libres en particulier, ne soient point nécessaires pour cela d'une nécessité absolue, laquelle serait véritablement incompatible avec la contingence ».

1. Voir ce passage que commente P. Gillot dans *L'esprit. Figures classiques et contemporaines*, *op. cit.*, p. 95 : « Car pourquoi Dieu ne pourrait-il pas donner d'abord à la substance une nature ou force interne qui lui puisse produire par ordre (comme dans un Automate spirituel ou formel, mais libre en celle qui a la raison en partage) tout ce qui lui arrivera, c'est-à-dire, toutes les apparences ou expressions qu'elle aura, et cela sans le secours d'aucune créature ? [...] Et cette nature de l'âme étant représentative de l'univers d'une manière très exacte (quoique plus ou moins distincte), la suite des représentations que l'âme se produit répondra naturellement à la suite des changements de l'univers même [...] » (G. W. Leibniz, *Système nouveau de la nature et de la communication des substances*, *op. cit.*, p. 74).

2. Voir à nouveau le *Système nouveau de la nature et de la communication des substances*, *op. cit.*, p. 84-85 : « Figurez-vous deux horloges ou montres qui s'accordent parfaitement. Or cela peut se faire de *trois façons : la première* consiste dans une influence naturelle. C'est ce qu'expérimenta M. Huygens à son grand étonnement. Il avait suspendu deux pendules à une même pièce de bois : les battements continuels des pendules avaient communiqué des tremblements ne pouvant subsister dans leur ordre, et sans s'entr'empêcher, à moins que les pendules ne s'accordassent, il arrivait par une espèce de merveille que lorsqu'on avait même troublé leurs battements tout exprès, elles retournaient à battre ensemble, à peu près comme deux cordes qui sont à l'unisson. La *seconde manière* de faire toujours accorder deux

Chez lui, au contraire, on se contente de postuler un rapport d'expression entre intériorité et extériorité qui n'implique plus l'idée d'un strict rapport de coordination entre séries mentales et physiques. Nous dirons alors que le philosophe autrichien, dans sa seconde philosophie, pluralise mais aussi subdivise les usages qui peuvent être faits du concept d'expression/coordination : dans ses réflexions méthodologiques relatives au mode de représentation recherché par la philosophie du langage, il met en avant l'aspect de correspondance terme à terme entre deux systèmes dont l'un cartographie l'autre; dans sa philosophie de la psychologie, il met en avant la dimension de relation interne entre les systèmes qui s'expriment, quitte à reléguer au second plan le volet de la correspondance réglée. Mais dans tous les cas, les paradigmes qu'il emploie sont et demeurent des

horloges, bien que mauvaise, serait d'y faire toujours prendre garde par un habile ouvrier, qui les redresse et les mette d'accord à tous moments. La troisième manière est de faire d'abord ces deux pendules avec tant d'art et de justesse, qu'on se puisse assurer de leur accord dans la suite. / Mettez maintenant l'âme et le corps à la place de ces deux montres; leur accord ou sympathie arrivera aussi par une de ces trois façons. La *voie de l'influence* est celle de la philosophie vulgaire, mais on ne saurait concevoir ni des particules matérielles, ni des espèces ou qualités immatérielles, qui puissent passer d'une de ces substances dans l'autre, on est obligé d'abandonner ce sentiment. La *voie de l'assistance* est celle du système des causes occasionnelles. Mais je tiens que c'est faire venir *Deum ex machina* dans une chose naturelle et ordinaire, où selon la raison il ne doit entrevenir que de la manière qu'il concourt à toutes les autres choses naturelles. Ainsi il ne reste que mon hypothèse, c'est-à-dire que la *voie de l'harmonie préétablie*, par un artifice divin prévenant, lequel a formé dès le commencement chacune de ces substances, qu'en ne suivant que ses propres lois qu'elle a reçue avec son être, elle s'accorde pourtant avec l'autre, tout comme s'il y avait une influence mutuelle, ou comme si Dieu mettant toujours la main, au-delà de son concours général ».

paradigmes conformes aux schémas proposés par la notion leibnizienne d'expression.

Pour toutes ces raisons, nous pouvons maintenir l'idée d'un accord fondamental de la pensée de Wittgenstein avec les solutions théoriques proposées par la catégorie leibnizienne de l'expression. Et nous pouvons également voir dans cette transposition wittgensteinienne de la catégorie de l'expression l'opérateur d'une continuité forte entre la première philosophie de cet auteur relative à la nature de la proposition, et ses conceptions ultérieures relatives non seulement à la méthode de la pensée philosophique, mais encore à la nature du lien entre intériorité et extériorité.

CONCLUSION

EXPRESSION ET COORDINATION, UNE PERSPECTIVE CONTEMPORAINE

Dans notre étude des métamorphoses de la notion leibnizienne d'expression, nous nous sommes arrêtés à la pensée de Ludwig Wittgenstein telle qu'elle se développe dans la première moitié du XXe siècle. Cependant, cette histoire des transformations et applications de la notion d'expression peut être poursuivie au-delà même de cette limite, à travers un examen des résonances tout à fait contemporaines de cette notion. Ce sont ces résonances contemporaines, notamment dans la philosophie analytique anglo-saxonne[1], qui sont mises en évidence par Jean-Baptiste Rauzy dans son article intitulé « Les illusions représentationnelles. Sur l'héritage de la notion leibnizienne d'expression dans la philosophie d'aujourd'hui », où l'on peut lire qu'« [a]vec cette "expression leibnizienne", un morceau de la philosophie traditionnelle s'est en quelque sorte détaché et survit

1. Singulièrement, dans la pensée de Nelson Goodman, à travers les questions relatives aux isomorphismes qui se posent dans une optique constructiviste. *Cf.* N. Goodman, *La Structure de l'apparence*, trad. fr. sous la direction de J.-B. Rauzy, Paris, Vrin, 2005.

presque intact dans l'océan de la philosophie présente »[1]. En cela, on peut finalement montrer que même la philosophie analytique, dont on considère souvent (à tort ou à raison) qu'elle revendique sa propre anhistoricité, se fait en réalité l'héritière de certaines notions issues de la philosophie classique. C'est pourquoi nous voudrions faire nôtres ces remarques que formule Hilary Putnam au sujet de la possibilité de réconcilier analyse conceptuelle et historique au sein même de la philosophie analytique :

> Bien que les philosophes « analytiques » continuent souvent à écrire comme si les concepts étaient des entités anhistoriques (ce qui est exactement la façon dont ils étaient conçus par les pères de la philosophie analytique, Moore et Russell), leurs successeurs récents n'ont aucune raison de nier que les concepts aient une histoire, ni que l'analyse conceptuelle et historique puissent avec profit s'enrichir mutuellement[2].

À l'appui de telles considérations, et pour les appliquer au cas précis du concept d'expression, il est significatif de rappeler que l'un des plus importants représentants de la philosophie analytique contemporaine, à savoir Robert Brandom, consacre justement un article à la question de la perception chez Leibniz, article qui prête une attention toute particulière à la notion d'expression[3]. Et de fait, il est incontestable que cette catégorie leibnizienne offre

1. J.-B. Rauzy, « Les illusions représentationnelles. Sur l'héritage de la notion leibnizienne d'expression dans la philosophie d'aujourd'hui », *Les Cahiers philosophiques de Strasbourg*, 18(2), 2004, p. 178-179.

2. H. Putnam, *L'Éthique sans l'ontologie*, trad. fr. P. Fasula, Paris, Éditions du Cerf, 2013, p. 312.

3. *Cf.* R. B. Brandom, « Leibniz and Degrees of Perception », *Journal of the History of Philosophy*, vol. 19 (4), 1981, p. 447-479.

des ressources considérables à la philosophie analytique contemporaine en vue de résoudre certains problèmes théoriques qu'elle pose de façon privilégiée. Nous avons eu l'occasion, à la fin du chapitre précédent, d'examiner les résonances du problème de l'union que Leibniz résolvait en posant entre l'âme et le corps une relation d'expression garantie par le principe de l'harmonie préétablie : ce sont de telles solutions qui, au XXIe siècle, peuvent contribuer à résoudre le problème dit du « *mind-body* »[1]. Mais l'opportunité de faire usage des ressources offertes par la catégorie leibnizienne de l'expression n'est pas moindre dans le domaine de l'épistémologie. C'est ce point que souligne François Duchesneau au début de son ouvrage intitulé *Leibniz et la méthode* de la science, à travers une référence aux considérations proposées par Nancy Cartwright et Bas van Fraassen au sujet de la référence des théories physiques, domaine où l'on gagne à adopter une solution conforme à l'esprit de la doctrine leibnizienne de l'expression :

> On pourrait [...], suivant la thèse du réalisme critique, présumer que la construction d'hypothèses susceptibles de corroboration croissante, atteste d'une adéquation de nos schèmes explicatifs théoriques par rapport au système des causes réelles qu'ils symbolisent. D'où la signification présumée de nos lois et concepts théoriques comme expressifs de la vérité des choses[2].

1. Pour une mise en perspective des approches classiques et contemporaines du problème du *mind-body*, voir à nouveau P. Gillot, *L'esprit. Figures classiques et contemporaines*, *op. cit*.

2. F. Duchesneau, *Leibniz et la méthode de la science*, Paris, P.U.F., 1993, p. 7.

On saisit donc là encore la fécondité et les ressources que les idées de Leibniz (au premier rang desquelles l'idée d'expression) présentent à la philosophie la plus contemporaine. Pour toutes ces raisons, on peut considérer que l'envergure et l'aspect foisonnant de la pensée de Leibniz font de cette dernière une pensée protéiforme et capable de toutes les métamorphoses, une pensée qui, dans les termes de Goethe, serait un « véritable Protée capable de se dissimuler et de se manifester dans toutes les configurations »[1], y compris dans les configurations les plus actuelles. Et peut-être est-ce aussi cela que voulait dire Mérian lorsqu'il affirmait de l'esprit de Leibniz qu'il « était en effet ce qu'il prétend que sont tous les esprits, un miroir vivant de l'univers »[2].

1. J. W. von Goethe, « Souvenirs de juillet », dans *Voyage en Italie*, trad. fr. J. Porchat, révisée et complétée par J. Lacoste, Paris, Bartillat, 2003, p. 423.

2. Cité par Y. Belaval dans les *Études leibniziennes op. cit.*, p. 17 ; Belaval cite lui-même d'après Christian Bartholmess, *Histoire philosophique de l'Académie de Prusse*, Paris, 1851.

BIBLIOGRAPHIE

Œuvres de Leibniz

La caractéristique géométrique, éd. J. Echeverria, M. Parmentier, Paris, Vrin, 1995.

Confessio Philosophi. La profession de foi du philosophe, éd. Y. Belaval, Paris, Vrin, 2 e édition, 1993.

Correspondance Leibniz-Clarke, éd. A. Robinet, Paris, P.U.F., 1957, 2e édition 1991.

Correspondance Leibniz et De Volder, éd. A.-L. Rey, Paris, Vrin, 2016.

Correspondance Leibniz-Thomasius, 1663-1672, trad. fr. R. Bodéüs, Paris, Vrin, 1993.

De l'horizon de la doctrine humaine. La restitution universelle, éd. M. Fichant, Paris, Vrin, 1991.

De arte combinatoria, in GIV, p. 70 *sq*.

Des conditions (De conditionibus), trad. fr. P. Boucher, Paris, Vrin, 2002.

Discours de métaphysique et correspondance avec Arnauld, éd. Ch. Leduc, Paris, Vrin, 2016.

Essais de Théodicée. Sur la bonté de Dieu, la liberté de l'homme et l'origine du mal, Paris, Flammarion, 1969.

Leibnitii Opera philosophica quae extant latin gallica germanica omnia, éd. J. E. Erdmann, Berlin, 1840.

L'être et la relation. Lettres de Leibniz à Des Bosses, éd. Ch. Frémont, Paris, Vrin, 2e édition, 1999.

La logique de Leibniz d'après des documents inédits, éd. L. Couturat, Paris, Alcan, 1901.

Mathematische Schriften [GM], éd. C. I. Gerhardt, Hildesheim, Olms, 1977, 7 volumes.

Nouveaux essais sur l'entendement humain, éd. J. Brunschwig, Paris, Flammarion, 1990.

Nouvelles lettres et opuscules inédits de Leibniz, éd. A. Foucher de Careil, Paris, 1857.

Œuvres, éd. A. Foucher de Careil, Paris, 1858-1875.

Opuscules et fragments inédits de Leibniz. Extraits des manuscrits de la Bibliothèque Royale de Hanovre, éd. L. Couturat, Paris, Alcan, 1903.

Opuscules philosophiques choisis, édition et traduction par P. Schrecker, Paris, Vrin, 1959, rééd. 2001.

Die philosophischen Schriften [G], éd. C. I. Gerhardt, Hildesheim, Olms, 1965, 7 volumes.

Principes de la nature et de la grâce, Monadologie et autres textes 1703-1716, éd. Ch. Frémont, Paris, Flammarion, 1996.

Protogaea. De l'aspect primitif de la terre, trad. fr. B. de Saint-Germain, éd. J.-M. Barrande, Toulouse, Presses Universitaires du Mirail, 1993.

Recherches générales sur l'analyse des notions et des vérités. 24 thèses métaphysiques et autres textes logiques et métaphysiques, trad. fr. E. Cattin, L. Clauzade, F. de Buzon, M. Fichant, J.-B. Rauzy, F. Worms, Paris, P.U.F., 1998.

La réforme de la dynamique, éd. M. Fichant, Paris, Vrin, 1994.

Sämtliche Schriften und Briefe, Berlin, Akademie Verlag, 1923-…

Système nouveau de la nature et de la communication des substances et autres textes 1690-1703, éd. Ch. Frémont, Paris, Flammarion, 1994.

Textes inédits d'après les manuscrits de la Bibliothèque provinciale de Hanovre, éd. G. Grua, Paris, P.U.F., 1948.

Œuvres de Helmholtz

« Goethes Vorahnungen kommender naturwissenschaftlicher Ideen », in *Philosophische Vorträge und Aufsätze*, éd. H. Hörz, S. Wollgast, Berlin, Akademie Verlag, 1971, p. 337-364.

Handbuch der physiologischen Optik, 1856 (vol. 1), 1860 (vol. 2), 1866 (vol. 3) ; édition consultée : 3 e édition aux soins d'A. Gullstrand, J. von Kris, W. Nagel, Hambourg, 1909 (vol. 1), 1911 (vol. 2), 1910 (vol. 3) ; trad. fr. par É. Javal, N. Th. Klein, *Optique physiologique*, Paris, Masson, 1867.

Die Lehre von den Tonempfindungen als physiologische Grundlage für die Theorie der Musik, Braunschweig, Vieweg, 1863 ; trad. fr. par M. G. Guéroult, *Théorie physiologique de la musique*, Paris, Masson, 1868.

« Optisches über Malerei », 1871-1873, in *Vorträge und Reden*, Braunschweig, Vieweg, 1884, vol. 2, 95-138 ; trad. fr. par R. Casati, *L'optique et la peinture*, Paris, École nationale supérieure des Beaux-Arts, 1994.

« Die neueren Fortschritte in der Theorie des Sehens » (1868), in *Vorträge und Reden*, Braunschweig, Vieweg, 1884, vol. 1, p. 233-332.

Philosophische Vorträge und Aufsätze, éd. H. Hörz, S. Wollgast, Berlin, Akademie Verlag, 1971.

Populäre wissenschaftliche Vorträge, 2 e édition, Braunschweig, Vieweg, 1876, 3 volumes.

Préface aux Principes de la Mécanique de Hertz, in H. Hertz, *Die Prinzipien der Mechanik in neuem Zusammenhange dargestellt*, *Gesammelte Werke*, éd. Ph. Lenard, vol. III, Leipzig, Barth, 1895.

Schriften zur Erkenntnistheorie, éd. P. Hertz, M. Schlick, Berlin, Springer, 1921.

« Das Telestereoskop », in *Poggendorffs Annalen* 1857, 102, 167-175, reproduit in *Abhandlungen zur Geschichte des Stereoskops*, Ostwald's Klassiker der Exakten Wissenschaften, 1908, 168, 95-102.

« Die Thatsachen in der Wahrnehmung », in *Vorträge und Reden*, Braunschweig, Vieweg, 1884, vol. 2, p. 217-271 ; trad. fr. par Ch. Bouriau : « Les faits dans la perception », in *Philosophia scientiae*, 2003, 7, p. 49-78.

« Über das Sehen des Menschen », in *Vorträge und Reden*, Braunschweig, Vieweg, 1884, vol. 1, p. 365-396.

« Über das Ziel und die Fortschritte der Naturwissenschaft. Eröffnungsrede für die Naturforschungsversammlung zu Innsbruck », in *Vorträge und Reden*, Braunschweig, Vieweg, 1884, vol. 1, p. 333-364.

« Über den Ursprung und die Bedeutung der geometrischen Axiome », in *Vorträge und Reden*, Braunschweig, Vieweg, 1884, vol. 2.

« Über die Natur der menschlichen Sinnesempfindungen », traduit en français par R. Casati, J. Dokic : « Sur la nature des impressions sensibles de l'homme », *Philosophie*, 33, 1992, p. 16-32.

« Über die Objektivität und Erkennbarkeit der Naturgesetze », in Vorträge und Reden, Braunschweig, Vieweg, 1884, vol. 2.

« Über die physiologischen Ursachen der musikalischen Harmonie », in *Vorträge und Reden*, Braunschweig, Vieweg, vol. 1, p. 79-116.

« Über Goethes naturwissenschaftlichen Arbeiten », in *Vorträge und Reden*, Braunschweig, Vieweg, 1884, vol. 1, p. 1-23.

Vorträge und Reden, Braunschweig, Vieweg, 1884, 2 volumes qui correspondent à la troisième édition des *Populären wissenschaftlichen Vorträge*, nouvelle édition Saarbrücken, Müller, 2006, 2 volumes.

Œuvres de Hertz

Die Constitution der Materie, eine Vorlesung über die Grundlagen der Physik aus dem Jahre 1884, éd. A. Fölsing, Berlin, Springer, 1999.

Die Prinzipien der Mechanik in neuem Zusammenhange dargestellt, in *Gesammelte Werke*, éd. Ph. Lenard, vol. III, Leipzig, Barth, 1895.

Schriften vermischten Inhalts, in *Gesammelte Werke*, éd. Ph. Lenard, vol. I, Leipzig, Barth, 1895.

Untersuchungen über die Ausbreitung der elektrischen Kraft, in *Gesammelte Werke*, éd. Ph. Lenard, vol. III, Leipzig, Barth, 1895.

Œuvres de Boltzmann

« Ein Antrittsvortrag zur Naturphilosophie », in *Populäre Schriften*, Leipzig, Barth, 1905, p. 338-344.

« Ein Wort der Mathematik an die Energetik », in *Populäre Schriften*, Leipzig, Barth, 1905, p. 104-136.

Populäre Schriften, Leipzig, Barth, 1905.

Principien der Naturfilosofi, éd. I. M. Fasol-Boltzmann, Berlin, Springer, 1990.

Theoretical Physics and Philosophical Problems, Selected Writings, éd. B. McGuinness, Dordrecht, Reidel, 1974.

« Über die Bedeutung von Theorien », in *Populäre Schriften*, Leipzig, Barth, 1905, p. 76-80.

« Über die Entwicklung der Methoden der theoretischen Physik in neuerer Zeit », in *Populäre Schriften*, Leipzig, Barth, 1905, p. 198-227.

« Über die Frage nach der objektiven Existenz der Vorgänge in der unbelebten Natur », in *Populäre Schriften*, Leipzig, Barth, 1905, p. 163-187.

« Über die Grundprinzipien und Grundgleichungen der Mechanik », in *Populäre Schriften*, Leipzig, Barth, 1905, p. 253-307.

« Über die Methoden der theoretischen Physik », in *Populäre Schriften*, Leipzig, Barth, 1905, p. 1-10.

« Über die Prinzipien der Mechanik », in *Populäre Schriften*, Leipzig, Barth, 1905, p. 308-337.

« Über die Unentbehrlichkeit der Atomistik in der Naturwissenschaft », in *Populäre Schriften*, Leipzig, Barth, 1905, p. 141-157.

« Über eine These Schopenhauers », in *Populäre Schriften*, Leipzig, Barth, 1905, p. 385-402.

« Über Maxwells Elektrizitätstheorie », in *Populäre Schriften*, Leipzig, Barth, 1905, p. 11-24.

« Über statistiche Mechanik », in *Populäre Schriften*, Leipzig, Barth, 1905, p. 345-364.

Vorlesungen über Experimentalphysik in Graz, éd. I. M. Fasol-Boltzmann, W. Höflechner, Graz, Akademische Ausdruck, 1998.

Vorlesungen über Maxwells Theorie der Elektricität und des Lichtes, Leipizig, Barth, 1891-1893, *in* Gesamtausgabe, vol. 2, Brauschweig, Vieweg, 1982.

Vorlesungen über Gastheorie, Leipzig, Barth, 1896-1898, *in* Gesamtausgabe, vol. 1, Braunschweig, Vieweg, 1981, trad. fr. M. Brillouin, *Leçons sur la théorie des gaz*, Paris, Gauthier-Villars, 1902, reproduit chez J. Gabay, 1987.

« Zur Energetik », in *Populäre Schriften*, Leipzig, Barth, 1905, p. 137-140.

Œuvres de Wittgenstein citées dans cet ouvrage

The Big Typescript, TS 213, éd. C. G. Luckhardt, M.A.E. Aue, Londres, Blackwell, 2005.

Le Cahier bleu et le Cahier brun, trad. fr. M. Goldberg, J. Sackur, Paris Gallimard, 1996.

Carnets 1914-1916, trad. fr. G.-G. Granger, Paris, Gallimard, 1971.

Cours de Cambridge 1930-1932, trad. fr. É. Rigal, Mauvezin, TER, 1988.

Cours de Cambridge 1932-1935, trad. fr. É. Rigal, Mauvezin, TER, 1992.

Cours de Cambridge 1946-1947, trad. fr. É. Rigal, Mauvezin, TER, 2001.

Cours sur les fondements des mathématiques, Cambridge 1939, trad. fr. É. Rigal, Mauvezin, TER, 1995.

De la certitude, trad. fr. D. Moyal-Sharrock, Paris, Gallimard, 2006.

Dictées de Wittgenstein à Waismann et pour Schlick, éd. A. Soulez, Paris, P.U.F., 1997.

Études préparatoires à la seconde partie des Recherches philosophiques, trad. fr. G. Granel, Mauvezin, TER, 1985.

Fiches, trad. fr. J.-P. Cometti, É. Rigal, Paris, Gallimard, 2008.

Grammaire philosophique, trad. fr. M.-A. Lescourret, Paris, Gallimard, 1980.

L'Intérieur et l'extérieur, Derniers écrits sur la philosophie de la psychologie, trad. fr. G. Granel, Mauvezin, TER, 2000.

Leçons et conversations sur l'esthétique, la psychologie et la croyance religieuse, trad. fr. J. Fauve, Paris, Gallimard, 1992.

Philosophical Occasions, éd. J. C. Klagge, A. Nordmann, Indianapolis-Cambridge, Hackett, 1993 ; trad. fr. par J.-P. Cometti, É. Rigal, *Philosophica*, Mauvezin, TER, 1995 (vol. I), 1999 (vol. II), 2001 (vol. III), 2005 (vol. IV).

Recherches philosophiques, trad. fr. F. Dastur, M. Elie, J.-L. Gautero, D. Janicaud, É. Rigal, Paris, Gallimard, 2004.

Remarques mêlées, trad. fr. G. Granel, Paris, Flammarion, 2002.

Remarques philosophiques, trad. fr. J. Fauve, Paris, Gallimard, 1975.

Remarques sur la forme logique, trad. fr. É. Rigal, Mauvezin, TER, 1985.

Remarques sur la philosophie de la psychologie, trad. fr. G. Granel, Mauvezin, TER, 1989 (vol. I), 1994 (vol. II).

Remarques sur le Rameau d'or de Frazer, trad. fr. J. Lacoste, Paris, L'âge d'homme, 1982.

Tractatus logico-philosophicus, trad. fr. G.-G. Granger, Paris, Gallimard, 1993.

Wittgenstein et le Cercle de Vienne, éd. B. McGuinness, trad. fr. G. Granel, Mauvezin, TER, 1991.

Wittgenstein's Nachlass, The Bergen Electronic Edition, Oxford University Press, 2000.

Autres sources

et NICOLE, *La Logique ou l'art de penser*, Paris, Gallimard, 1992.

BERKELEY George, *Essai pour une nouvelle théorie de la vision*, in *Œuvres*, éd. G. Brykman, Paris, P.U.F., 1985, vol. 1.

CARNAP Rudolf, *La Construction logique du monde*, trad. fr. Th. Rivain revue par É. Schwartz, Paris, Vrin, 2002.

CASSIRER Ernst, *Langage et mythe. À propos des noms de dieux*, trad. fr. O. Hansen-Love, Paris, Minuit, 1973.

– *Leibniz' System in seinen wissenschaftlichen Grundlagen*, Hildesheim, Oms, 1962.

– *Liberté et forme. L'Idée de la culture allemande*, trad. fr. J. Carro, M. Willmann-Carro, J. Gaubert, Paris, Cerf, 2001.

– *La Philosophie des formes symboliques*, Paris, Minuit, 1972, vol. 1 : *Le Langage*, trad. fr. O. Hansen-Love, J. Lacoste ; vol. 3 : *La Phénoménologie de la connaissance*, trad. fr. C. Fourny.

– *Le Problème de la connaissance dans la philosophie et la science des temps modernes*, vol. 1 (*De Nicolas de Cues à Bayle*), trad. fr. R. Fréreux, Paris, Éditions du Cerf, 2004.

– *Le Problème de la connaissance dans la philosophie et la science des temps modernes*, vol. 2 (*De Bacon à Kant*), trad. fr. R. Fréreux, Paris, Éditions du Cerf, 2005.

– *Le Problème de la connaissance dans la philosophie et la science des temps modernes*, vol. 4 (*De la mort de Hegel aux temps présents*), trad. fr. J. Carro, J. Gaubert, P. Osmo, I. Thomas-Fogiel, Paris, Éditions du Cerf, 1995.

– *Substance et fonction, éléments pour une théorie du concept*, trad. fr. P. Caussat, Paris, Minuit, 1977.

– « Das Symbolproblem und seine Stellung im System der Philosophie », in *Symbol, Technik, Sprache*, Hamburg, Meiner, 1985.

DELEUZE Gilles, *Foucault*, Paris, Minuit, 1986.

– *Le Pli. Leibniz et le baroque*, Paris, Minuit, 1988.

– *Spinoza et le problème de l'expression*, Paris, Minuit, 1968.

DESCARTES René, « La dioptrique », dans *Œuvres philosophiques*, éd. F. Alquié (corrigée par D. Moreau), Paris, Classiques Garnier, 2010, tome I (1618-1637).

– *Méditations métaphysiques, suivies des Objections et réponses*, in *Œuvres philosophiques*, éd. F. Alquié (corrigée par D. Moreau), Paris, Classiques Garnier, 2010, tome II (1638-1642).

– « Les principes de la philosophie », dans *Œuvres philosophiques*, éd. F. Alquié (corrigée par D. Moreau), Paris, Classiques Garnier, 2010, tome III (1643-1650).

– « Traité du Monde », dans *Le Monde, L'homme*, Paris, Seuil, 1996.

ECO Umberto, *De l'arbre au labyrinthe. Études historiques sur le signe et l'interprétation*, trad. fr. H. Sauvage, Paris, Grasset, 2003.

– *La Recherche de la langue parfaite dans la culture européenne*, trad. fr. J.-P. Manganaro, Paris, Seuil, 1994.

FREGE Gottlob, *Écrits logiques et philosophiques*, trad. fr. Cl. Imbert, Paris, Seuil, 1971.

– *Idéographie*, trad. fr. C. Besson, Paris, Vrin, 1999.

GOETHE Johann Wolfgang von, « Entwürfe zu einem osteologischen Typus 175, in *Schriften zur Morphologie*, éd. D. Kuhn, Deutscher Klassiker Verlag, 1987.

– *La Métamorphose des plantes et autres écrits botaniques*, trad. fr. H. Bideau, Paris, Triades, 1992.

– *Traité des couleurs*, trad. fr. H. Bideau, Paris, Triades, 1973.

– *Voyage en Italie*, trad. fr. J. Porchat, révisée et complétée par J. Lacoste, Paris, Bartillat, 2003.

GOODMAN Nelson, *La Structure de l'apparence*, trad. fr. sous la direction de J.-B. Rauzy, Paris, Vrin, 2005.

JAMES Williams, *Essais d'empirisme radical*, trad. fr. G. Garreta, M. Girel, Paris, Agone, 2005.

LÉVI-STRAUSS Claude, *L'homme nu* (*Mythologiques IV*), Paris, Plon, 1971, rééd. 2009.

LOCKE John, *Essai sur l'entendement humain*, trad. fr. J.-M. Vienne, Paris, Vrin, 2001.

MACH Ernst, *La Mécanique, Exposé historique et critique de son développement*, trad. fr. É. Bertrand, Paris, Hermann, 1904, reproduit chez J. Gabay, Sceaux, 1987.

MÜLLER Johannes Peter, *Handbuch der Physiologie des Menschen für Vorlesungen*, Coblenz, J. Hölscher, 1840, 2 volumes.

NEURATH Otto, *Gesammelte philosophische und methodologische Schriften*, éd. R. Haller, H. Rutte, Vienne, Hölder-Pichler-Tempsky, 1881, 2 volumes.

– *International Picture Language. The First Rules of Isotype*, Londres, Kegan, 1976.

PUTNAM Hilary, *L'Éthique sans l'ontologie*, trad. fr. P. Fasula, Paris, Éditions du Cerf, 2013.

SCHLICK Moritz, *Forme et contenu. Une introduction à la pensée philosophique*, trad. fr. D. Chapuis-Schmitz, Paris, Agone, 2003.

– *Gesammelte Aufsätze 1926-1936*, Saarbrücken, Müller, 2006.

SPINOZA Baruch, *L'Éthique*, trad. fr. B. Pautrat, Paris, Seuil, 1999.

Littérature secondaire

ABEL Günther, KROSS Matthias, NEDO Michael (eds.), *Ludwig Wittgenstein. Ingenieur – Philosoph – Künstler*, Berlin, Parerga, 2007.

ANGELELLI Ignacio, *Études sur Frege et la philosophie traditionnelle*, trad. fr. J.-F. Courtine, A. de Libera, J.-B. Rauzy, J. Schmutz, Paris, Vrin, 2007.

BAKER Gordon, Hacker P. M. S., *An Analytical Commentary on the Philosophical Investigations : Wittgenstein, Understanding and Meaning*, Oxford, Blackwell, 1980 (vol. 1), *Wittgenstein, Rules, Grammar and Necessity*, Oxford, Blackwell, 1985 (vol. 2), *Wittgenstein : Meaning and Mind*, Oxford, Blackwell, 1990 (vol. 3, en deux parties), *Wittgenstein : Mind and Will*, Oxford, Blackwell, 1996 (vol. 4).

BAIRD Davis, HUGHES R. I. G., NORDMANN Alfred (eds.), *Heinrich Hertz, Classical Physicist, Modern Philosopher*, Dordrecht, Kluwer, 1998.

BELAVAL Yvon, *Études leibniziennes. De Leibniz à Hegel*, Paris, Gallimard, 1976.

– *Leibniz critique de Descartes*, Paris, Gallimard, 1960.

- *Leibniz. De l'âge classique aux Lumières*, éd. M. Fichant, Paris, Beauchesne, 1995.

– *Leibniz. Initiation à sa philosophie*, Paris, Vrin, 6 e édition, 2005.

BERLIOZ Dominique (éd.), *Berkeley. Langage de la perception et art de voir*, Paris, P.U.F., 2003.

BLACKMORE John, *Ludwig Boltzmann, His Later Life and Philosophy*, Dordrecht, Kluwer, 1995.

BOUVERESSE Jacques, *Essais V. Descartes, Leibniz et Kant*, Marseille, Agone, 2006.

– *Langage, perception et réalité*, tome 1 : *La perception et le jugement*, Nîmes, J. Chambon, 1995.

– *Le Mythe de l'intériorité. Expérience, signification et langage privé chez Wittgenstein*, Paris, Minuit, 1987.

CHARRAK André, *Contingence et nécessité des lois de la nature. La philosophie seconde des Lumières*, Paris, Vrin, 2006.

– *Empirisme et métaphysique. L'*Essai sur l'origine des connaissances humaines *de Condillac*, Paris, Vrin, 2003.

– *Empirisme et théorie de la connaissance. Réflexion et fondement des sciences au XVIIIe siècle*, Paris, Vrin, 2009.

CHAUVIRÉ Christiane, LAUGIER Sandra, ROSAT Jean-Jacques (éd.), *Wittgenstein : Les mots de l'esprit. Philosophie de la psychologie*, Paris, Vrin, 2001.

COUTURAT Louis, *La Logique de Leibniz d'après des documents inédits*, Paris, Alcan, 1901.

DASCAL Marcelo, *Leibniz. Language, Signs and Thought*, Amsterdam-Philadelphia, John Benjamins Publishing Company, 1987.

– *La Sémiologie de Leibniz*, Paris, Aubier Montaigne, 1978.

DE GAUDEMAR Martine, *Leibniz, de la puissance au sujet*, Paris, Vrin, 1994.

DUCHESNEAU François, *Leibniz et la méthode de la science*, Paris, P.U.F., 1993.

FABBRICHESI R. Leo, LEONI FEDERICO, *Continuità e variazione : Leibniz, Goethe, Peirce, Wittgenstein con un'incursione kantiana*, Milan, Mimesis, 2005.

FABBRICHESI R. Leo, *I Corpi del significato. Lingua, scrittura e conoscenza in Leibniz e Wittgenstein*, Milan, Jaca Books, 2000.

FICHANT Michel, *Science et métaphysique dans Descartes et Leibniz*, Paris, P.U.F., 1998.

FINKELSTEIN David, *Expression and the Inner*, Harvard, Harvard UP, 2008.

FÖLSING Albrecht, *Heinrich Hertz : Eine Biographie*, Hamburg, Hoffmann und Campe, 1997.

FRÉMONT Christiane, *Singularités. Individus et relations dans le système de Leibniz*, Paris, Vrin, 2003.

FRIEDMAN Michael, *The Kantian Legacy in Nineteenth-Century Science* (Dibner Institute Studies in the History of Science and Technology), MIT Press, 2006.

– *A Parting of the Ways. Carnap, Cassirer, and Heidegger*, Chicago, Open Court, 2000.

GENSINI Stefano, *Il Naturale e il simbolico. Saggio su Leibniz*, Rome, Bulzoni, 1991.

GILLOT Pascale, *L'Esprit. Figures classiques et contemporaines*, Paris, CNRS Éditions, 2007.

GUEROULT Martial, *Leibniz. Dynamisme et métaphysique*, Paris, Aubier Montaigne, 1967.

HAMOU Philippe, *Voir et connaître à l'âge classique*, Paris, P.U.F., 2002.

HINTIKKA Jaakko, *Lingua Universalis Vs. Calculus Ratiocinator : An Ultimate Presupposition of Twentieth-Century Philosophy*, Dordrecht, Kluwer, 1996.

ISHIGURO Hide, *Leibniz's Philosophy of Logic and Language*, 2 e édition, Cambridge, Cambridge UP, 1990 (1 re édition 1972).

JALABERT Jacques, *La Théorie leibnizienne de la substance*, Paris, P.U.F., 1947.

JOLLEY Nicholas (éd.), *The Cambridge Companion to Leibniz*, Cambridge UP, 1995.

KNECHT Herbert, *La Logique chez Leibniz. Essai sur le rationalisme baroque*, Lausanne, L'Âge d'homme, 1981.

KRÜGER Lorenz, *Universalgenie Helmholtz, Rückblick nach 100 Jahren*, Berlin, Akademie Verlag, 1994.

KULSTAD M., *Essays on the Philosophy of Leibniz*, Rice University Studies, 63 (4), 1977.

LEDUC Christian, *Substance, individu et connaissance chez Leibniz*, Les Presses de l'Université de Montréal, 2009.

LÜTZEN Jespers, *Mechanistic Images in Geometric Form – Heinrich Hertz' Principles of Mechanics*, Oxford, Oxford UP, 2005.

MALCOLM Norman (éd.), *Ludwig Wittgenstein, A Memoir*, Londres, Oxford University Press, 1958.

MATES Benson, *The Philosophy of Leibniz. Metaphysics and Language*, Oxford, Oxford UP, 1986.

MCGUINNESS Brian, *Wittgenstein, Les années de jeunesse*, trad. fr. Y. Tennenbaum, Paris, Seuil, 1991.

MONK Ray, *Wittgenstein, le devoir de génie*, trad. fr. A. Gerschenfeld, Paris, Odile Jacob, 1993.

MOREAU Joseph, *L'Univers leibnizien*, Paris, Emmanuel Vitte, 1956.

MUGNAI Massimo, *Leibniz's Theory of Relations*, Stuttgart, F. Steiner, 1992.

NADLER Steven, *Le Meilleur des mondes possibles. La rencontre entre Leibniz, Malebranche et Arnauld*, trad. fr. S. Gallé-Soas, Paris, Bayard, 2010.

NEF Frédéric, *Leibniz et le langage*, Paris, P.U.F., 2000.

PARMENTIER Marc, *Leibniz-Locke. Une intrigue philosophique*, Paris, Presses de l'Université Paris-Sorbonne, 2008.

POMBO Olga, *Leibniz and the Problem of Universal Language*, Munster, Nodus, 1987.

PLAUD Sabine, « Penser et parler en images dans la philosophie de Ludwig Wittgenstein : Modèle, schéma, type », thèse soutenue en novembre 2009 à l'Université Paris I sous la direction de Ch. Chauviré, publication en cours aux Éditions Champion.

RACIONERO Quentin, ROLDAN Concha (éd.), *G. W. Leibniz, Analogia y expresion*, Madrid, Editorial Complutenses, 1995.

RAUZY Jean-Baptiste, *La Doctrine leibnizienne de la vérité*, Paris, Vrin, 2001.

RESCHER Nicolas, *The Philosophy of Leibniz*, Englewood Cliffs, Prentice Hall, 1967.

RUSSELL Bertrand, *La philosophie de Leibniz*, trad. fr. J. et R. Ray, Paris, Alcan, 1908.

SCHULTE Joachim, *Erlebnis und Ausdruck. Wittgensteins Philosophie der Psychologie*, Munich, Philosophia Verlag, 1987.

SERRES Michel, *Le Système de Leibniz et ses modèles mathématiques. Étoiles – Schémas – points*, Paris, P.U.F., 1968, rééd. 2007.

SPALLANZANI Mariafranca, *L'Arbre et le labyrinthe. Descartes selon l'ordre des raisons*, Paris, Champion, 2009.

STERRETT Susan G., *Wittgenstein Flies a Kite, A Story of Models of Wings and of Models of the World*, New York, PI Press, 2006.

VAN FRAASSEN Bas, *Scientific Representation : Paradoxes of Perspectives*, Oxford, Clarendon Press, 2008.

VON WRIGHT Georg Henrik, *Wittgenstein*, trad. fr. É. Rigal, Mauvezin, TER, 1982.

Articles

AGASSI Joseph, « Leibniz's Place in the History of Physics », *Journal of the History of Ideas*, vol. 30, n°3 (Juil.-sep., 1969), p. 331-344.

BELAVAL Yvon, « Question sur l'influence de Leibniz », in *Leibniz. De l'âge classique aux Lumières*, éd. M. Fichant, Paris, Beauchesne, 1995.

BOUVERESSE Jacques, « Hertz, Boltzmann et le problème de la "vérité" des théories », *in* A. Lichnérowicz, G. Gadoffre (éd.), *La vérité est-elle scientifique ?*, Paris, Éditions universitaires, 1991.

BRANDOM Robert B., « Leibniz and Degrees of Perception », *Journal of the History of Philosophy*, vol. 19 (4), 1981, p. 447-479.

BROWN Stuart, « The seventeenth-century intellectual background », *in* N. Jolley (éd.), *The Cambridge Companion to Leibniz*, Cambridge UP, 1995.

BRYKMAN Geneviève, « L'hétérogénéité des idées sensibles et le "langage de la nature" chez Locke et Berkeley », in D. Berlioz (éd.) : *Berkeley. Langage de la perception et art de voir*, Paris, P.U.F., 2003.

CHAUVIRÉ Christiane, « Le corps humain est la meilleure image de l'âme humaine », dans Ch. Chauviré, S. Laugier, J.-J. Rosat (éd.), *Wittgenstein : Les mots de l'esprit. Philosophie de la psychologie*, Paris, Vrin, 2001.

CHOTTIN Marion, « Les sensations : un langage de la nature », communication prononcée dans le cadre d'une journée d'études sur Le problème des sens au XVIIIe siècle (université Paris1, 2008).

D'AGOSTINO Salvo, « Boltzmann and Hertz on the Bild-conception of Physical Theory », *History of Science*, 28, 1990, p. 380-398.

DEBUICHE Valérie, « L'expression dans la théorie de la connaissance de Leibniz », intervention présentée lors de la journée rencontre avec les universitaires du 15 décembre 2004, consultable en ligne sur : http://pedagogie.ac-amiens.fr/philosophie/PAF/debuiche-leibniz.htm

DE BUZON Frédéric, « L'harmonie : métaphysique et finalité », *Revue de métaphysique et de morale*, 1995 (1), p. 95-120.

FICHANT Michel, « La géométrisation du regard. Réflexions sur la Dioptrique de Descartes », dans *Science et métaphysique dans Descartes et Leibniz*, Paris, P.U.F., 1998.

– « Leibniz et l'universel », dans *Science et métaphysique dans Descartes et Leibniz*, Paris, P.U.F., 1998.

GARBER Daniel, « Leibniz : physics and philosophy », *in* N. Jolley (éd.), *The Cambridge Companion to Leibniz*, Cambridge UP, 1995.

GRANGER Gilles-Gaston, « Philosophie et mathématique leibniziennes », *Revue de métaphysique et de morale*, 86, 1981, p. 1-37.

HAMOU Philippe, « Sens et fonction du modèle linguistique dans la Nouvelle Théorie de la vision », dans D. Berlioz (éd.), *Berkeley. Langage de la perception et art de voir*, Paris, P.U.F., 2003.

HEIDELBERGER Michael, « From Helmholtz's philosophy of science to Hertz's picture theory », *in* D. Baird, R. I. G. Hughes, A. Nordmann (eds.), *Heinrich Hertz, Classical Physicist,* Modern Philosopher, Dordrecht, Kluwer, 1998, p. 9-24.

HYDER David J., « Kantian Metaphysics and Hertzian Mechanics », *in* F. Stadler (ed.), *The Vienna Circle and Logical Empiricism, Re-evaluation and Future Perspectives*, Vienna Institute Yearbook (10), Dordrecht, Kluwer, 2003, p. 35-48.

IMBERT Claude, « Sur l'expression : incertitudes philosophiques, déterminations anthropologiques », *Kairos*, 1, 1990, p. 107-134.

KEICHER Peter, « Aspekte malerischer Gestaltung bei Ludwig Wittgenstein. Studienfragmente zum Vergleich der Arbeitsweise Wittgensteins mit der bildnerischen Praxis der Malerei der frühen Moderne », in *Wittgenstein-Studien*, 2004, 10, p. 157-200.

KJAERGAARD Peter C., « Hertz and Wittgenstein's philosophy of science », *Journal for General Philosophy of Science*, 33, 2002.

KNEALE William, « Leibniz and the picture theory of language », *Revue internationale de philosophie*, 20, 1966, p. 204-215.

KROSS Matthias, « Wittgensteins Techniken oder : der Ingenieur als Philosoph », *in* R. Haller, K. Puhl (eds.) : *Wittgenstein und die Zukunft der Philosophie. Eine Neubewertung nach 50 Jahren*, Vienne, Hölder-Pichler-Tempsky, 2002.

KULSTAD Mark A., KULSTAD M., « Leibniz's conception of expression », *Studia Leibnitiana*, 9 (1977), p. 56-76 ; trad. fr., « La conception leibnizienne de l'expression », *Les Cahiers philosophiques de Strasbourg*, 18 (2), 2004, p. 149-176.

LE RU Véronique, « L'aveugle et son bâton ou comment Descartes résout l'énigme de la communication de l'action ou de la force mouvante », dans M. Chottin (éd.), *L'aveugle et le philosophe ou comment la cécité donne à penser*, Paris, Publications de la Sorbonne, 2009.

MAJER Ulrich, « Leibniz's conception of a physical system as an essential part of his theory of life », N. Rescher (ed.),

Leibnizian Enquiries. A Group of Essays, New York, Londres, University Press of America, 1989.

MARION Mathieu, « L'architecture de Wittgenstein : métaphysique, style et expression », dans C. Poisson (éd.), *Penser, dessiner, construire. Wittgenstein et l'architecture*, Paris, Éditions de l'Éclat, 2007.

MAUNU Ari, « Leibniz's Theory of Universal Expression Explicated », *Canadian Journal of Philosophy*, 38 (2), 2008, p. 247-268.

MCRAE Robert, « The theory of knowledge », *in* N. Jolley (éd.), *The Cambridge Companion to Leibniz*, Cambridge UP, 1995.

PLAUD Sabine, « Une épistémologie aux origines de la philosophie analytique », dans S. Laugier, S. Plaud (éd.), *Lectures de la philosophie analytique*, Paris, Ellipses, 2011.

– « Le Moi peut-il être sauvé ? La subjectivité, de Mach au premier Wittgenstein », *Philonsorbonne*, n°1, p. 49-59.

– « Synoptic Views vs. Primal Phenomena : Wittgenstein on Goethe's Morphology », *in* J. Padilla Galves, E. Lemaire (éd.), *Wittgenstein : Issues and Debates*, Ontos Verlag, 2010.

RAUZY Jean-Baptiste, « Les illusions représentationnelles. Sur l'héritage de la notion leibnizienne d'expression dans la philosophie d'aujourd'hui », *Les Cahiers philosophiques de Strasbourg*, 18(2), 2004, p. 177-214.

RIGAL Élisabeth, « Wittgenstein, formes d'expression et pouvoir d'expressivité », *Kairos*, 1, 1990, p. 157-201.

ROMEYER DHERBEY Gilbert, « Leibniz et le projet d'un langage exclusivement rationnel », dans *Analyses et réflexions sur le langage*, Paris, Ellipses, 1986, vol. 2.

ROSAT Jean-Jacques, « L'indétermination des concepts psychologiques », dans Ch. Chauviré, S. Laugier, J.-J. Rosat (éd.), *Wittgenstein : Les mots de l'esprit. Philosophie de la psychologie*, Paris, Vrin, 2001.

– « Les motifs dans le tapis », dans J. Bouveresse, S. Laugier, J.-J. Rosat (éd.), *Wittgenstein, dernières pensées*, Marseille, Agone, 2002.

RUTHERFORD Donald, « Philosophy and language in Leibniz », *in* N. Jolley (éd.), *The Cambridge Companion to Leibniz*, Cambridge UP, 1995.

RYCKMAN T. A., « Conditio sine qua non? *Zuordnung* in the Early Epistemologies of Cassirer and Schlick », *Synthese*, 88 (1), juillet 1991, p. 57-95.

SCHIEMANN Gregor, « The Loss of World in the Image : Origin and Development of the Concept of Image in the Thought of Hermann von Helmholtz and Heinrich Hertz », *in* D. Baird, R. I. G. Hughes, A. Nordmann (éd.), *Heinrich Hertz : Classical Physicist, Modern Philosopher*, Dordrecht, Kluwer, 1998.

SOMMERS F. T., « Frege or Leibniz? » *in* M. Schirm (éd.), *Studies on Frege, Logic and Semantics*, Stuttgart, 1976.

SWOYER Chris, « Leibnizian expression », *The Journal of History of Philosophy*, 33 (1), 195, p. 65-99.

VAYSSE Jean-Marie, « Leibniz : expression, agrégation, système », *Kairos*, 1, 1990, p. 203-217.

WILSON Andrew D., « Hertz, Boltzmann and Wittgenstein reconsidered », *Studies in History and Philosophy of Science*, 1989, 20 (2), p. 245-263.

WILSON Catherine, « The combinatorial Universe; Scientific language and metaphysics in Leibniz », *in* N. Rescher (éd.), *Leibnizian Enquiries. A Group of Essays*, Lanham, New York, Londres, University Press of America, 1989.

– « The reception of Leibniz in the eighteenth century », *in* N. Jolley (éd.), *The Cambridge Companion to Leibniz*, Cambridge UP, 1995.

TABLE DES MATIÈRES

Dépôt légal : février 2018
IMPRIMÉ EN FRANCE

Achevé d'imprimer le 9 février 2018
sur les presses de l'imprimerie *La Source d'Or*
63039 Clermont-Ferrand
Imprimeur n° 20058N